Finanz und Steuern

Band 15

Methodenlehre und Klausurtechnik im Steuerrecht

SCHÄFFER
POESCHEL

Finanz und Steuern

Band 15

MIX
Papier aus verantwortungsvollen Quellen
Paper from responsible sources
FSC® C105338
FSC
www.fsc.org

Methodenlehre und Klausurtechnik im Steuerrecht

von

Dr. jur. Wolf Dietrich Beger

Professor a. D. an der Fachhochschule für Öffentliche Verwaltung,
Fachbereich Finanzen, Hamburg

5. Auflage

2004 SCHÄFFER-POESCHEL VERLAG STUTTGART

Bibliografische Information Der Deutschen Bibliothek
Die Deutsche Bibliothek verzeichnet diese Publikation in der Deutschen Nationalbiografie; detaillierte bibliografische Daten sind im Internet über <http://dnb.dbb.de> abrufbar.

Gedruckt auf chlorfrei gebleichtem, säurefreiem und alterungsbeständigem Papier

ISBN 3-7910-2283-0

www.schaeffer-poeschel.de
info@schaeffer-poeschel.de

Typografie: Hans Peter Willberg und Ursula Steinhoff
Satz: Dörr + Schiller GmbH, Stuttgart
Druck und Bindung: Kösel, Krugzell

Printed in Germany
Juni / 2004
Schäffer-Poeschel Verlag Stuttgart
Ein Tochterunternehmen der Verlagsgruppe Handelsblatt

Vorwort zur 5. Auflage

Bei unserer schnelllebigen Steuergesetzgebung und -rechtsprechung in Deutschland wird Detailwissen oft schon bald zu Wissensschrott. Schon seit Jahren ist in der steuerrechtlichen Ausbildung an den Fachhochschulen deshalb eine Tendenz zu beobachten, mehr Systemwissen und methodische Fähigkeiten zu vermitteln, sodass der Rechtsanwender auch bei Gesetzesänderungen und neuen, unbekannten Gesetzen das notwendige Handwerkszeug hat. In der Literatur wird der Steuerrecht Studierende bisher wenig Hilfreiches finden, um sich dementsprechende Kenntnisse anzueignen.

Die Methodenlehre und Klausurtechnik füllt eine Lücke. Während fast alle Abhandlungen zur Methodenlehre mit Beispielen aus dem Zivil- und Strafrecht arbeiten, die für den Steuerrechtler meist kaum nachvollziehbar sind, ist die vorliegende Methodenlehre aus mehr als fünfundzwanzigjähriger eigener Lehrerfahrung speziell für Steuerrechtler geschrieben, alle Beispielsfälle sind deshalb dem Steuerrecht entnommen. Wer sich über Klausurtechnik informieren will, wird bisher fast nur auf Fallsammlungen stoßen. Demgegenüber soll der klausurtechnische Teil des vorliegenden Buches den Klausurbearbeitern zeigen, wie man bei der Anfertigung von Klausuren zweckmäßigerweise arbeitstechnisch vorgeht und welche Klippen zu beachten sind, um zu einem vorzeigbaren Ergebnis zu kommen.

Das Werk soll insbesondere eine Hilfe für die Studentinnen und Studenten des gehobenen Dienstes der Steuerverwaltung und für diejenigen sein, die sich auf die Steuerberaterprüfung vorbereiten. Die Methodenlehre kann aber auch für den Praktiker hilfreich sein.

Im Interesse der flüssigen Lesbarkeit wird auf die weibliche Form verzichtet, es soll hier jedoch ausdrücklich betont werden, dass selbstverständlich auch die Studentinnen angesprochen sein sollen. Für die Neuauflage wurde das Buch komplett überarbeitet. Es enthält Hinweise zu aktueller Rechtsprechung, Verwaltungsmeinung und auf neue Fachliteratur.

Bei meinen Kollegen bedanke ich mich für ihre Anregungen zu diesem Buch. Über Kritik sowie Ergänzungs- und Verbesserungsvorschläge würde ich mich freuen.

Hamburg, im Mai 2004 — Wolf Dietrich Beger

Inhaltsverzeichnis

Vorwort zur 5. Auflage ... V
Abkürzungsverzeichnis ... XI

Teil A Methodenlehre

1 **Einführung** ... 1
1.1 Methodenlehre für Steuerrechtler ... 2
1.2 Über den Umgang mit diesem Buch ... 2
1.3 Der Nutzen methodischen Arbeitens ... 3
1.4 Die Illusion von der Steuervereinfachung ... 4

2 **Begriff und Funktion des Rechts** ... 5
2.1 Funktion der Rechtsordnung ... 5
2.2 Privatrecht und Öffentliches Recht ... 6
2.3 Begriff der Rechtsnormen ... 6
2.4 Gesetz und Recht ... 7
2.5 Funktion der Rechtsnormen ... 9
2.6 Gesetzessystematik im Steuerrecht ... 11
2.6.1 Abgabenordnung ... 11
2.6.2 Einzelsteuergesetze ... 11
2.7 Rechtsprechung ... 11
2.8 Zusammenspiel von Gesetzgebung und Rechtsprechung ... 12

3 **Begriff und Funktion der juristischen Methodenlehre** ... 13
3.1 Begriff ... 13
3.2 Ziel der Methodenlehre ... 13
3.3 Arbeitsschritte zum Ziel ... 14

4 **Grundlagen der Rechtsanwendung** ... 15
4.1 Die Rechtsnormen ... 15
4.1.1 Aufbau ... 15
4.1.2 Arten der Rechtsnormen ... 15
4.2 Der Lebenssachverhalt ... 17
4.2.1 Sachverhaltsermittlung ... 17
4.2.2 Erleichterung der Sachverhaltsermittlung ... 18
4.2.2.1 Fiktion ... 18
4.2.2.2 Vermutung ... 19
4.2.2.3 Typisierung ... 19
4.3 Subsumtion ... 21
4.4 Die Rechtsfolge ... 25

5 **Rechtsfortbildung** ... 27
5.1 Auslegung – Rechtsfortbildung intra legem ... 27
5.1.1 Das Gesetz als Gegenstand der Auslegung ... 29
5.1.2 Der Rechtsanwender als Subjekt der Auslegung ... 31
5.1.3 Der Vorgang der Gesetzesinterpretation ... 32
5.1.3.1 Grammatikalische Auslegung ... 32
5.1.3.2 Historische Auslegung ... 35
5.1.3.3 Logisch-systematische Auslegung ... 36
5.1.3.4 Verfassungskonforme und EU-konforme Auslegung ... 37
5.1.3.5 Teleologische Auslegung ... 38

5.1.3.6 Wirtschaftliche Betrachtungsweise 39
5.1.3.7 Verhältnis der Auslegungskriterien zueinander 42
5.1.4 Die Bedeutung der Rechtsprechung für die Auslegung 43
5.2 Ergänzende Rechtsfortbildung (Praeter Legem) 45
5.2.1 Grundlagen 45
5.2.1.1 Zulässigkeit der ergänzenden Rechtsfortbildung 45
5.2.1.2 »Auslegung« gegen den Wortlaut 46
5.2.1.3 Lücken im Gesetz 47
5.2.1.4 Arten der Lücken 50
5.2.2 Wege des Umgangs mit Lücken 51
5.2.2.1 Analogie 51
5.2.2.2 Umkehrschluss (Argumentum e contrario) 57
5.2.2.3 Erstrechtschlüsse (Argumentum a maiore ad minus bzw. a minore ad maius) 58
5.2.2.4 Teleologische Extension 58
5.2.2.5 Teleologische Reduktion 59
5.2.2.6 Allgemeine Rechtsgrundsätze 60
5.2.2.7 Rechtsfortbildung aus Verfassungsgrundsätzen 61
5.2.2.8 Rechtsfortbildung durch die Rechtsprechung 61
5.3 Rechtsfortbildung contra legem 62

6 **Konkurrenz von Gesetzesvorschriften** 63
6.1 Kumulative Anwendung 63
6.2 Rangfolge 64
6.3 Zeitliche Abfolge 64
6.4 Spezialgesetz und Subsidiarität 64

Teil B Klausurtechnik

1 **Allgemeines** 67
1.1 Darstellungsweise 68
1.1.1 Das äußere Bild der Klausur 68
1.1.2 Inhaltliche Darstellung 68
1.2 Umfang der Arbeit 70

2 **Umgang mit dem Sachverhalt** 70
2.1 Erfassen des Sachverhalts 70
2.2 Ergänzung des Sachverhalts 72
2.3 Entscheidungsrelevanz 74
2.4 Unübersichtliche Sachverhalte 74

3 **Fragestellung** 75
3.1 Art der Fragestellung 75
3.2 Strukturierung der Fragen 76

4 **Subsumtion** 79
4.1 Der Subsumtionsvorgang 79
4.2 Umfang der Darstellung 80
4.3 Reihenfolge der Subsumtion 81
4.4 Widerspruchsfreie Darstellung 82

5 **Lösung der Klausur** 82
5.1 Konkretes Ergebnis 82
5.2 Teilergebnisse betragsmäßig festhalten 83
5.3 Hilfsgutachten 83

6 **Die Klausuren im Einzelnen** 83
6.1 Einkommensteuerrechtsklausur 84

6.1.1 Allgemeines 84
6.1.2 Aufbau 85
6.1.3 Begründung 85
6.1.4 Typische Fehlerquellen 86
6.1.5 Gewinnfeststellungsbescheide 88
6.2 Körperschaftsteuerrecht 88
6.2.1 Allgemeines 88
6.2.2 Arbeitsablauf 90
6.2.3 Umfang der Begründung 90
6.3 Bilanzsteuerrechtsklausur 91
6.3.1 Allgemeines 91
6.3.2 Darstellungsweise 91
6.3.3 Klausurinhalte 91
6.3.3.1 Zwischenprüfung 91
6.3.3.2 Laufbahnprüfung 92
6.3.3.2.1 Klausurentypen 92
6.3.3.2.2 Bearbeitungsreihenfolge bei Kapitalgesellschaften – soweit die Bilanzpostenmethode zur Anrechnung kommt 93
6.3.3.2.3 Bearbeitungsreihenfolge bei Personengesellschaften 93
6.3.3.3 Steuerberaterprüfung 94
6.4 Umsatzsteuerrechtsklausur 95
6.4.1 Allgemeines 95
6.4.2 Höhe der Umsatzsteuer 95
6.4.2.1 Steuerbarkeit nach § 1 UStG 96
6.4.2.2 Steuerbefreiungen der §§ 4, 4b UStG 97
6.4.2.3 Bemessungsgrundlage § 10 UStG 98
6.4.2.4 Steuer 99
6.4.3 Vorsteuer 99
6.4.4 Schuldnerschaft des Leistungsempfängers § 13b UStG 100
6.5 Erbschaftsteuerrecht/Bewertungsrecht 100
6.5.1 Allgemeines 100
6.5.2 Fälle mit erbschaftsteuerlichem Schwerpunkt 101
6.5.3 Fälle mit wesentlicher bewertungsrechtlicher Komponente 103
6.5.3.1 Bedarfsbewertung nach §§ 138ff. BewG 103
6.5.3.2 Betriebsvermögen 105
6.5.4 Bewertung des Grundvermögens für Zwecke der Grundsteuer 106
6.5.4.1 Sonderfälle 107

7 **Spezialprobleme im Zusammenhang mit AO-Klausuren** 108
7.1 Allgemeines 108
7.2 Darstellungsstil 108
7.3 Begründungen 108
7.3.1 Subsumtion 109
7.3.2 Grundsatz der Einzelprüfung 109
7.3.3 Logischer Begründungsablauf 109
7.3.4 Rechtsfragen beantworten 110
7.3.5 Berechnung des Ergebnisses 111
7.4 Einzelfragen, die laufend falsch gemacht werden 111
7.5 Prüfungsschemata 114
7.5.1 Wirksame Verwaltungsakte 114
7.5.2 Festsetzungsfrist 115
7.5.3 Korrektur von Verwaltungsakten 116
7.5.4 Rechtsbehelfsverfahren 120
7.5.5 Erhebungsverfahren 125

7.5.6 Haftung ... 126
7.6 Fallbeispiele ... 128
7.6.1 Übungsaufgabe zur Auskunftspflicht ... 128
7.6.2 Übungsaufgabe zur Festsetzungsfrist und zu den Änderungsvorschriften ... 131
7.6.3 Übungsaufgabe zur Haftung ... 134

8 **Einspruchsentscheidung** ... 137
8.1 Arbeitsweise ... 137
8.2 Allgemeines zur Darstellungsweise ... 138
8.3 Aufbau und Stil ... 139
8.3.1 Kopf der Einspruchsentscheidung ... 139
8.3.2 Rubrum ... 139
8.3.3 Tenor ... 141
8.3.3.1 Unzulässigkeit ... 141
8.3.3.2 Vollen Umfangs unbegründet ... 142
8.3.3.3 Vollen Umfangs begründet ... 142
8.3.3.4 Teilweise begründet ... 142
8.3.3.5 Verböserung ... 143
8.3.4 Rechtsbehelfsbelehrung ... 144
8.3.5 Gründe ... 144
8.3.5.1 Sachverhalt (Tatbestand) ... 145
8.3.5.2 Entscheidungsgründe ... 149

Stichwortregister ... 155

Abkürzungsverzeichnis

A	Abschnitt
a. a. O.	am gegebenen Ort
Abs.	Absatz
AfA	Absetzung für Abnutzung
AO	Abgabenordnung
Art.	Artikel
BB	Betriebs-Berater
BewRGrundV	Bewertungsrichtlinien Grundvermögen
BFH	Bundesfinanzhof
BFHE	Sammlung der Entscheidungen und Gutachten des Bundesfinanzhofes
BFH GrS	Großer Senat des Bundesfinanzhofes
BFH/NV	Sammlung amtlich nicht veröffentlichter Entscheidungen des Bundesfinanzhofs
BGB	Bürgerliches Gesetzbuch
BMF	Bundesministerium der Finanzen
Bp	Betriebsprüfung
BV	Betriebsvermögen
BewG	Bewertungsgesetz
BVerfG	Bundesverfassungsgericht
BVerfGE	Entscheidungen des Bundesverfassungsgerichtes
BVerfGG	Bundesverfassungsgerichtsgesetz
BStBl	Bundessteuerblatt
BTG	Bundestag
DB	Der Betrieb
DBA	Doppelbesteuerungsabkommen
d. h.	das heißt
DStZ	Deutsche Steuer-Zeitung
EGV	Vertrag über die Europäische Gemeinschaft
EigZulG	Eigenheimzulagegesetz
ErbSt	Erbschaftsteuer
ErbStG	Erbschaftsteuergesetz
ErbStR	Erbschaftsteuerrichtlinien
ESt	Einkommensteuer
EStDV	Einkommensteuer-Durchführungsverordnung
EStG	Einkommensteuergesetz
EStR	Einkommensteuer-Richtlinien
EU	Europäische Union
EUGH	Europäischer Gerichtshof
EUGHE	Entscheidungen des Europäischen Gerichtshofes
f.	folgende
ff.	folgende (Seiten)
FG	Finanzgericht
FGO	Finanzgerichtsordnung
FR	Finanz-Rundschau
GewSt	Gewerbesteuer
GewStG	Gewerbesteuergesetz

GewStR	Gewerbesteuer-Richtlinien
GG	Grundgesetz
ggf.	gegebenenfalls
H	Hinweis
HFR	Höchstrichterliche Finanzrechtsprechung
HGB	Handelsgesetzbuch
h. M.	herrschende Meinung
HÜ	Hauptabschlußübersicht
i. S. d.	im Sinne des
i. V. m.	in Verbindung mit
JZ	Juristen Zeitung
KapSt	Kapitalertragsteuer
KSt	Körperschaftsteuer
KStG	Körperschaftsteuergesetz
KStR	Körperschaftsteuer-Richtlinien
LSt	Lohnsteuer
LStR	Lohnsteuer-Richtlinien
NWB	Neue Wirtschaftsbriefe
o.g.	oben genannte
R	Richtlinie
RAO	Reichsabgabenordnung
Rz.	Randziffer
SolZG	Solidaritätszuschlaggesetz
StBAPO	Steuerbeamten Ausbildungs- und Prüfungsordnung
Stpfl.	Steuerpflichtiger
StGB	Strafgesetzbuch
StuW	Steuer und Wirtschaft
UmwStG	Umwandlungssteuergesetz
UStDV	Umsatzsteuer-Durchführungsverordnung
UStG	Umsatzsteuergesetz
UStR	Umsatzsteuer-Richtlinien
u. a.	unter anderem
u. U.	unter Umständen
vEK	für Ausschüttungen verwendbares Eigenkapital (verwundbares Eigenkapital)
vgl.	vergleiche
VSt	Vermögensteuer
VStG	Vermögensteuergesetz
VStR	Vermögensteuerrichtlinien
WG	Wirtschaftsgut
ZPO	Zivilprozessordnung

Teil A Methodenlehre

AUSGEWÄHLTE LITERATURHINWEISE **Beisse, Heinrich,** *Die wirtschaftliche Betrachtungsweise bei der Auslegung der Steuergesetze in der neueren deutschen Rechtsprechung, StuW 1981, 1ff.* ▪ **Birk, Dieter,** *Verfassungskonforme Auslegung im Steuerrecht, StuW 1990, S. 300ff.* ▪ **Birkenfeld, Wolfram,** *Der Einfluss des Gemeinschaftsrechts auf die Rechtsverwirklichung im Steuerrecht, StuW 1998, 55ff.* ▪ **Bornhaupt, Joachim,** *Die Typisierung im Steuerrecht, NWB Fach 2, 7003ff.* ▪ **Bydlinski, F.,** *Juristische Methodenlehre und Rechtsbegriff, 2. Aufl. Wien 1991* ▪ **Canaris, Claus-Wilhelm,** *Die Feststellung von Lücken im Gesetz, Berlin 1983* ▪ **Crezelius, Georg,** *Steuerliche Rechtsanwendung und allgemeine Rechtsordnung, Herne 1983* ▪ **ders.,** *Tendenzen der Rechtsfortbildung im Steuerrecht, BB 1984, 1377ff.* ▪ **ders.,** *Verkappte Analogien in der Finanzrechtsprechung, StuW 1981, 117ff.* ▪ **Dänzer-Vanotti, Wolfgang,** *Methodenstreit um die den EG-Richtlinien konforme Auslegung, DB 1994, 1052ff.* ▪ **Döhring, Erich,** *Die gesellschaftlichen Grundlagen der juristischen Entscheidung, Berlin 1977* ▪ **Huber, Erwin,** *Bewirkt der Bundesfinanzhof einen Legislativeffekt? in: Festschrift für Offerhaus 1999, 241ff.* ▪ **Engisch, Karl,** *Logische Studien zur Gesetzesanwendung, Heidelberg 1963* ▪ **Fischer, Peter,** *Steuerrecht und richterliche Wertung, StuW 1979, 347ff.* ▪ **ders.,** *Überlegungen zur Lückenhaftigkeit des Steuergesetzes, StuW 1995, 303* ▪ **Germann, O. A.,** *Probleme und Methoden der Rechtsfindung, 2. Aufl., Bern 1967* ▪ **Hartmann, Bernhard/Walter, Norbert,** *Auslegung und Anwendung von Steuergesetzen, Berlin 1984* ▪ **Eckhoff, Rolf,** *Rechtsanwendungsgleichheit im Steuerrecht, Köln 1999* ▪ **Knobbe-Keuk, Brigitte,** *Bilanz- und Unternehmensrecht, 9. Aufl., Köln 1993* ▪ **Koch, Hans-Joachim/Rüßmann, Helmut,** *Juristische Begründungslehre, München 1982* ▪ **Krey, Volker,** *Zur Problematik richterlicher Rechtsfortbildung contra legem, JZ 1978, 361ff., 428ff., 465ff.* ▪ **Lang, Joachim,** *Reaktion der Finanzverwaltung auf missliebige Entscheidungen des Bundesfinanzhofs StuW 1992, 1ff.* ▪ **Larenz, Karl,** *Methodenlehre der Rechtswissenschaft, 6. Aufl., Berlin 1991* ▪ **Littmann/Bitz/Pust,** *Das Einkommensteuerrecht, 59. Ergänzungslieferung 2003* ▪ **Meilicke, Wienand,** *Zur Bedeutung der richtlinienkonformen Auslegung für das deutsche Steuerrecht, BB 1992, 969ff.* ▪ **Mennicken, Axel,** *Das Ziel der Gesetzesauslegung, Bad Homburg 1970* ▪ **Müller, Friedrich,** *Juristische Methodik, 6. Aufl., Berlin 1995* ▪ **Neuner, Jörg,** *Die Rechtsfindung contra legem, München 1992* ▪ **Offerhaus, Klaus,** *Zur Analogie im Steuerrecht, BB 1984, 993ff.* ▪ **Saß, Gert,** *Zu den Auswirkungen des EU-Vertrags auf die bilateralen Doppelbesteuerungsabkommen, DB 1998, 1482ff.* ▪ **Schlaich, Klaus,** *Das Bundesverfassungsgericht, 4. Aufl., München 1997* ▪ **Schmidt, Ludwig,** *Einkommensteuergesetz, 22. Aufl. 2003* ▪ **Schwacke, Peter/Uhlig, Rolf,** *Juristische Methodik, 3. Aufl., Köln 1995* ▪ **Schwarz, Bernhard,** *Kommentar zur Abgabenordnung, 106. Ergänzungslieferung Nov. 2003* ▪ **Streck, Michael,** *Die »tatsächliche Verständigung« in der Praxis, StuW 1993, 365* ▪ **Tipke, Klaus/Lang, Joachim,** *Steuerrecht, 17. Aufl., Köln 2003* ▪ **Tipke, Klaus/Kruse, Wilhelm,** *Abgabenordnung, 102. Ergänzungslieferung 2003* ▪ **Tipke, Klaus (Hrsg.),** *Grenzen der Rechtsfortbildung durch Rechtsprechung und Verwaltungsvorschriften im Steuerrecht, Köln 1982* ▪ **ders.,** *Rechtsetzung durch Steuergerichte und Steuerverwaltungsbehörden?, StuW 1981, 189ff.* ▪ **Völker, Gerhard,** *Zur Ausfüllung von Gesetzeslücken im Steuerrecht, DStZ 1989, 235ff.* ▪ **Woerner, Lothar,** *Verfassungsrecht und Methodenlehre im Steuerrecht, FR 1992, 226* ▪ **Wolff-Diepenbrock,** *Der Beitrag der Finanzrechtsprechung zur Kompliziertheit und zur Vereinfachung des Steuerrechts in: Festschrift für Offerhaus 1999, 299ff.* ▪ **Zippelius, Reinhard,** *Juristische Methodenlehre, 7. Aufl., München 1999*

1 Einführung

Das Buch besteht aus den beiden Teilen Methodenlehre und Klausurtechnik. Sie sind eng miteinander verknüpft. Nur wer gelernt hat, methodisch zu arbeiten, wird gute Klausuren schreiben können. Den Studenten wird deshalb dringend empfohlen, sich mit beiden Teilen zu beschäftigen. Für alle diejenigen, die ihre Prüfung längst glücklich bestanden haben, hat zwar die Klausurtechnik keine Bedeutung mehr, doch das methodische Arbeiten bleibt, solange sie sich mit Steuerrecht oder einem anderen Rechtsgebiet beschäftigen, stets eine Herausforderung, der sie sich stellen müssen. Auch ihnen soll dieses Buch eine Hilfe sein.

1.1 Methodenlehre für Steuerrechtler

Alle Gesetze sind von ihrer Grundstruktur her gleich aufgebaut. Es tauchen deshalb bei steuerlichen Vorschriften die gleichen Grundfragen wie im Baurecht, im bürgerlichen Recht oder im Strafrecht auf. Jedes Rechtsgebiet hat zwar daneben seine spezifischen Spezialprobleme, doch sind diese eher marginal. Die juristische Methodenlehre kann deshalb als ein fundamentales Wissen bezeichnet werden, das die Basis für das Verständnis von Gesetzen, für das Wissen um ihren Aufbau und ihre Anwendung darstellt. Die Regeln der Methodik gelten für alle Rechtsnormen. Eine spezielle Methodenlehre für das Steuerrecht gibt es nicht. Im Steuerrecht stellen sich allerdings gewisse spezielle methodische Fragen, wie z. B. im Zusammenhang mit der wirtschaftlichen Betrachtungsweise, die in anderen Rechtsbereichen nur eine Randbedeutung haben oder gar nicht auftauchen.

Dieses Buch ist speziell für mit dem Steuerrecht in Lehre und Praxis Befasste geschrieben. Methodisches Arbeiten lässt sich am besten an konkreten Beispielen verdeutlichen, fast alle Darstellungen der Methodenlehre beziehen ihre Beispielsfälle aus Zivil- und Strafrecht und sind daher für alle ohne juristisches Studium nur schwer nachvollziehbar. Da sich das vorliegende Buch an Steuerrechtler wendet, sind ausschließlich steuerliche Beispiele gewählt worden, um den Leser an Hand dieses ihm vertrauten Rechtsgebietes durch die Methodik zu führen. Es sind bewusst Fälle aus den verschiedenen Teilbereichen des Steuerrechts ausgesucht worden, um deutlich zu machen, dass das Instrumentarium der Methodenlehre in allen Rechtsbereichen und damit auch auf allen Gebieten des Steuerrechts anwendbar ist. Die Beispielsfälle sind austauschbar, die methodischen Instrumente bleiben stets die gleichen.

1.2 Über den Umgang mit diesem Buch

Der Studienanfänger sollte sich die »Methodenlehre und Klausurtechnik« möglichst frühzeitig anschaffen. Je eher er beginnt, sich im methodischen Arbeiten zu üben, desto schneller wird er in seinem Studium Fortschritte machen. Vieles wird ihm dann erst richtig verständlich werden. Die Beispiele, die die verschiedenen Instrumente der Methodenlehre illustrieren, werden zwar erst mit zunehmenden Kenntnissen in den einzelnen Steuerfächern alle transparent werden. Die »Methodenlehre und Klausurtechnik« ist jedoch vom Beginn der Ausbildung an als Wegbegleiter durch das Studium gedacht. Die Methodenlehre in Teil A sollte im Laufe der Zeit Kapitel für Kapitel durchgearbeitet werden. Wer sich das Buch erst zu einem späteren Zeitpunkt anschafft, zu dem er sich schon ein erhebliches steuerliches Vorwissen erworben hat, wird seinen Inhalt dagegen zusammenhängend erarbeiten können.

Dem Anfänger wird empfohlen, seine Aufmerksamkeit in Teil A zunächst den Kapiteln 1 bis 4 zuzuwenden und dabei vor allem die Grundlagen der Rechtsanwendung in Kapitel 4 durchzugehen, die für jede Arbeit mit Gesetzen von zentraler Bedeutung sind. Nur wenn er diesen Teil nicht nur verstanden hat, sondern auch bei Anwendung von Rechtsnormen tatsächlich umsetzt, wird er dauerhaft erfolgreich sein.

Klausuren werden schon bald nach Beginn des Studiums geschrieben, so dass die Hinweise zur Klausurtechnik, die in Teil B zusammengefasst sind, von Bedeutung werden. Vieles in Teil B wird jedoch unverständlich bleiben, wenn man nicht auch die Darstellungen zur Methodenlehre in Teil A gelesen hat.

1.3 Der Nutzen methodischen Arbeitens

Die Methodenlehre ist eine Hilfe für alle Studenten des Steuerrechts, und zwar sowohl für die zukünftigen Steuerbeamten wie für angehende Steuerberater und Wirtschaftsprüfer. Sie wird ihnen während ihrer Ausbildung nützen und für eine erfolgreiche Prüfung hilfreich sein.

Durch ständige Übung wird das methodisch systematische Arbeiten schließlich so verinnerlicht, dass es auch in der späteren Praxis ganz selbstverständlich verwendet wird und zu in sich schlüssigen, überzeugenden Begründungen führt.

Wer methodisch sauber arbeitet, wird die besseren Ergebnisse erzielen. Das gilt nicht nur in der Ausbildung, sondern auch in Bezug auf die Rechtsanwendung im Finanzamt und in der Steuerberaterpraxis. Die Methodenlehre kann für denjenigen, der das Gesetz anwenden will (nennen wir ihn Rechtsanwender), in mehrfacher Hinsicht von Nutzen sein.

a) Methodisches Arbeiten hilft Fehler bei der Rechtsanwendung zu vermeiden.

Wer gelernt hat, die einzelnen Voraussetzungen bei jeder anzuwendenden Norm sauber Schritt für Schritt zu prüfen, läuft nicht Gefahr, einzelne Voraussetzungen zu übersehen und damit zu falschen Schlüssen zu kommen. Er wird dadurch aber auch leichter die kritischen, zweifelhaften Fragen bei der Lösung seines Falles herausfinden.

b) Kenntnisse der Methodenlehre helfen bei der Begründung der Lösung.

In Klausuren muss die Lösung begründet werden. Das richtige Ergebnis allein bringt dem Klausurverfasser oft nur ein Bruchteil der erzielbaren Punkte, erwartet wird eine ausführliche und in sich schlüssige Begründung. Übung in der Subsumtionstionstechnik der Methodenlehre kann auf dem Weg zu besseren Klausurergebnissen helfen.

Auch in der Praxis müssen laufend Begründungen gefertigt werden. Das Finanzamt ist nach § 121 AO verpflichtet, eine ablehnende Entscheidung gegenüber dem Steuerpflichtigen zu begründen.

Der Steuerberater seinerseits wird eine seinem Mandanten günstige Auffassung begründen müssen, um das Finanzamt zu überzeugen. Kommt es zum Rechtsbehelfsverfahren oder gar zum Prozess, werden beide Seiten bemüht sein, ihre Rechtsauffassung überzeugend darzulegen.

Nicht selten sind derartige Ausführungen konfus und sprunghaft in der Argumentation. Die Methodenlehre hilft, bessere Begründungen zu schreiben, sie zeigt den logisch systematischen Aufbau der Gesetzesvorschriften und die Möglichkeiten ihrer Auslegung. Damit gibt sie dem Rechtsanwender ein Gerüst für den Aufbau und Argumentationshilfen für den Inhalt seiner Begründung.

Gerade das Steuerrecht enthält eine Fülle von ungeklärten und streitigen Fragen. Mit zunehmender Komplexität unseres Gesellschafts- und Wirtschaftslebens werden es beständig mehr, täglich tauchen neue Lebenssachverhalte auf, für die sich aus dem Gesetz nicht unmittelbar eine Lösung entnehmen lässt. Der Rechtsanwender muss dennoch zu einer begründeten Entscheidung kommen.

c) Das Verständnis der Methodenlehre erleichtert, Rechtsansichten in Literatur und Rechtsprechung zu verstehen und kritisch zu würdigen.

Die Richter des Bundesfinanzhofes und der Finanzgerichte haben eine juristische Vorbildung, sie sind über Jahre im juristischen Denken geschult worden und wenden das Instrumentarium der juristischen Methodik bei ihren Entscheidungen mehr oder weniger ausdrücklich an. Viele der Beispiele dieses Buches beziehen sich daher auf Entscheidungen des BFH.

Auch in der steuerrechtlichen Literatur werden bei der Lösung von Zweifels- und Streitfragen immer wieder Argumente verwendet, die auf der juristischen Methodenlehre aufbauen. Nur wer diese selbst beherrscht, wird Literaturmeinungen nicht nur verstehen, sondern auch kritisch würdigen und für die Lösung seines eigenen Falles nutzbar machen können.

d) Die Methodenlehre hilft bei der Einarbeitung in unbekannte oder neue steuerliche Vorschriften.

Kaum ein Steuerrechtler wird heute noch von sich behaupten können, dass er in allen Gebieten des Steuerrechts zu Hause ist. Häufig ist der Rechtsanwender gezwungen, eine ihm völlig oder weitgehend unbekannte Norm zur Bearbeitung seines Falles heranzuziehen. Dabei braucht man nicht nur an steuerliche Spezialfragen zu denken, laufend ergehen gerade im Steuerrecht neue Gesetze und Gesetzesänderungen, für den Rechtsanwender völlig neue Vorschriften, die angewendet werden müssen.

Das Wissen um methodisches Arbeiten wird das Arbeiten mit unbekannten Normen erleichtern, weil es dem Rechtsanwender einen Weg zeigt, wie er an die betreffende Vorschrift herangehen und zu einer begründeten Lösung kommen kann.

e) Wer sich in der Methodenlehre auskennt, wird auch einen leichteren Zugang zu anderen Rechtsgebieten haben.

Die juristische Methodenlehre handelt vom Aufbau und der Anwendung der Gesetze. Sie gilt für alle Gesetze. Statt steuerrechtlicher Fälle ließen sich die Beispiele deshalb ebensogut jedem beliebigen anderen Rechtsbereich entnehmen. Das an Hand des Steuerrechts erlernte methodische Wissen lässt sich auf Gebiete, wie das Handelsrecht oder das bürgerliche Recht übertragen.

In der Regel knüpfen Besteuerungstatbestände an zivilrechtliche Rechtsgeschäfte an oder sind deren Folge. Der Steuerrechtler wird sich deshalb immer wieder mit Fragen aus diesen Rechtsgebieten beschäftigen müssen, und zwar auch ohne eine diesbezügliche juristische Vorbildung zu haben. Sowohl in der Finanzverwaltung wie auch bei den steuerberatenden Berufen ist deshalb oft eine große Unsicherheit zu beobachten, wenn die Bearbeiter das Gebiet des Steuerrechts verlassen und sich mit anderen Rechtsfragen auseinander setzen müssen. Gerade für den Steuerberater sind die zivilrechtlichen Vorfragen aber ein ganz entscheidendes Moment einer wirklich qualifizierten Beratung. Von der zivilrechtlichen Gestaltung hängt sehr häufig die spätere steuerliche Auswirkung ab. Ist der Lebenssachverhalt aber erst einmal verwirklicht, so lässt er sich im nachhinein nicht mehr in eine steuerlich günstigere Version umwandeln.

1.4 Die Illusion von der Steuervereinfachung

Eine durchgehende Vereinfachung des Steuerrechts ist bisher Wunschtraum geblieben. Ganz im Gegenteil setzt sich die Tendenz zu einer immer ausdifferenzierteren, komplizierteren Gestaltung weiter fort. Je mehr wir mit neuen Gesetzen und Gesetzesänderungen rechnen müssen, desto schneller veraltet das Wissen um einzelsteuerliche Regelungen, wird zu Wissensschrott. Auch die Rechtsprechung trägt dazu ein gutes Teil bei. Steuerliche Details, die zu Beginn eines mehrjährigen Studiums galten, sind teils im Zeitpunkt der Prüfung längst überholt. Nur solides methodisches Wissen hilft, die Flut immer neuer Gesetze und Gesetzesänderungen zu bewältigen.

Mehrere Regierungen verschiedener politischer Ausrichtungen haben sich in den letzten Jahrzehnten an einer grundlegenden Steuerreform versucht und sich daran die Zähne ausgebissen. Es bleibt abzuwarten, ob es in einem neuen Anlauf in den nächsten Jahren gelingt, das Steuerrecht von Grund auf zu reformieren und zu vereinfachen.

Dieser Zustand ist zu beklagen, doch er entspricht unserer gegenwärtigen gesellschaftlichen und politischen Wirklichkeit, in der kaum klare, einfache Regelungen, sondern nur Kompromisse mit den durch ihre Lobby besonders gut vertretenen gesellschaftlichen Kräften realisierbar sind.

Für die zunehmende Komplizierung des Steuerrechts sind jedoch noch andere Faktoren bestimmend. Steuern haben schon lange nicht mehr nur die Funktion, Einnahmen für den Staat zu erzielen, sondern es wird mit ihnen eine Vielzahl wirtschaftslenkender, sozialpolitischer, wohnungspolitischer und neuerdings umweltpolitischer Zwecke verfolgt. § 3 AO, der klarstellt, dass die Einnahmeerzielung auch Nebenzweck sein kann, legitimiert derartige Zweckbestimmungen.

Jedes Staatssystem muss eine Balance finden zwischen dem Interesse der Gesamtheit, dem Staat, der Gesellschaft einerseits und andererseits den Interessen des Einzelnen. Für alle lebenden Systeme und auch für die aus Einzelwesen gebildeten Staaten gilt, dass sie um so besser funktionieren, je mehr die einzelnen Teile im Interesse des Ganzen harmonisch zusammenwirken. Sie werden um so schlechter funktionieren, je mehr die einzelnen ihren individuellen Vorteil zu Lasten des Ganzen suchen. Die Zeiten, in denen sich Bürger selbst zur Steuer einschätzten und dabei aus ihrem Selbstverständnis und um ihres Ansehens in der Gemeinschaft willen eher mehr gaben, als ihnen zu zahlen oblag, sind vorbei.

Steuern sparen auf legale und nicht selten auch halblegale Weise zu Lasten der Gemeinschaft ist zum Volkssport geworden. Ein gut teil zur Kompliziertheit des Steuerrechts tragen heute auch die Steuerbürger bei (so auch Wolff-Diepenbrock, Johannes in: Festschrift für Offerhaus, S. 299 [304]). Unterstützt von findigen Beratern suchen Steuerpflichtige systematisch nach Schwachstellen und Löchern im Gesetz, um sie für ihre Steuersparinteressen nutzbar zu machen. Die Geschichte der Abschreibungsgesellschaften, die ihren Gesellschaftern durch hohe Abschreibungen von Wirtschaftsgütern entsprechende Verluste verschaffen, ist dafür ein typisches Beispiel. Der Gesetzgeber reagiert mit einer Spezialregelung, – wenn auch meist mit erheblicher Verzögerung –, um die steuerersparenden Schlupflöcher möglichst zu verstopfen. Noch während diese im Entwurfsstadium ist, geht jedoch die Suche erneut los, wie man trotz der neuen gesetzlichen Regelung zu steuersparenden Effekten kommen kann. Zugleich wird versucht, auf den Gesetzgeber Einfluss zu nehmen, um das »Aus« für die bisherige Steuersparpraxis zu verhindern oder doch zumindest abzumildern. Hat man unter der Herrschaft der gesetzlichen Neuregelung neue Schlupflöcher gefunden, beginnt das Spiel von neuem, bis es zu einer erneuten Gesetzesänderung kommt oder zumindest im Erlasswege gewisse Praktiken von der Verwaltung nicht mehr anerkannt werden. Auf der Strecke bleibt die Hoffnung auf ein einfaches Steuerrecht.

2 Begriff und Funktion des Rechts

2.1 Funktion der Rechtsordnung

Soll menschliche Gemeinschaft nicht in Chaos enden, bedarf sie der Regelung. Rechtsnormen sind von Völkern und Staaten seit Jahrtausenden zu diesem Zweck geschaffen worden. Sie haben also den Zweck, Ordnung in das menschliche Zusammenleben zu bringen. Letztlich läuft das Zusammenspiel der Rechtsvorschriften immer darauf hinaus, ein bestimmtes Tun oder Unterlassen vorzuschreiben oder bestimmte Rechte zu gewähren. Nicht alle Regeln des menschlichen Miteinanders sind durch Rechtsregeln festgelegt, die ungeschriebenen Vorstellungen der Sittlichkeit nehmen ebenso Einfluss auf das mitmenschliche Verhalten. Die Verletzung dessen, was eine bestimmte Gesellschaft als nach Anstand und Sitte geboten empfindet, mag den Betreffenden der Diskriminierung oder gar Ächtung aussetzen, bindend sind diese Regeln dennoch nicht. Anders dagegen die Rechtsnorm, sie erhebt Anspruch auf Verbindlichkeit gegenüber allen Normadressaten (Larenz, [a. a. O.], 182).

2.2 Privatrecht und Öffentliches Recht

Wir leben heute in Staaten mit hochkomplizierten gesellschaftlichen Zusammenhängen. Schon lange genügt es nicht mehr, nur die Rechtsbeziehungen der einzelnen Bürger untereinander zu regeln – insoweit sprechen wir von Privatrecht –, mehr und mehr Rechtsfragen im Verhältnis zwischen Staat und Bürger und zwischen den einzelnen Staatsorganen bedurften der Normierung. Soweit der Staat dabei in seiner typischen Rolle als Hoheitsträger aktiv wird, zwischen Staat und Bürger ein **Verhältnis der Über- und Unterordnung** besteht, handelt es sich um **öffentliches Recht.** Stellt er sich dagegen auf die **gleiche Ebene mit dem Bürger** und kauft z. B. Büromöbel für das Finanzamt, so bewegt auch er sich im **Privatrecht** und hat die gleichen Rechte und Pflichten wie jeder Bürger. Das Steuerrecht gehört zum öffentlichen Recht, der Staat wird hoheitlich tätig, der Staatsbürger ist der Besteuerung unterworfen. Die Steuerzahlung liegt anders als die auf freiwilliger Verpflichtung beruhende Zahlung einer Kaufpreisschuld im Zivilrecht nicht in seiner freien Entscheidung und ist auch nicht aushandelbar.

2.3 Begriff der Rechtsnormen

Rechtsnormen werden geschaffen, um eine Vielzahl von Fällen, die gleichgelagert sind, verbindlich zu regeln. Wo keine Rechtsnorm besteht, bewegen wir uns im **rechtsfreien Raum.** Weite Bereiche unseres Lebens sind einer rechtlichen Normierung nicht zugänglich, man denke etwa an mitmenschliche Beziehungen, wie Liebe, Freundschaft, an die Gestaltung des Privatlebens allgemein.

Grundsätzlich sind die in Gesetzen normierten Rechte und Pflichten nicht nur allgemeinverbindlich, sondern der Staat eröffnet auch Wege zu ihrer Durchsetzbarkeit.

BEISPIELE

a) Der Verkäufer, der den vereinbarten Kaufpreis nicht erhält, muss zur zwangsweisen Durchsetzung seiner Kaufpreisforderung die Staatsorgane bemühen. Selbstjustiz ist ausgeschlossen. Er wird bei dem zuständigen Gericht seinen Käufer verklagen oder einen Mahnbescheid erwirken müssen. Anschließend kann er den Gerichtsvollzieher mit der Eintreibung seiner Kaufpreisforderung beauftragen.

b) Zahlt der Steuerpflichtige seine aufgrund eines ESt-Bescheides fällige Steuer nicht, so kann das Finanzamt nach §§ 249 ff. AO selbst Vollstreckungsmaßnahmen ergreifen, ohne dass zuvor ein Gericht eingeschaltet werden muss.

Notfalls wird zur Durchsetzung von Recht und Ordnung die volle Macht der Staatsapparatur eingesetzt, wie die Räumung besetzter Häuser zeigte. In Ausnahmefällen kann eine Verpflichtung gesetzlich normiert sein, die nicht erzwingbar ist.

BEISPIEL

Grundsätzlich sind Beteiligte nach §§ 90, 93 AO zur Erteilung von Auskünften verpflichtet, und diese Pflicht kann nach §§ 328 ff. AO mit Zwangsmitteln durchgesetzt werden. Zwangsmittel sind jedoch nach § 393 Abs. 1 AO unzulässig, wenn der Steuerpflichtige dadurch gezwungen würde, sich selbst wegen einer Steuerstraftat oder Steuerordnungswidrigkeit zu belasten.

MERKSATZ

Rechtsnormen sind für eine unbestimmte Vielzahl von Fällen geltende Regelungen, die in einem bestimmten örtlichen Bereich (Geltungsbereich) zu einer bestimmten Zeit für alle Staatsbürger verbindlich sind.

Rechtsnormen sind in Worte gepreßte Gedanken und damit ebenso wie die unvollkommenen Ausdrucksmöglichkeiten unserer Sprache vielfältigen Mehrdeutigkeiten und Missverständnissen unterworfen.

Wegen ihrer Unvollkommenheit wird eine Methodenlehre notwendig, die dem Rechtsanwender das Handwerkszeug gibt, um prüfen zu können, ob ein bestimmter Lebenssachverhalt von der fraglichen Rechtsnorm erfasst wird. Der größte Teil der nachstehenden Ausführungen sind methodische Hilfsmittel zur Anwendung der Gesetzesnormen.

2.4 Gesetz und Recht

Die juristische Methodenlehre befasst sich mit der Methode der Anwendung von Rechtsnormen. § 4 AO bestimmt: »Gesetz ist jede Rechtsnorm.« Nach Art. 20 Abs. 3 GG sind Rechtsprechung und vollziehende Gewalt an »Gesetz und Recht« gebunden. Neben dem in Gesetzesnormen niedergelegten Recht kennen wir das Gewohnheitsrecht. Da dieses im Steuerrecht keine wesentliche Rolle spielt, wird nicht näher darauf eingegangen. Anders als das englische Recht basiert unsere Rechtsordnung im Grundsatz auf schriftlichen Rechtsnormen. Das geltende Recht ist jedoch nicht ausschließlich in diesen Gesetzen zu finden. Auch über die reine Gesetzesinterpretation hinaus ist hierfür die Rechtsprechung, insbesondere des BFH, mit heranzuziehen. In gewissen Fällen hat der Gesetzgeber die Weiterentwicklung des Rechts bewusst der Rechtsprechung überlassen.

BEISPIELE

a) Die verbindliche Zusage ist in §§ 205 ff. AO nur für den Spezialfall geregelt worden, dass sie im Anschluss an eine Außenprüfung erfolgt. Darüber hinaus bleibt die Rechtsentwicklung der Rechtsprechung überlassen.

b) Der Begriff der Verdeckten Gewinnausschüttung wird im Gesetz nicht definiert, er ist von der Rechtsprechung entwickelt worden (vgl. A 31 KStR).

In anderen Fällen enthält das Gesetz Lücken, die unter gewissen Voraussetzungen von der Rechtsprechung im Wege der Rechtsfortbildung geschlossen worden sind. Es sind damit außerhalb des Gesetzeswortlauts Rechtsregeln geschaffen worden (vgl. dazu unter 5.2).

Nicht allem, was den Anschein einer verbindlichen Norm hat, kommt diese Rechtsqualität tatsächlich zu. Gerade im Steuerrecht gibt es eine Vielzahl von Vorschriften, Anordnungen u. Ä. mit völlig unterschiedlicher Rechtsqualität. Für Bedeutung und Verbindlichkeitsgrad muss sich der Rechtsanwender bewusst machen, welche rechtliche Qualität die von ihm geprüfte Vorschrift hat.

Zu unterscheiden sind:

a) Für Verwaltung und Rechtsprechung bindend

- **Formelle Gesetze**
  Grundgesetz sowie alle im Gesetzgebungsverfahren nach Art. 76 ff. GG durch den Bundestag unter Mitwirkung des Bundesrates zustande gekommenen (z. B. EStG, UStG, GewStG) oder durch ein Landesparlament – soweit dieses die Gesetzgebungskompetenz hat (vgl. Art. 72 GG) – beschlossenen Gesetze. Hierzu gehören auch supranationale Normen (z. B. der EU) und Doppelbesteuerungsabkommen. Sie haben nach § 2 AO Vorrang gegenüber dem nationalen Recht.

- **Rechtsverordnungen**
  die von der Bundesregierung, einem Bundesminister oder einer Landesregierung aufgrund Art. 80 GG erlassen werden können, wenn diese in einem Gesetz dazu ausdrücklich ermächtigt worden sind (Ermächtigungsgrundlage) z. B. EStDV, UStDV.

MERKSATZ

Formelle Gesetze und Rechtsverordnungen
sind für alle verbindliche Rechtsnormen.

b) Verwaltungsinterne Regelungen

Diese sind **nicht allgemeinverbindlich.** Verwaltungsvorschriften werden von übergeordneten Behörden kraft ihrer Organisations- und Geschäftsleitungsgewalt erlassen (Tipke/Lang, [a. a. O.], Rz. 21 ff. zu § 5). Die Verwaltung versucht durch derartige Regelungen, ihren Bediensteten eine Arbeitshilfe zu geben und zu gewährleisten, dass gleichliegende Fälle von verschiedenen Beamten möglichst gleich behandelt werden. Die Bediensteten haben diese Regelungen aufgrund ihrer Dienstpflichten grundsätzlich anzuwenden. Verwaltungsvorschriften schaffen kein Recht, sondern geben die Verwaltungsauffassung zur Interpretation der bestehenden Gesetze wieder. Sie sind damit eine **Arbeitshilfe für die Finanzbeamten** und nehmen ihnen in vielen Fällen eine eigene Entscheidung zur Auslegung des Gesetzes ab. Da sich Steuerpflichtige und Steuerberater in den meisten Fällen an der Auffassung der Verwaltung orientieren, werden die verwaltungsinternen Vorschriften in der Regel von ihnen berücksichtigt.

Für die Gerichte sind Verwaltungsvorschriften nicht bindend, im Gegenteil obliegt es ihnen zu prüfen, ob derartige Anweisungen mit dem Gesetz im Einklang stehen. Die Gerichte haben damit Rechtsschutz gegen eine Verletzung der Gesetze durch Verwaltungshandeln zu gewähren.

Die Gerichte können die Verwaltungsanweisungen vollen Umfangs überprüfen, das gilt sowohl zugunsten wie auch zu ungunsten des Steuerpflichtigen.

In Betracht kommen als Verwaltungsvorschriften insbesondere

- **Richtlinien** des Bundesministers der Finanzen zu den einzelnen Steuergebieten (z. B. EStR, UStR, GewStR usw.),
- **Erlasse** des Bundesministers der Finanzen und der Länderministerien und
- **Verfügungen** der Oberfinanzdirektionen an die nachgeordneten Finanzämter.

Um eine gleichmäßige Rechtsanwendung zu gewährleisten, kann durch allgemeine Verwaltungsanweisungen eine Selbstbindung der Verwaltung eintreten, so dass der Steuerpflichtige einen Rechtsanspruch auf eine bestimmte Handhabung hat. Nach der Rechtsprechung des BFH ist es »der Verwaltung dann verwehrt, in Einzelfällen, die offensichtlich von der Verwaltungsanweisung gedeckt werden, deren Anwendung ohne triftige Gründe abzulehnen« (BFH vom 23. 04. 1991 BStBl 1991, 752).

BEISPIEL

R 20 Abs. 2 Satz 2 EStR lässt für die Berechnung der GewSt-Rückstellung den Ansatz von 5/6 der GewSt zu, die sich ohne Berücksichtigung als Betriebsausgabe ergeben würde. Hierin liegt eine Selbstbindung der Verwaltung, so dass ein Steuerpflichtiger diese Berechnungsmethode auch dann anwenden darf, wenn exakte mathematische Berechnungen zu größeren Abweichungen führen.

MERKSATZ

Richtlinien, Erlasse und Verfügungen setzen kein Recht, sondern geben die Rechtsauffassung der Verwaltung zur Anwendung der Gesetze wieder. Sie richten sich an die Bediensteten des Staates und sind nicht allgemeinverbindlich. Im Ausnahmefall kann jedoch eine Selbstbindung der Verwaltung eintreten, die dem Steuerpflichtigen einen Rechtsanspruch auf eine bestimmte Handhabung gibt.

Die Qualität von Rechtsnormen haben nur formelle Gesetze und Rechtsverordnungen. Die folgenden Ausführungen der Methodenlehre beziehen sich deshalb in erster Linie auf diese.

2.5 Funktion der Rechtsnormen

Von ihrer Funktion her können wir verschiedene Arten von Rechtsnormen unterscheiden: Es gibt **wertindifferente Vorschriften** mit bloßem Ordnungscharakter, die bestimmte Regeln aufstellen, um ein möglichst störungsfreies Miteinander zu gewährleisten. Das Rechtsfahrgebot im Straßenverkehr gehört hierher, im Steuerrecht ist hier an Regeln des allgemeinen Verfahrensrechts, wie z.B. Zuständigkeitsvorschriften (§ 16ff. AO), zu denken.

Die große Mehrzahl aller Rechtsnormen ist geschaffen, um **Gerechtigkeit zu verwirklichen,** das gilt sowohl für die Regelung der Ansprüche aus einem Kaufvertrag, wie für die Bestrafung von Diebstahl und Mord, und es trifft auch auf die Beziehungen zwischen Staat und Bürger zu.

Um existieren und arbeiten zu können, braucht der Staat Einnahmen. Die Haupteinnahmequelle unseres Staates sind die Steuern. Steuern nicht willkürlich zu erheben, sondern die Gesamtsteuerlast gerecht zu verteilen, erfordert einen »rechtsethischen Konsens der Rechtsgemeinschaft« (Tipke/Lang, [a.a.O.], § 4 Rz. 10).

MERKSATZ

Ein Hauptziel der Steuerrechtsordnung ist die Steuergerechtigkeit.

Steuergerechtigkeit ist nichts Absolutes, ein für allemal Feststehendes. Rechtsnormen sind auch Spiegel ihrer Zeit, der herrschenden Staats- und Sozialordnung. In ihnen schlagen sich die Vorstellungen von Recht und Gerechtigkeit der Zeitgenossen nieder. Im Laufe der Zeit können sich diese Vorstellungen verändern, gerade für unsere schnellebige Zeit gilt das in besonderem Maße. Basis für den Grundsatz der Steuergerechtigkeit ist der Gleichheitssatz des Art. 3 GG, aus dem sich das Prinzip der Gleichbehandlung im Steuerrecht ableiten lässt. Mit den Steuergesetzen trifft der Gesetzgeber ein Werturteil darüber, welche Gemeinsamkeiten oder Unterschiede für die Besteuerung und die Höhe relevant sein sollen (Eckhoff, [a.a.O.] 70).

Eine von der Mehrheit als gerecht empfundene Verteilung der Steuerlast zu finden, dürfte schwierig sein, so beschränkt sich unsere parlamentarische Demokratie darauf, eine von der Mehrheit wenigstens akzeptierte Steuerlastverteilung zu verwirklichen. Die Vorstellungen über Steuergerechtigkeit wandeln sich. Es wird stets neu notwendig, einen gesellschaftlichen Konsens herzustellen. Der Spitzensteuersatz der Einkommensteuer betrug über Jahre 56%, aber 1987 wurde er auf 53% gesenkt, und anschließend hat man schon bald darüber gestritten, ob nicht auch dies noch eine zu hohe Steuerlast sei. In den Folgejahren kam es zu weiteren Absenkungen des Spitzensteuersatzes.

Eine im Regelfall als gerecht akzeptierte Norm kann für den Ausnahmefall zu einem völlig ungerechten Ergebnis führen. Hat der Gesetzgeber für diesen besonderen Fall keine Vorsorge getroffen, bleibt zu prüfen, ob mit Hilfe des Instrumentariums der Methodenlehre geholfen werden kann. Die gleiche Frage stellt sich, wenn sich die Gerechtigkeitsvorstellungen gewandelt haben und eine Regelung nicht mehr als gerecht empfunden wird. Die Rechtsnorm hat noch immer den gleichen Wortlaut wie zur Zeit ihrer Schöpfer. Durch Auslegung lässt sie sich nur sehr beschränkt den veränderten Vorstellungen einer neuen Zeit anpassen – es wird darauf noch näher einzugehen sein. So bleibt nur der Weg einer Änderung der Gesetzesvorschrift, der im Steuerrecht wohl durchaus eher zu häufig als zu selten beschritten wird. Oft stehen hinter heutigen steuergesetzlichen Regelungen weniger Gerechtigkeitserwägungen als parteipolitische, wahltaktische oder wirtschaftspolitische Überlegungen. Bei dem starken Einfluss, den gerade auf diesem Gebiet die Lobby aller erdenklichen Interessengruppierungen nimmt oder zu nehmen versucht, sind viele Steuergesetze auch nur mühsam ausgehandelte Interessenkompromisse.

Eine gerechte Besteuerung sollte sich in erster Linie an dem **Leistungsfähigkeitsprinzip** orientieren, es knüpft an Merkmale wie Einkommen, Vermögen, Verbrauch an. Soweit es sich um steuerliche Vergünstigungen, Ermäßigungen sowie Vorschriften mit Subventionscharakter handelt, sollte das **Bedürfnisprinzip,** wie es Tipke/Lang nennen [a.a.O., § 4 Rz. 127] für die Zuteilung derartiger Steuervorteile maßgebend sein. Schließlich soll das Steuerrecht auch handhabbar sein, dem entspricht das **Praktikabilitätsprinzip.** Es ist mehr technischer Natur und hat deshalb nicht die gleiche Wertigkeit wie die anderen auf die Verwirklichung der Steuergerechtigkeit zielenden Prinzipien.

MERKSATZ

Eine gerechte Besteuerung orientiert sich am Leistungsfähigkeitsprinzip und am Bedürfnisprinzip.

Steuergerechtigkeit soll als Ausfluss des Gleichheitsgrundsatzes des Art. 3 Abs. 1 GG an die Leistungsfähigkeit anknüpfen. Im Grundsatz der **Gleichmäßigkeit der Besteuerung** hat dieser in § 85 AO seinen steuerlichen Niederschlag gefunden. Danach sind die Steuern gleichmäßig nach Maßgabe der Gesetze zu erheben. Gleich behandelt werden müssen nur gleiche Sachverhalte, dem Gesetzgeber steht es frei, nach sachgerechten Prinzipien zu differenzieren und danach eine unterschiedliche Besteuerung vorzusehen.

MERKSATZ

Der Grundsatz der Gleichmäßigkeit der Besteuerung verlangt, dass vergleichbare Sachverhalte gleich behandelt werden.
Dabei handelt es sich um eine wertende Entscheidung des Gesetzgebers.

BEISPIELE

a) Den Einkommensteuertarif nach der Höhe des zu versteuernden Einkommens zu staffeln, führt zu einer Ungleichbehandlung von Steuerpflichtigen mit verschieden hohem Einkommen. Aufgrund der größeren Leistungsfähigkeit des höher Verdienenden ist diese Differenzierung sachgerecht.

b) Haben zwei Personen mit gleichen persönlichen Verhältnissen beide ein gleich hohes zu versteuerndes Einkommen, das jedoch bei A aus Vermietung und Verpachtung und bei B aus einem Gewerbebetrieb stammt, so wird die zusätzliche Erhebung der GewSt von B sachlich damit gerechtfertigt, dass Gewerbebetriebe in der Regel die Infrastruktur einer Gemeinde wesentlich höher beanspruchen.

c) § 50 Abs. 1 EStG schließt für beschränkt Steuerpflichtige viele der Steuervergünstigungen des EStG aus, die unbeschränkt Steuerpflichtigen gewährt werden. Art. 3 Abs. 3 GG bestimmt, dass niemand wegen seiner Herkunft diskriminiert werden darf. Die unterschiedliche steuerliche Behandlung ist dennoch sachgerecht, weil bei dem unbeschränkt Steuerpflichtigen grundsätzlich das Welteinkommen versteuert wird, bei dem beschränkt Steuerpflichtigen dagegen nur die

inländischen Einkünfte erfasst werden und damit gar nicht auf seine Leistungsfähigkeit und seinen Bedarf abgestellt werden kann.
Diese Regelung ist wiederum für beschränkt Steuerpflichtige ungerecht, die so gut wie ausschließlich im Inland Einkünfte beziehen. § 1 Abs. 3 EStG gewährt ihnen deshalb die Möglichkeit, auf Antrag als unbeschränkt einkommensteuerpflichtig behandelt zu werden.

Die Frage nach der Steuergerechtigkeit stellt sich nicht nur für den Gesetzgeber, sondern auch für den Rechtsanwender. Insbesondere der Gleichheitsgrundsatz ist nicht nur bei der Gesetzgebung zu beachten, sondern auch durch Rechtsprechung und Verwaltung. Es wird darauf in den folgenden Kapiteln noch näher eingegangen werden.

2.6 Gesetzessystematik im Steuerrecht

2.6.1 Abgabenordnung

Den steuerrechtlichen Einzelgesetzen ist die Abgabenordnung vorangestellt. Sie enthält allgemeine für alle Steuerrechtsgebiete geltende Regelungen. Dazu gehören insbesondere die Verfahrensvorschriften. In der Abgabenordnung sind jedoch an verschiedenen Stellen auch materielle Rechtsvorschriften zu finden.

BEISPIELE

§§ 69 ff. Haftungsansprüche
§§ 233 ff. Zinsansprüche
§§ 337 ff. Kosten der Vollstreckung

In der Abgabenordnung sind wiederum die allgemeinen Vorschriften an den Anfang gestellt. Dementsprechend findet man im 1. Teil (Einleitende Vorschriften) viele Definitionen sowie Vorschriften über die Zuständigkeit und das Steuergeheimnis gefolgt von der Regelung des Steuerschuldrechts (2. Teil).

Die anschließenden Teile befassen sich mit den Aktivitäten des Finanzamts. Hier ist ebenfalls ein Teil Allgemeine Verfahrensvorschriften (3. Teil) vorangestellt, der für die folgenden Teile, d. h. sowohl für die Durchführung der Besteuerung (4. Teil) wie auch für das Erhebungsverfahren (5. Teil) und die folgenden Teile über Vollstreckung, außergerichtliches Rechtsbehelfsverfahren und die Straf- und Bußgeldvorschriften gilt.

2.6.2 Einzelsteuergesetze

Auch in diesen ist ein ähnliches Aufbaumuster wiederzufinden.. Allgemeine Bestimmungen bezüglich der Steuerpflicht, des Umfangs der Besteuerung sowie Steuerbefreiungen finden sich jeweils am Anfang der Gesetze. Es folgen die einzelnen Besteuerungstatbestände und zusätzliche zu berücksichtigende Besteuerungsgrundlagen. Die Regelungen über Veranlagung, Tarif und Steuererhebung sind dagegen in der Regel im hinteren Teil des Gesetzes zu finden.

Soweit die Einzelgesetze Bestimmungen enthalten, gehen deren Regelungen als Spezialgesetze den allgemeinen Vorschriften der AO vor.

2.7 Rechtsprechung

Die gesetzgebende Gewalt liegt aufgrund der Dreiteilung der Gewalten im Staat bei den Parlamenten als Legislative. Den Gerichten obliegt es, über die richtige Anwendung der Gesetze zu wachen. Von diesem Konzept her ist ihre Tätigkeit also keine Rechtsschöpfung, sondern Rechtsanwendung. In bestimmten Fällen findet dennoch, insbesondere durch die Entscheidungen des Bundesfinanzhofes, eine ergänzende Rechtsfortbildung statt (vgl. dazu im Einzelnen unter 5.2). Gerichtsentscheidungen wirken immer nur für den betreffenden Einzelfall. Durch ihre Veröffentlichung und die nach dem Grundsatz der Gleichmäßigkeit der Besteuerung gebotene Anwendung der Entscheidung auch auf andere gleichliegende Fälle kommt ihnen faktisch jedoch eine große Breitenwirkung zu. In Einzelfällen – z. B. wenn wegen der entschiedenen Frage noch ein weiterer Musterprozess anhängig ist – verfügt der Bundesfinanzminister gegenüber den nachgeordneten Finanzämtern, dass ein Urteil nicht angewendet werden soll (Nichtanwendungserlass).

Unmittelbar geltendes Recht schaffen dagegen Urteile des BVerfG, mit denen dieses ein Gesetz für nichtig erklärt, weil es mit der Verfassung nicht vereinbar ist (vgl. § 78 BVerfGG).

2.8 Zusammenspiel von Gesetzgebung und Rechtsprechung

AUSGEWÄHLTER LITERATURHINWEIS ***Huber,*** *Bewirkt der Bundesfinanzhof einen Legislativeffekt? in Festschrift für Offerhaus, 241 ff.*

Die Rechtsprechung ist nach Art. 20 Abs. 3 GG an Gesetz und Recht gebunden, sie hat über die Anwendung der Gesetze durch die vollziehende Gewalt zu wachen. Der Gesetzgeber ist dagegen nicht an Gerichtsentscheidungen gebunden. Es hat in den letzten Jahren immer häufiger Fälle gegeben, in denen der Gesetzgeber auf eine ihm unerwünschte Rechtsprechung durch Gesetzesänderung reagiert hat. Insoweit kann man von einem Nichtanwendungsgesetz sprechen (Lang, [a. a. O.], 14 f.).

BEISPIELE

a) Der BFH hat 1986 die Verlustverrechnung nach § 10 d EStG mit zukünftigen Gewinnen bei Übertragung aller Anteile an einer nicht mehr aktiven GmbH (Mantelkauf) anerkannt (BFH vom 29. 10. 1986 BStBl 987, 308). Der Gesetzgeber hat darauf reagiert und den Verlustabzug nach dem neu geschaffenen § 8 Abs. 4 KStG für den Regelfall bei Mantelkäufen wesentlich eingeschränkt.

b) Der BFH hat bei einer doppelstöckigen Personengesellschaft den Durchgriff durch die zwischengeschaltete Personengesellschaft abgelehnt (BFH GS vom 15. 02. 1991 BStBl 1991, 691). Damit war § 15 Abs. 1 Nr. 2 Satz 1 EStG z. B. auf Tätigkeitsvergütungen, die der Gesellschafter der Obergesellschaft für seine Tätigkeit in der Untergesellschaft erhält, nicht anwendbar. Der Gesetzgeber hat daraufhin mit § 15 Abs. 1 Nr. 2 Satz 2 EStG eine gegenteilige Regelung geschaffen.

c) Der große Senat des BFH hat 1995 entschieden, dass eine Aufhebung der Vollziehung auch insoweit in Betracht kommt und zu einer – vorläufigen – Erstattung führen kann, wenn es sich um entrichtete Vorauszahlungen zur ESt handelt (BFH GS, vom 03. 07. 1995 BStBl 1995, 730). Durch Änderung der § 361 Abs. 2 AO und § 69 Abs. 2 FGO hat der Gesetzgeber im Jahressteuergesetz 1997 diese Möglichkeit ausgeschlossen.

d) Mit Entscheidung vom 08. 07. 1998 BStBl 1999, 123 hat der BFH eine Verböserung im Einspruchsverfahren abgelehnt, wenn die Festsetzungsfrist grundsätzlich abgelaufen ist und die Entscheidung nur noch aufgrund der Ablaufhemmung des § 171 Abs. 3 AO möglich ist (so auch schon BFH vom 27. 03. 1996, BStBl 1997, 449 und BFH vom 30. 07. 1997 BStBl 1997, 635). Das Gericht begründet dies damit, dass die Ablaufhemmung nur insoweit greife, wie Einspruch eingelegt sei, der Einspruchsführer jedoch mit seinem Einspruch keine höhere Steuerfestsetzung anstrebe. Der Gesetzgeber hat im Rahmen des Steuerbereinigungsgesetzes 1999 einen § 171 Abs. 3 a AO eingefügt, in dem klargestellt wird, dass die Festsetzungsfrist hinsichtlich des gesamten Steueranspruchs gehemmt ist. Damit ist künftig auch noch eine Verböserung möglich.

Es wird durch derartige gesetzgeberische Maßnahmen in die Fortentwicklung des Rechts eingegriffen. Häufig handelt es sich dabei aber um eine aus dem Gesichtspunkt der Steuergerechtigkeit notwendige Korrektur der bisherigen gesetzlichen Regelung, deren unbefriedigender Rechtsgehalt durch die Rechtsprechung zutage getreten ist.

3 Begriff und Funktion der juristischen Methodenlehre

3.1 Begriff

Jede Wissenschaft entwickelt ihre eigenen Methoden. Methodenlehre ist damit »die Reflexion dieser Wissenschaft auf ihr eigenes Vorgehen, auf die Denkweisen und die Erkenntnismittel, deren sie sich bedient« (Larenz, [a. a. O.], 243). Um den **Entstehungsprozess für die Lösung eines Problems transparent zu machen,** also die einzelnen Überlegungsschritte nachvollziehbar werden zu lassen, die zu dem gefundenen Ergebnis geführt haben, ist eine sachlich methodisch zusammenhängende Begründung nötig. Jede Methodenlehre entwickelt allgemein über den Einzelfall hinaus anwendbare Denkweisen und Verfahren zur Problemlösung.

So hat auch die Rechtswissenschaft eine Methodenlehre aufgebaut. Rechtswissenschaft befasst sich mit dem Recht und damit in ihrem auf eine bestimmte Rechtsordnung bezogenen Teil vor allem mit den Rechtsnormen, in denen das Recht niedergelegt ist. Gegenstand der Rechtswissenschaft ist die Gesamtheit der rechtlichen Regeln und rechtlich geordneten Einrichtungen des menschlichen Soziallebens.

Ein Teil der Rechtswissenschaft ist die juristische Methodenlehre. Man versteht darunter die interpretierenden Regeln im Umgang mit Rechtsnormen. Es gehören dazu aber auch die methodischen Techniken zur Weiterentwicklung des Rechts, wenn das Gesetz keine anwendbare Regelung enthält. Die Reflexion des eigenen Tuns durch die Methodenlehre verschafft einen gewissen Abstand von der Lösung des konkreten Falls und ändert die Blickrichtung. Gefragt wird nicht mehr nur, ob diese oder jene Interpretation zutreffend ist, sondern auch danach, was vor sich geht, wenn ein Gesetz angewendet wird. Die Methodenlehre beschreibt also einerseits, wie verfahren wird, sie stellt aber andererseits auch die Frage nach dem Wert, dem möglichen Erfolg bestimmter Methoden (vgl. Larenz, [a. a. O.], 245).

Das Instrumentarium der **juristischen Methodenlehre hilft, die Rechtsnormen anzuwenden,** es ist seinerseits jedoch **nicht gesetzlich normiert,** sondern im Laufe der Jahrzehnte von Rechtswissenschaft und Rechtsprechung entwickelt worden. Vieles ist dabei streitig geblieben, auf abweichende Auffassungen wird im Rahmen dieser Darstellung nur an wesentlichen Punkten eingegangen werden.

MERKSATZ

Die juristische Methodenlehre ist die Gesamtheit der Denkweisen und Erkenntnismittel im Umgang mit Rechtsnormen.

3.2 Ziel der Methodenlehre

Ziel der angewandten Rechtswissenschaft ist, das jetzt **geltende Recht aufzufinden und damit den konkreten Fall zu lösen.** Der dafür vorliegende Gesetzestext ist jedoch oft nur »die Spitze eines Eisberges« (Müller, [a. a. O.], 122). Der **Anwendungsbereich der Norm** ist im Wortlaut nur angedeutet und muss erst durch **nähere Konkretisierung** mit Hilfe der von der Methodenlehre angebotenen Instrumente gefunden werden. Aufgabe aller Rechtsanwendung ist zunächst festzustellen, ob ein konkret zu prüfender Lebenssachverhalt unter eine bestimmte Rechtsnorm fällt. Trifft das zu, so tritt die in der betreffenden Rechtsnorm angegebene Folge (sog. Rechtsfolge) ein. Die Rechtsfolge kann sehr unterschiedlicher Art sein. Es kann sich z. B. um die Steuerpflicht handeln, es kann aber auch um die Abzugsfähigkeit bestimmter Aufwendungen als Werbungskosten, Sonderausgaben oder außergewöhnliche Belastungen im Einkommensteuerrecht gehen. Der Rechtsanwender muss also prüfen, ob der fragliche Lebenssachverhalt die in der Rechtsnorm genannten Voraussetzungen erfüllt, wenn er die Frage beantworten will, ob die gesetzlich vorgesehene Rechtsfolge eintritt. Findet sich keine anwendbare Rechtsnorm, hilft das Instrumentarium der Methodenlehre u. U. dennoch eine Lösung herbeizuführen.

Grundsätzlich unterscheiden kann man deshalb drei Bereiche, in denen mit Hilfe der Methodenlehre eine Fortbildung des Rechts erfolgt.

1. intra legem – innerhalb des Gesetzes durch Auslegung
2. praeter legem – in Ergänzung des Gesetzes
3. contra legem – gegen das Gesetz, dies kann nur in besonderen Ausnahmefällen in Betracht kommen.

Auf die einzelnen damit verbundenen Institute wird in den folgenden Teilen näher eingegangen.

MERKSATZ

Ziel der Rechtsanwendung ist die Lösung konkreter Rechtsprobleme.
Die Methodenlehre stellt dafür das notwendige Instrumentarium zur Verfügung.

3.3 Arbeitsschritte zum Ziel

Der Rechtsanwender wird immer in erster Linie bemüht sein, mit Hilfe einer (oder mehrerer) Rechtsnormen eine Lösung für seinen Fall zu finden. Um dieses Ziel zu erreichen, muss der Aufbau der Rechtsnorm näher untersucht werden, andererseits ist der Lebenssachverhalt genau zu ermitteln. Erst dann wird es möglich festzustellen, ob die betreffende Norm auf den Lebenssachverhalt anwendbar ist.

Der Rechtsanwender hat eine **Reihe von Arbeitsschritten** zu vollziehen, die im Folgenden nacheinander dargestellt werden, **im konkreten Arbeitsprozess** der Rechtsanwendung jedoch **ineinander zahnen.** Ohne den Sachverhalt und die zu prüfende Rechtsfrage zu kennen, kann man keine einschlägige Rechtsnorm suchen. Ohne eine eventuell in Betracht kommende Rechtsnorm im Auge zu haben, kann man andererseits die für die Rechtsanwendung relevanten Umstände des Lebenssachverhalts nicht ermitteln und von solchen Teilen des Sachverhalts trennen, die für die Rechtsanwendung ohne Bedeutung sind. Der Rechtsanwender muss sich dieser Beziehungen bewusst bleiben, wenn er die einzelnen nachstehenden Arbeitsschritte vollzieht:

1. Sachverhalt ermitteln bzw. erfassen
2. Welche Rechtsfrage soll geprüft werden?
3. Suchen einer möglicherweise einschlägigen Rechtsnorm
4. Feststellung und Auslegung der einzelnen Tatbestandsmerkmale
5. Subsumtion
6. Rechtsfolge feststellen
7. Wenn die Rechtsfolge nicht eintritt, ist zu prüfen, ob es noch einen anderen Lösungsweg mit einer anderen Rechtsnorm gibt – wenn ja, beginnt die Prüfungsfolge mit dieser Norm wieder von vorn.
8. Führt auch 7. nicht zum Erfolg, ist zu prüfen, ob im Wege der ergänzenden Rechtsfortbildung (z. B. Analogie) eine Lösung gefunden werden kann.

4 Grundlagen der Rechtsanwendung

4.1 Die Rechtsnormen

4.1.1 Aufbau

Sieht man von Ausnahmen ab, die hier nicht weiter erläutert werden sollen, so finden wir bei allen Gesetzesvorschriften eine gemeinsame Grundstruktur: An bestimmte Voraussetzungen wird eine bestimmte Folge geknüpft. Die Voraussetzungen bezeichnen wir als den »Gesetzestatbestand«, die Folge, die sich aus der Verwirklichung dieses Tatbestandes ergibt, wird »Rechtsfolge« genannt. Ist der Gesetzestatbestand erfüllt, tritt also eine bestimmte Rechtsfolge ein.

Der Gesetzestatbestand besteht in der Regel aus mehreren einzelnen Voraussetzungen, den **Tatbestandsmerkmalen.** Meist müssen alle erfüllt sein, um die im Gesetz vorgesehene Rechtsfolge eintreten zu lassen. Es kann aber auch sein, dass bestimmte Tatbestandsmerkmale nur alternativ zueinander erfüllt zu sein brauchen (im Gesetz wird dies durch das Wort »oder« gekennzeichnet). Dann genügt das Vorliegen einer Alternative, um die Rechtsfolge eintreten zu lassen.

Die Rechtsfolge kann sehr verschiedener Art sein. Bei Verwirklichung eines gesetzlichen Tatbestandes kann sich das Gebot eines bestimmten Tuns oder Unterlassens für den Betroffenen ergeben, in Strafgesetzen tritt als Rechtsfolge z. B. die Strafbarkeit des Tuns ein. Rechtsfolge kann weiter der Wegfall eines Anspruchs sein, so bestimmt § 47 AO, in welchen Fällen Ansprüche aus dem Steuerschuldverhältnis erlöschen. Die Rechtsfolge kann sich aber bei Gesetzesnormen, die lediglich eine Legaldefinition enthalten, auch in der Bestimmung erschöpfen, dass bei Vorliegen der gesetzlichen Voraussetzungen ein bestimmter Begriff erfüllt ist (normativer Rechtsbegriff). So hat z. B. jemand als Rechtsfolge an einem Ort einen Wohnsitz, wenn er dort die in § 8 AO aufgeführten Voraussetzungen erfüllt.

MERKSATZ

Rechtsnormen bestehen aus Tatbestandsmerkmalen und Rechtsfolge.
Nur wenn die Tatbestandsmerkmale erfüllt sind, tritt die Rechtsfolge ein.

4.1.2 Arten der Rechtsnormen

In vielen Fällen ist eine einzelne Rechtsvorschrift allein aus sich heraus nicht verständlich, sie benutzt Begriffe, die in anderen Rechtsvorschriften definiert oder näher erläutert sind. Es muss dann ergänzend auf die weiteren, die Definitionen enthaltenden Gesetzesregelungen und die in diesen Vorschriften aufgeführten Tatbestandsmerkmale zurückgegriffen werden. Es wird also von einem bestimmten Grundtatbestand ausgegangen, zu dessen Interpretation weitere Bestimmungen hinzugezogen werden. Beides zusammen enthält die Summe der Tatbestandsmerkmale, die erfüllt sein müssen, um die Rechtsfolge eintreten zu lassen. Häufig finden sich die zusätzlichen Tatbestandsmerkmale auch in ganz anderen Gesetzen.

BEISPIEL

Für die Steuerhinterziehung ist Vorsatz erforderlich, obwohl dies in § 370 AO nicht gesagt ist, weil § 15 StGB grundsätzlich als Begehungsform von Delikten den Vorsatz voraussetzt.

a) Grundtatbestände

Sie regeln eine Rechtsfrage grundsätzlich. An eine Reihe von Tatbestandsmerkmalen ist eine Rechtsfolge geknüpft, die für die Lösung des konkreten Falles die grundlegende Entscheidung enthält. **Welche Norm als Grundtatbestand in Betracht kommt, hängt** nicht nur vom jeweiligen Lebenssachverhalt **ab,** sondern auch von der Rechtsfolge, die geprüft werden soll, **von der Fragestellung.** Will man wissen, ob jemand Einkünfte aus Gewerbebetrieb hat, so ist § 15 EStG Grundtatbestand, fragt man dagegen danach, ob seine Mieteinnahmen zu versteuern sind, ist es § 21 EStG. Der Rechtsanwender wird immer zunächst einen Grundtatbestand suchen, der für den fraglichen Lebenssachverhalt passen könnte.

b) Ergänzungsnormen

Sie sind Vorschriften, die den Grundtatbestand **ergänzen oder präzisieren.**

BEISPIEL

§ 1 EStG setzt für die unbeschränkte Steuerpflicht u. a. voraus, dass der Steuerpflichtige im Inland einen Wohnsitz oder gewöhnlichen Aufenthalt hat. Für die Frage nach der unbeschränkten Steuerpflicht ist § 1 EStG Grundtatbestand. § 8 und 9 AO ergänzen insoweit § 1 EStG, als sie definieren, was unter Wohnsitz und gewöhnlichem Aufenthalt zu verstehen ist. Diese Vorschriften sind also ergänzend hinzuzuziehen.

Erst Grundtatbestand und Ergänzungsnormen zusammen bilden die Summe aller Tatbestandsmerkmale, aus ihrer Gesamtheit ergibt sich also die vollständige anzuwendende Norm. Auch die Tatbestandsmerkmale der Ergänzungsnormen müssen erfüllt sein, damit die Rechtsfolge des Grundtatbestandes eintreten kann. Häufig benötigt man Definitionen als Ergänzungsnormen. Sie finden sich meist zu Beginn der Gesetze (vgl. §§ 3 ff. AO, § 2 EStG).

c) Gegennormen

Hierbei handelt es sich um Vorschriften, die die Regelung des Grundtatbestandes **ganz oder teilweise aufheben oder einschränken** bzw. den Anwendungsbereich eines Grundtatbestandes einschränken.

BEISPIEL

Nach § 4 Abs. 3 EStG wird der Gewinn für nichtbuchführungspflichtige Steuerpflichtige als Überschuss der Betriebseinnahmen über die Betriebsausgaben ermittelt. § 4 Abs. 5 EStG schließt – als Gegennorm – eine Reihe von Betriebsausgaben vom Abzug aus.

Ergänzungs- und Gegennormen befinden sich **in vielen Vorschriften in hinteren Absätzen eines Paragraphen oder in einem der nächsten.** Sie können aber auch an ganz anderer Stelle im Gesetz versteckt oder in einem anderen Gesetz zu finden sein. Ein häufiger Fehler bei der Rechtsanwendung ist das Übersehen von Ergänzungs- oder Gegennormen, so dass sich ein fehlerhaftes Ergebnis für die Lösung des konkreten Falles ergibt.

d) Verweisungen

Sind Vorschriften, die, um Wiederholungen zu vermeiden, auf andere Rechtsnormen Bezug nehmen oder ganze Rechtsbereiche anderer Gesetze für anwendbar erklären. Bei der Rechtsanwendung **empfiehlt es sich** dringend, die Vorschriften, auf die verwiesen wird, **nachzulesen.**

BEISPIELE

a) Nach § 108 AO gelten für die Berechnung von Fristen die Vorschriften des §§ 187–193 BGB entsprechend.
b) Für die Aufrechnung gelten nach § 226 Abs. 1 AO sinngemäß die Vorschriften der §§ 387 ff. BGB.

MERKSATZ

Von welchem Grundtatbestand auszugehen ist, hängt von der Fragestellung ab.
Er muss häufig um die Tatbestandsmerkmale aus Ergänzungsnormen erweitert werden.
Gegennormen können seine Anwendung einschränken oder ausschließen.

4.2 Der Lebenssachverhalt

4.2.1 Sachverhaltsermittlung

Rechtsanwendung bedeutet, auf einen konkreten Lebenssachverhalt eine Gesetzesnorm anzuwenden. Dafür muss der Lebenssachverhalt zunächst ermittelt werden. Er besteht aus einer **Reihe von Tatsachen.** Wir können dabei **äußere (oder objektive)** und **innere (oder subjektive) Tatsachen** unterscheiden. Objektive Tatsachen sind alle Gegenstände, Vorgänge und Ereignisse der äußeren Wahrnehmung. Subjektive Tatsachen sind dagegen innere, psychische Vorgänge, wie z. B. die Gewinnerzielungsabsicht (§ 15 Abs. 2 EStG).

Das Finanzamt hat nach § 88 AO den Sachverhalt von Amts wegen zu ermitteln, es kann sich dabei insbesondere der in § 92 AO genannten Beweismittel bedienen:

a) Auskünfte der Beteiligten und anderer Personen
b) Sachverständige
c) Beiziehung von Urkunden und Akten
d) Augenscheinseinnahme

Viele der objektiven Tatsachen sind durch eines dieser Beweismittel **unmittelbar beweisbar.** Es genügt jedoch auch ein sog. **Indizienbeweis,** d. h. die Tatsache selbst lässt sich zwar nicht beweisen, aus dem Vorliegen verschiedener anderer Tatsachen lässt sich jedoch schließen, dass die zu beweisende Tatsache gegeben ist. Die subjektiven Tatsachen sind immer nur einem mittelbaren (Indizien-)beweis zugänglich.

BEISPIEL

a) Von dem Verhalten des Steuerpflichtigen und der von ihm durchgeführten Betriebsorganisation kann auf seine Gewinnerzielungsabsicht geschlossen werden.

b) Die Zahl der in einem bestimmten Zeitraum veräußerten Grundstücke ist ein Indiz dafür, dass der Stpfl. die Absicht hat, einen gewerblichen Grundstückshandel zu betreiben (vgl. Schmidt, EStG, § 15 EStG Rz. 53 ff. mwN).

In der steuerrechtlichen Praxis kommt der richtigen Sachverhaltsermittlung eine entscheidende Bedeutung zu. In der theoretischen Ausbildung im Allgemeinen und in Klausuren im besonderen wird der Lebenssachverhalt dem Lernenden in der Regel jedoch vorgegeben, so dass der Bereich der Sachverhaltsermittlung in der theoretischen Ausbildung kaum geübt und klausurmäßig abgefragt wird. Hier liegt ein wesentliches Lernfeld berufspraktischer Tätigkeit, z. B. der berufspraktischen Studienzeiten während des Studiums der Steuerbeamten des gehobenen Dienstes. Die Sachverhaltsermittlung wird immer im Hinblick auf die mögliche rechtliche Bedeutung der Fakten erfolgen. Jeder Lebenssachverhalt weist eine große Zahl von einzelnen Umständen und Fakten auf. Es geht nicht darum, den Sachverhalt in seiner ganzen konkreten Merkmalsfülle zu erfassen, sondern um die **Heraushebung der »rechtlich relevanten« Merkmale** (Bydlinski, [a. a. O.], 419).

BEISPIEL

Der 67-jährige Steuerpflichtige A bezieht seine gewerblichen Einkünfte teils aus inländischen teils aus Exportumsätzen, er unterstützt seine pflegebedürftige Mutter mit monatlich 700 €.

LÖSUNG Welche Fakten des Lebenssachverhalts von Bedeutung sein können, hängt von der Norm ab, die angewendet werden soll. Für die Ermittlung der Höhe der USt sind die persönlichen

Verhältnisse, wie Alter und Unterstützung der Mutter, irrelevant und bedürfen daher – wenn sie zweifelhaft sein sollten – keiner weiteren Aufklärung. Wird dagegen nach der Höhe der ESt gefragt, ist es ohne Bedeutung, ob die Erträge aus Inlands- oder Exportumsätzen stammen. Für die Anerkennung außergewöhnlicher Belastungen nach § 33a EStG und den Altersentlastungsbetrag gemäß § 24a EStG müssen dagegen die persönlichen Verhältnisse näher aufgeklärt werden.

Welche Umstände des Lebenssachverhalts relevant sind und folglich ermittelt werden müssen, **hängt also von der anzuwendenden Rechtsnorm ab.** Da deren Anwendbarkeit aber gerade erst geprüft werden soll, handelt es sich zunächst um einen »Rohsachverhalt« (Bydlinski, [a.a.O.], 421), um eine vorläufige Sachverhaltsbeurteilung, die die Suche nach einer möglicherweise anwendbaren Norm gestattet. Soweit sich noch nicht ermittelte Sachverhaltselemente als relevant herausstellen, sind sie noch zu erforschen, um den Sachverhalt entsprechend ergänzen zu können. In schwierigen Fällen muss die Annäherung zwischen Sachverhalt und anwendbarer Norm dabei gegebenenfalls in vielen kleinen Schritten vollzogen werden.

Bereits bei der Sachverhaltsermittlung hat also der Rechtsanwender die tatbestandsmäßigen Voraussetzungen der in Betracht kommenden Vorschriften vor Augen und ermittelt gezielt; für die Besteuerung irrelevante Tatsachen aufzuklären, wäre verschwendete Zeit. Die Ermittlung des Sachverhalts bedeutet somit, **aus einer Vielzahl von Tatsachen die bedeutsamen auszuwählen und nur diese näher festzustellen.**

MERKSATZ

Der Sachverhalt ist nur insoweit bedeutsam und gegebenenfalls aufklärungsbedürftig, wie er für die Besteuerung benötigt wird.

4.2.2 Erleichterung der Sachverhaltsermittlung

4.2.2.1 Fiktion

Durch eine Fiktion wird etwas **unwiderlegbar unterstellt,** was entweder gar nicht oder zumindest nicht mit Gewissheit vorliegt. Die Fiktion kann in der Gesetzestechnik zwei unterschiedliche Funktionen haben:

1. In einer Reihe von Fällen wird durch sie eine nicht bestehende »Tatsache« als gegeben behandelt. Es wird auf diese Weise eine für einen bestimmten Lebenssachverhalt gegebene Norm auf andere Lebenssachverhalte angewendet.

BEISPIEL

§ 168 AO stellt die Steueranmeldung einer Steuerfestsetzung unter Vorbehalt der Nachprüfung gleich, obwohl gar keine Steuerfestsetzung erfolgt ist.

2. In anderen Fällen bedient sich der Gesetzgeber der Fiktion, um den Rechtsanwender eine nur schwierig durchführbare Sachverhaltsaufklärung zu ersparen. Es wird ein bestimmter Ablauf des Lebenssachverhalts unterstellt.

BEISPIELE

a) Nach § 122 Abs. 2 Nr. 1 AO gilt ein Verwaltungsakt als am dritten Tag nach seiner Aufgabe zur Post als bekannt gegeben. Die Frage eines eventuellen **früheren** Zugangs bedarf deshalb keiner Aufklärung.

b) Gemäß § 2 Abs. 2 Satz 1 GewStG gilt die Tätigkeit einer Kapitalgesellschaft stets und in vollem Umfang als Gewerbebetrieb. Die u. U. schwierige Aufklärung der einzelnen Betätigungsfelder und ihre Abgrenzung unter dem Gesichtspunkt verschiedener Einkunftsarten unterbleibt damit.

4.2.2.2 Vermutung

Auch bei ihr wird ein bestimmter Sachverhalt angenommen, der **Beweis des Gegenteils** ist jedoch **möglich.**

BEISPIEL

Grundsätzlich geht zwar § 122 Abs. 2 AO davon aus, dass ein Verwaltungsakt mit Ablauf des dritten Tages bekannt gegeben ist, der Steuerpflichtige kann aber geltend machen, dass er ihn erst **später** erhalten hat.

4.2.2.3 Typisierung

AUSGEWÄHLTER LITERATURHINWEIS *Bornhaupt, Die Typisierung im Steuerrecht, NWB Fach 2, 7003*

Die Typisierung ist von der Rechtsprechung grundsätzlich als rechtmäßig anerkannt worden. Der Gesetzgeber darf sich danach am Regelfall orientieren, er hat bei Massenverfahren einen Spielraum für typisierende Regelungen.

a) **Durch das Gesetz**

In einer Reihe von Vorschriften werden im gesetzlichen Tatbestand selbst Sachverhalte zugrunde gelegt, die tatsächlich nicht oder zumindest nicht immer vorliegen. Der Gesetzgeber erspart auch in diesen Fällen dem Rechtsanwender die u. U. sehr schwierigen Ermittlungen im Einzelfall, indem er entweder von dem **typischen Sachverhalt ausgeht** oder ein typisierendes Verfahren vorschreibt. Der Entscheidungsspielraum der Verwaltung wird im Interesse ihrer Funktionsfähigkeit durch die gesetzliche Typisierung eingeschränkt, vgl. Eckhoff, [a. a. O.], 47. Ziel der Typisierung sind die Praktikabilität und die Steuervereinfachung. Der Gesetzgeber darf sich innerhalb eines weiten Gestaltungsspielraums typisierender Regelungen bedienen (BFH vom 24. 02. 2000 DB 2000, 1004).

BEISPIELE

a) § 12 Nr. 1 Satz 2 EStG lässt den Abzug von Aufwendungen, die die wirtschaftliche oder gesellschaftliche Stellung des Steuerpflichtigen mit sich bringt auch dann nicht zu, wenn sie der Förderung des Berufs dienen. Es wird hier typisierend unterstellt, dass bei derartigen Aufwendungen ein enger Zusammenhang mit der persönlichen Lebensführung besteht. Es kommt also nicht darauf an, ob dieser im Einzelfall tatsächlich gegeben ist.

b) § 9 Abs. 5 i. V. m. § 4 Abs. 5 Nr. 6 b Satz 1 EStG lässt den vollen Abzug der Aufwendungen für ein häusliches Arbeitszimmer nur zu, wenn die betriebliche oder berufliche Nutzung mehr als 50 % beträgt oder kein anderer Arbeitsplatz zur Verfügung steht. Eine derartige typisierende Einschränkung der Abzugsfähigkeit durch den Gesetzgeber ist bei der Ordnung von Massenerscheinungen wie häuslichen Arbeitszimmern zulässig, denn größere Einzelfallgerechtigkeit wäre nur durch kompliziertere Regelungen zu erreichen (BFH vom 27. 09. 1996 DB 1997, 227 f.). Auch die Beschränkung des Abzugs auf 1 250 € in § 4 Abs. 5 Nr. 6 b Satz 2 EStG stellt eine zulässige Typisierung eines gesetzlich festgelegten Betrags dar (BFH vom 27. 02. 1998 BStBl 1998, 351).

c) Gemäß § 7 Abs. 1 Satz 2 EStG bemisst sich die AfA nach der betriebsgewöhnlichen Nutzungsdauer. Es kommt also nicht darauf an, ob der Stpfl. tatsächlich die Absicht hat, das Wirtschaftsgut für diese gesamte Zeit zu behalten und zu nutzen. Von der Finanzverwaltung herausgegebene Afa-Tabellen geben einen Anhaltspunkt dafür, ob die voraussichtliche Nutzungsdauer eines Wirtschaftsgutes zutreffend geschätzt worden ist. Das Finanzgericht kann davon nicht generell abweichen, ohne sich mit den Erkenntnisgrundlagen auseinandergesetzt zu haben, auf denen die AfA-Tabelle beruht. das Finanzgericht kann jedoch prüfen, ob die Besonderheiten des Einzelfalls ein Abweichen von der AfA-Tabelle rechtfertigen (BFH vom 08. 11. 1996 DStR 1997, 194).

d) § 33a Abs. 2 EStG gewährt Freibeträge für die auswärtige Unterbringung. Es wird typisierend unterstellt, dass zusätzliche Aufwendungen bei auswärtiger Unterbringung anfallen, ohne dass deren Höhe im Einzelfall ermittelt zu werden braucht.

b) Durch die Verwaltung

In einer Reihe von Fällen hat die Verwaltung insbesondere in den jeweiligen Richtlinien zum Gesetz selbst nicht vorgesehene Typisierungen vorgenommen. Sie dienen der Praktikabilität der Rechtsanwendung. Obwohl Verwaltungsanweisungen die Gerichte nicht binden, werden sie von den Steuergerichten beachtet, wenn sie eine **zutreffende Auslegung des Gesetzes** darstellen.

BEISPIELE

a) Das in R 96ff. ErbStR geregelte Stuttgarter Verfahren zur Ermittlung des gemeinen Wertes nicht notierter Aktien und Anteile an Kapitalgesellschaften typisiert die Wertermittlung (vgl. BFH vom 18. 12. 1968 BStBl 1969, 370; BFH vom 12. 03. 1971 BStBl 1971, 419).

b) Nach den LStR sind die abzugsfähigen Werbungskosten, z. B. bei Dienstreisen (A 39 LStR) sowie für doppelte Haushaltsführung (A 43 LStR), mit bestimmten Pauschbeträgen abzuziehen. Diese griffweise Schätzung durch die Verwaltung findet nach der Rechtsprechung in Art. 107 Abs. 7 GG und § 162 AO ihre Rechtsgrundlage und ist als Vereinfachungsmaßnahme zur Bewältigung des Massenverfahrens in der Lohnsteuer und zur Beweiserleichterung für die Steuerpflichtigen zulässig (BFH vom 25. 10. 1985 BStBl 1986, 200). Allerdings unterliegen die Verwaltungsregelungen einer Plausibilitätsprüfung durch die Gerichte (BFH vom 18. 02. 1994 BStBl 1994, 532) um zu vermeiden, dass durch eine typisierende Behandlung eine bestimmte Gruppe Stpfl. bevorzugt wird.

c) Durch die Rechtsprechung

Während der RFH die typisierende Betrachtungsweise in weitem Umfang anwendete, hat sie heute im Wesentlichen nur noch bei der Abgrenzung von privatem und beruflichem Aufwand Bedeutung. Der BFH unterstellt dabei teilweise unwiderlegbar den **nach der Lebenserfahrung typischen Sachverhalt** (materielle Typisierung). Eine so verstandene typisierende Betrachtungsweise nimmt bewusst in Kauf, dass eventuelle Unterschiede zwischen dem typischen und dem tatsächlich vorliegenden Sachverhalt unberücksichtigt bleiben (ähnlich auch Eckhoff, [a. a. O.], 101 ff.). Damit verstößt sie gegen den Gleichheitssatz. Die Rechtsprechung des BFH ist uneinheitlich. Während dieser einerseits klargestellt hat, dass die Steuerpflicht nicht mit Hilfe einer im Gesetz nicht zum Ausdruck kommenden Sachverhaltsfiktion begründet werden darf (BFH vom 17. 02. 1970 BStBl 1970, 498), stellen viele Entscheidungen dennoch auf eine Typisierung ab. Teilweise wird dabei auch die Lebenserfahrung zur Begründung herangezogen und der Beweis des Gegenteils zugelassen. (Vgl. im Einzelnen Tipke/Kruse, [a. a. O.], Anm. 87ff. zu § 4 AO). Die typisierende Betrachtung kann für die Rechtsprechung richtigerweise nur als Beweisregel verstanden werden, d. h. bis zum Beweis des Gegenteils ist vom typischen Geschehensablauf auszugehen.

BEISPIELE

a) Der Trachtenanzug des Geschäftsführers eines im bayrischen Stil gehaltenen Lokals ist in Bayern nicht als typische Berufskleidung zu beurteilen, weil ein Trachtenanzug hier auch im Rahmen der privaten Lebensführung getragen wird. Für die Abzugsfähigkeit stellt der BFH hinsichtlich der Berufskleidung damit nicht auf die tatsächliche Verwendung im Einzelfall ab, sondern darauf, ob die Verwendung der Kleidung für Zwecke der privaten Lebensführung aufgrund der »berufsspezifischen Eigenschaft so gut wie ausgeschlossen ist« (BFH vom 20. 11. 1979 BStBl 1980, 73). Für den schwarzen Anzug eines Oberkellners ist dies z. B. bejaht worden (BFH vom 09.03.1979 BStBl 1979, 519, vgl. für den schwarzen Anzug eines Leichenbestatters BFH vom 30.09.1970 BStBl 1971, 50).

b) Als notwendige Mehraufwendungen eines Arbeitnehmers bei doppelter Haushaltsführung sind, wenn er keine Familienheimfahrt nach § 9 Abs. 1 Nr. 5 EStG in Anspruch nimmt, auch die Kosten für wöchentlich ein ca. 15minütiges Telefongespräch mit seiner Familie anzusehen. Nach der Lebenserfahrung kann ohne weiteren Nachweis davon ausgegangen werden, dass ein Arbeitnehmer bei intakter Ehe statt einer wöchentlichen Familienheimfahrt Kosten für ein derartiges Telefonat hat (BFH vom 18.03.1988 BStBl 1998, 988).

c) Aufwendungen für eine Tageszeitung sind grundsätzlich nicht als Betriebsausgaben abzugsfähig. Für die Abzugsfähigkeit spielt der objektive Charakter des Wirtschaftsguts eine große Rolle, die Tageszeitung dient auch der allgemeinen Information und damit der Lebensführung. Entscheidend ist nach diesem Urteil daneben aber auf den Verwendungszweck im Einzelfall abzustellen. Typischerweise ist die Tageszeitung zwar nicht abzugsfähig, etwas anderes würde aber z.B. für Tageszeitungen und Zeitschriften im Kundenwarteraum gelten. Der Beweis eines vom typischen Geschehensablauf abweichenden Sachverhalts ist hier also zugelassen worden (BFH vom 30.06.1983 BStBl 1983, 715, vgl. auch BFH GS vom 19.10.1970 BStBl 1971, 17).

4.3 Subsumtion

Die Subsumtionstechnik ist das A und O jeder Rechtsanwendung. Sie gilt für alle Rechtsgebiete, für das Steuerrecht ebenso wie für das Zivilrecht oder das Verfassungsrecht. Nur wer gelernt hat, sauber zu subsumieren, kann ein guter Rechtsanwender sein.

Wer richtig subsumieren kann, hat damit schon die Grundstruktur seiner Klausurlösung oder später seines Schriftsatzes vorgegeben. Der aus Grund- und Ergänzungsnormen zusammengesetzte Gesetzestatbestand gibt ihm ein Raster vor, mit dessen Ausfüllung er den gegebenen Sachverhalt einer logisch und systematisch begründeten Lösung zuführen kann. Wer dagegen die Subsumtionstechnik nie richtig zu beherrschen gelernt hat, wird ewig in einem allgemeinen Begründungsbrei herumrühren, in dem die einzelnen entscheidungserheblichen Umstände willkürlich wie Rosinen verstreut bleiben.

Bei der Gesetzesanwendung muss geprüft werden, **ob ein bestimmter Lebenssachverhalt die Tatbestandsmerkmale,** d.h. den gesetzlichen Tatbestand **einer Rechtsnorm erfüllt.** Diesen Arbeitsvorgang nennt man **Subsumtion.** Dabei sind die **Tatbestandsmerkmale einzeln** und nacheinander mit **den ihnen jeweils entsprechenden Teilen des Lebenssachverhaltes in Beziehung zu setzen,** um festzustellen, ob durch den Lebenssachverhalt wirklich alle Tatbestandsmerkmale erfüllt werden.

BEISPIEL

Obersatz
Nach § 9 EStG sind Aufwendungen zur Erzielung von Einnahmen Werbungskosten.
Untersatz
Der Steuerpflichtige A hat 3000 € Zinsen zur Finanzierung eines Hauses gezahlt, aus dem er Mieteinnahmen erzielt.
Schlussfolgerung
A hat Werbungskosten gehabt.

Der **Obersatz** enthält die allgemeine Regel (Tatbestandsmerkmale), der **Untersatz** das dafür relevante Stück des Lebenssachverhaltes. Die Rechtsentscheidung ergibt sich jeweils dadurch, dass geprüft wird, ob der Untersatz die Kriterien des Obersatzes, d.h. des Tatbestandsmerkmales, erfüllt. Die in der generellen Regel des Obersatzes angeordnete Rechtsfolge gilt für den konkret zu lösenden Fall, wenn dessen individuelle Merkmale ein Anwendungsfall des Tatbestandes des Obersatzes sind. Ein häufiger Anfängerfehler ist es, den Lebenssachverhalt pauschal der Gesetzesnorm zu unterwerfen, ohne **Tatbestandsmerkmal für Tatbestandsmerkmal einzeln zu prüfen.** Es handelt sich um so viele Denkschritte, wie der Obersatz (d. h. die Gesetzesnorm) einzelne Tatbestandsmerkmale enthält.

Tatbestandsmerkmale	Teile des Lebenssachverhalts
T_1	S_1
T_2	S_2
T_3	S_3

R = Rechtsfolge

auf die kürzeste Formel bringt Larenz, ([a. a. O.], 271) den Vorgang der Subsumtion:

T → R (für jeden Fall von T gilt R)
S = T (S ist ein Fall von T)
S → R (für S gilt R)

In dem bei der Rechtsanwendung im allgemeinen gebräuchlichen **Gutachtenstil** werden die Tatbestandsmerkmale der Reihe nach abgefragt, um am Schluss festzustellen, ob die Rechtsfolge eingetreten ist oder nicht. Der bei Urteilen und Rechtsbehelfsentscheidungen übliche **Urteilsstil** baut dagegen umgekehrt auf. Danach wird die Rechtsfolge an den Anfang gestellt und die Prüfung der Tatbestandsmerkmale zur Begründung der Rechtsfolge nachgeschoben.

Rechtsnormen sind abstrakte Regelungen, die für eine Vielzahl gleichgelagerter Fälle Geltung haben sollen. Die Gesetzessprache bedient sich deshalb vieler Fachausdrücke und hat einen hohen Abstraktionsgrad. Die Beschreibung des Lebenssachverhalts erfolgt dagegen in der Umgangssprache. Es bedarf deshalb der Umsetzung der Gesetzesbegriffe auf den konkreten Lebenssachverhalt. Liegt dem Rechtsanwender ein bestimmter Lebenssachverhalt zur Begutachtung vor, so muss er in einem ersten Schritt eine Rechtsnorm suchen, die darauf passen könnte. Meistens wird das dem im Steuerrecht Kundigen keine besonderen Probleme bereiten. In speziellen Fragen oder bei einer speziellen Materie kann es aber durchaus sein, dass der Rechtsanwender sich zunächst an eine passende Norm herantasten muss, indem er verschiedene eventuell in Frage kommende Vorschriften darauf abklopft, ob sie nach ihren Tatbestandsvoraussetzungen auf den konkreten Lebenssachverhalt anwendbar sein könnten. Mit dieser Suche geht zugleich eine Arbeit am Lebenssachverhalt einher, es werden die für die Gesetzesanwendung relevanten Umstände herausgearbeitet, was dafür nicht von Bedeutung ist, wird beiseitegelassen.

Der **Lebenssachverhalt tritt** so klarer, **gewissermaßen** auf die bedeutsamen Teile hin **gefiltert, in Erscheinung.** Wir haben es mit einem wechselseitigen Prozess zu tun. Nur wenn man den Lebenssachverhalt kennt, kann man sich eine passende Rechtsnorm suchen, nur wenn man die Rechtsnorm kennt, kann man im Lebenssachverhalt die rechtlich erheblichen Umstände herausstellen. Der Vorgang kann als ein **»Hin- und Herwandern« des Blickes zwischen Gesetzestatbestand (Obersatz) und Lebenssachverhalt (Untersatz) beschrieben werden** (Engisch, [a. a. O.], 15).

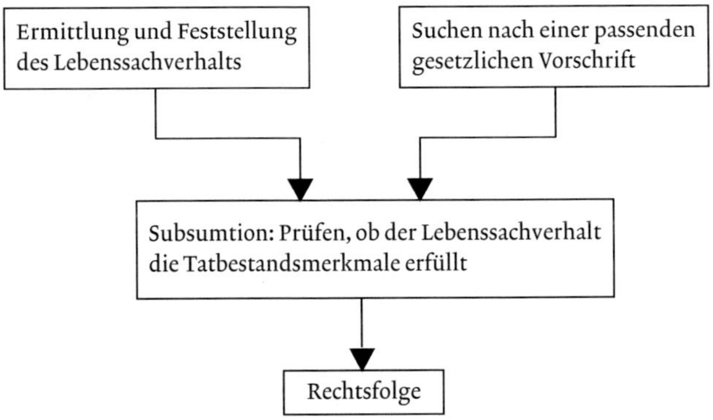

Der Rechtsanwender muss sich **davor hüten,** den **Lebenssachverhalt** so **zurechtzubiegen,** dass er unter das Gesetz passt. Es kann also immer nur darum gehen, wesentliche und unwesentliche Tatsachen des Lebenssachverhaltes zu trennen, nicht aber vom tatsächlichen Lebenssachverhalt nachträglich abzuweichen, um ihn für das Gesetz passend zu machen. Anders stellt sich dagegen die Situation jenes Rechtsanwenders dar, der nicht die steuerliche Behandlung eines in der Vergangenheit, verwirklichten Sachverhaltes prüft, sondern der eine nach den steuergesetzlichen Vorschriften optimale Gestaltung für die Zukunft sucht. Er hat die Möglichkeit, mit Varianten des geplanten Lebenssachverhaltes zu spielen, um die Anwendbarkeit der Steuergesetze auf die verschiedenen Alternativen zu prüfen und die steuerlich günstigste Gestaltung herauszufinden.

Ergeben sich **Zweifel hinsichtlich einzelner Tatsachen,** die für den Lebenssachverhalt relevant sind, so handelt es sich nicht um ein Problem der Rechtsanwendung, sondern der **Sachverhaltsermittlung.** Diese Zweifel lassen sich deshalb auch nicht im Wege der Gesetzesauslegung lösen, sondern nur durch Sachverhaltsaufklärung und Beweiswürdigung.

Beim Aufbau des für die Subsumtion maßgeblichen Gesetzestatbestandes sind die Grund- und Ergänzungsnormen betreffenden Regeln zu berücksichtigen. Zur Subsumtion eines Lebenssachverhaltes unter das Gesetz wird es in der Regel nicht genügen, nur eine einzige Rechtsvorschrift heranzuziehen. **Um einzelne Tatbestandsmerkmale** der anzuwendenden (Grundnorm) **zu bestimmen,** werden vielmehr in der Regel weitere (**Ergänzungsnormen**) **hinzugenommen werden müssen.** Gegebenenfalls sind auch **Gegennormen zu berücksichtigen.** In komplexen Fällen bedarf es so einer Vielzahl einzelner Subsumtionsschritte, bei denen die Grundnorm Ausgangspunkt ist und weitere Vorschriften hinzukommen.

BEISPIEL

Obersatz:
Ehegatten, die beide unbeschränkt einkommensteuerpflichtig sind und nicht dauernd getrennt leben und bei denen diese Voraussetzungen zu Beginn des Veranlagungszeitraums vorgelegen haben oder im Laufe des Veranlagungszeitraums eingetreten sind, können nach § 26 EStG u.a. die Zusammenveranlagung wählen.

Untersatz:
Der am 01.04.01 von Spanien nach Hamburg gezogene Alfonso (A) hat ein Zimmer zur Untermiete gefunden und schließt am 01.06.01 mit der Hamburgerin Christiane (C) vor dem Standesamt die Ehe.

Schlussfolgerung
A und C können im Jahr 01 zur ESt zusammenveranlagt werden.

Untersuchen wir den Arbeitsablauf an Hand dieses einfachen Falles einmal genauer:

Tatbestandsmerkmale § 26 ESt Grundnorm	**Lebenssachverhalt**
1. Ehegatten – § 11 EheG (Ergänzungsnorm) Eheschließung vor dem Standesamt	A und C sind am 01. 06. 01 zum Standesamt gegangen und haben dort die Ehe geschlossen
2. unbeschränkt ESt-pflichtig – § 1 EStG (Ergänzungsnorm) im Inland Wohnsitz – § 8 AO (Ergänzungsnorm zu § 1 EStG) **oder** gewöhnlicher Aufenthalt – § 9 AO (Ergänzungsnorm zu § 1 EStG)	am 01. 04. 01 nach Hamburg gezogen Zimmer zur Untermiete
3. Nicht dauernd getrennt lebend	sie haben gerade erst geheiratet
4. Vorliegen der Voraussetzungen zu Beginn des Veranlagungszeitraums **oder** Eintreten im Laufe des Veranlagungszeitraums – § 25 EStG (Ergänzungsnorm) Veranlagungszeitraum ist das Kalenderjahr	Heirat am 01. 06. 01
Rechtsfolge	**Zusammenveranlagung**

In einfachen Fällen wird der Rechtsanwender die dargestellte Prüffolge kurz in seinem Kopf ablaufen lassen. In vielen Fällen ist jedoch die Subsumtion schwierig und zweifelhaft, so dass Tatbestandsmerkmal für Tatbestandsmerkmal abgehandelt werden muss. Dabei wird das **Schwergewicht immer dort liegen** müssen, **wo sich Zweifel ergeben,** was unter einem bestimmten Tatbestandsmerkmal zu verstehen ist und ob es durch den Lebenssachverhalt überhaupt erfüllt wird. Ein **häufiger Fehler** bei der Rechtsanwendung ist das **Übersehen entscheidungserheblicher Tatbestandsmerkmale.** Es empfiehlt sich deshalb bei der Rechtsanwendung, stets die betreffende **Norm** zunächst in **Rechtsfolge und dafür zu erfüllende Tatbestandsmerkmale zu zerlegen** und in einem zweiten Schritt Tatbestandsmerkmal für Tatbestandsmerkmal gedanklich zu subsumieren. Nur auf diese Weise sind die eventuell problematischen Punkte der Rechtsanwendung im konkreten Fall herauszufinden.

Die Problematik der Rechtsanwendung liegt in der Regel nicht allein in dem dargestellten Subsumtionsverfahren, sondern darin, dass sowohl der Gesetzestatbestand als Obersatz wie auch der Lebenssachverhalt als Untersatz für die Rechtsanwendung erst vorbereitet werden müssen. Zur Aufbereitung des Sachverhalts sind oben unter 4.2 bereits nähere Ausführungen gemacht worden. Gewöhnlich muss der **Bedeutungsinhalt der Tatbestandsmerkmale erst im Wege der Auslegung erschlossen** werden. Häufig lässt sich der Obersatz nicht einfach aus dem Gesetz entnehmen, weil die Tatbestandsmerkmale der anzuwendenden Norm zu unbestimmt oder mehrdeutig sind. Teilweise benutzt das Gesetz darüber hinaus unbestimmte Begriffe (sog. **unbestimmte Rechtsbegriffe,** vgl. 5.1), die erst der Ausfüllung bedürfen.

BEISPIELE

§ 172 Abs. 1 Nr. 2 c AO:	unlautere Mittel
§ 222 AO:	erhebliche Härte
§ 361 Abs. 2 AO:	ernstliche Zweifel
§ 8 Nr. 1 GewStG:	nicht nur vorübergehende Verstärkung des Betriebskapitals

Derartige Tatbestandsmerkmale müssen zunächst näher konkretisiert werden. In bestimmtem Maße gilt das Gleiche aber auch für viele andere Tatbestandsmerkmale. Erst die durch Auslegung konkretisierten Tatbestandsmerkmale können Gegenstand der Subsumtion sein. Larenz ([a. a. O.], 274) weist darauf hin, dass das Ergebnis einer Subsumtion nicht allein im Wege der Definition des Tatbestandes und seiner Begriffsmerkmale und einem Subsumtionsschluss zustande kommt, die Subsumtion vielmehr auch eine Beurteilung des Sachverhalts nach solchen Kriterien voraussetzt, die selbst nicht mehr weiter definiert, sondern nur noch sprachlich benannt werden können.

Bei ausfüllungsbedürftigen Tatbestandsmerkmalen, wie unbestimmten Rechtsbegriffen ist die Subsumtion ohne eine **wertende Zuordnung** gar nicht möglich. Im streng logischen Sinne wird man hier nicht mehr von Subsumtion sprechen können. Larenz ([a. a. O.], 275) schlägt vor, in diesen Fällen von der »Zuordnung des Sachverhalts zum Tatbestand einer Rechtsnorm« zu sprechen.

MERKSATZ

Gesetze werden im Wege der Subsumtion angewendet. Subsumtion ist die Prüfung, ob ein bestimmter Lebenssachverhalt die Tatbestandsmerkmale einer Rechtsnorm erfüllt.

4.4 Die Rechtsfolge

Bedingt durch das breite Spektrum unterschiedlicher Zielsetzungen der verschiedenen Rechtsnormen kann die Rechtsfolge sehr verschieden sein. In bloßen Definitionsnormen ist z. B. als Rechtsfolge der definierte Begriff erfüllt, wenn seine tatbestandlichen Voraussetzungen gegeben sind. Auch in anderen Fällen tritt die Rechtsfolge automatisch ohne Tätigwerden des Finanzamts ein.

BEISPIELE

a) Bewohnt der Steuerpflichtige in Hamburg auf Dauer eine Wohnung, so ergibt sich aus § 8 AO die Rechtsfolge, dass er dort einen Wohnsitz hat.

b) Wird eine Steuer nicht rechtzeitig gezahlt, so ist nach § 240 AO ein Säumniszuschlag zu zahlen. Die Rechtsfolge tritt automatisch ein, ohne dass das Finanzamt den Säumniszuschlag festsetzen müsste.

MERKSATZ

Die Rechtsfolge gibt an, welche Folgerungen das Gesetz aus der Erfüllung der Tatbestandsmerkmale zieht.

Hinsichtlich der das Finanzamt zu einem Handeln legitimierenden Vorschriften müssen wir zwischen gebundenen Entscheidungen und Ermessensentscheidungen differenzieren.

Sind die Voraussetzungen für das Ergehen eines **gebundenen Verwaltungsakts** erfüllt, so tritt die Rechtsfolge entweder unmittelbar ein oder es besteht eine Verpflichtung der Verwaltung, im Sinne dieser Rechtsfolge tätig zu werden.

Handelt es sich dagegen um eine Ermessensentscheidung, so führt das Vorliegen der Tatbestandsmerkmale der Vorschrift nur dazu, dass die Verwaltung nun ihr Ermessen darüber ausüben muss, ob sie tätig werden will (**Entschließungsermessen**) und gegebenenfalls welche von mehreren Möglichkeiten sie wählt (**Auswahlermessen**). Ohne Vorliegen der Tatbestandsvoraussetzungen besteht kein Ermessen, ein Tätigwerden der Verwaltung wäre dann in jedem Falle rechtswidrig. Bei **gebundenen Entscheidungen** heißt es im Gesetz z. B., die Behörde **»hat zu…«, es »ist«** in einem bestimmten Sinne zu verfahren, d. h. beispielsweise eine Steuer festzusetzen. Wenn der Verwaltung ein Ermessensspielraum eingeräumt sein soll, macht der Gesetzgeber das durch Formulierungen deutlich wie: die Finanzbehörde **»kann«, »darf«, »ist berechtigt«, »ist befugt«**. Heißt es im Gesetz, die Behörde **»soll«**, so besteht nur ein **eingeschränkter Ermessensspielraum,** im Regelfall muss sie in dem vom Gesetz vorgesehenen Sinne tätig werden, es sei denn, es liegt ein atypischer Ausnahmefall vor. Die Unterscheidung ist jedoch nicht ganz verlässlich. In manchen Fällen, in denen der Verwaltung kein Ermessen eingeräumt sein soll, spricht das Gesetz dennoch von »kann…«.

BEISPIELE

a) Der steuerpflichtige Y hat seine bis Ende Mai abzugebende Steuererklärung erst im November eingereicht. Gründe, die diese Verspätung entschuldigen würden, liegen nicht vor.
LÖSUNG Die Tatbestandsmerkmale des § 152 AO sind erfüllt, als Rechtsfolge **kann** das Finanzamt einen Verspätungszuschlag festsetzen, d. h. der Weg, eine Ermessensentscheidung treffen zu dürfen, ist ihm eröffnet. Es muss keinen Verspätungszuschlag festsetzen, die Entscheidung steht in seinem Ermessen.

b) Wie a). Y lag jedoch seit Mai schwerkrank im Krankenhaus.
LÖSUNG An der Verspätung trifft Y kein Verschulden, damit sind die Tatbestandsmerkmale des § 152 AO nicht alle erfüllt. Die Rechtsfolge, eine Ermessensentscheidung treffen zu dürfen, tritt nicht ein. Das Finanzamt darf nicht tätig werden. Setzt es dennoch einen Verspätungszuschlag fest, so verstößt es gegen das Recht, d. h. der Verwaltungsakt ist rechtswidrig.

Insbesondere im Verfahrensrecht sind Vorschriften enthalten, die der Behörde Ermessensspielräume geben, so z. B. im Beweisverfahren nach §§ 92 ff. AO. Die Besteuerungstatbestände selbst enthalten grundsätzlich keine Ermessensvorschriften, im Zusammenhang mit der Steuererhebung finden sich dagegen z. B. bei der Stundung (§ 222 AO) und dem Erlass (§ 227 AO) Ermessenstatbestände.

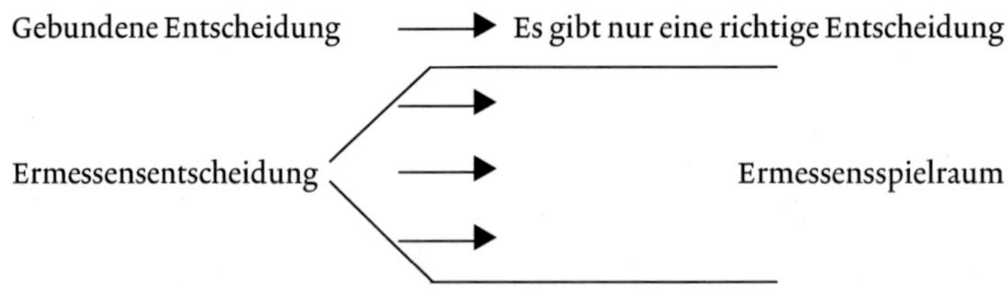

Bei jeder Ermessensentscheidung **müssen** die im Gesetz enthaltenen **Ermessensgrenzen eingehalten werden.** Innerhalb dieser Grenzen besteht ein Ermessensspielraum. Während es bei gebundenen Entscheidungen nur eine richtige Entscheidung geben kann, sind im Rahmen des Ermessensspielraums mehrere Entscheidungen richtig und damit rechtmäßig.

BEISPIELE

a) Der Verspätungszuschlag darf nach § 152 AO höchstens 10% der festgesetzten Steuer und höchstens 25 000 € betragen.
b) Das einzelne Zwangsgeld darf nach § 329 AO höchstens 25 000 € betragen.

Darüber hinaus ist zu beachten, dass die Maßnahme in **angemessenem Verhältnis zu dem erstrebten Ziel** stehen muss, z. B. wäre die Festsetzung eines Verspätungszuschlags von 10% bei einer nur um einen Monat verspäteten Abgabe der Steuererklärung unverhältnismäßig.

Bei der Ermessensausübung sind Zweck und Grenzen des eingeräumten Ermessens zu beachten (§ 5 AO). Wird von dem Ermessen in einer dem Zweck nicht entsprechenden Weise Gebrauch gemacht, sind also für die Entscheidung dem Zweck nicht entsprechende Gründe maßgebend gewesen, so spricht man von **Ermessensfehlgebrauch.** Willkürlich wäre es, eine Entscheidung aus Sympathie, Antipathie oder gar aus Schikane zu treffen, z. B. Erlass einer Steuer nach § 227 AO mit Rücksicht auf die Parteizugehörigkeit des Steuerpflichtigen.

Von **Ermessensüberschreitung** spricht man, wenn der vom Gesetz eingeräumte Ermessensspielraum nicht eingehalten wird.

BEISPIEL

Festsetzung eines Zwangsgeldes von 30 000 €, obwohl die Höchstgrenze in § 229 AO auf 25 000 € festgelegt ist.

§ 5 AO bestimmt, dass die Finanzbehörde ihr Ermessen dem Zweck der Ermächtigung entsprechend auszuüben und die gesetzlichen Grenzen des Ermessens einzuhalten hat. Ein Verwaltungsakt, der hiergegen verstößt, ist **rechtswidrig,** so dass seine **Rücknahme nach § 130 AO** in Betracht kommt.

5 Rechtsfortbildung

Bei der Rechtsfortbildung sind zwei grundsätzlich voneinander zu unterscheidende Bereiche zu betrachten: einerseits die Rechtsfortbildung **innerhalb des Gesetzes (intra legem),** die im Wege der **Auslegung** der Gesetzesnorm erfolgt, und andererseits die Rechtsfortbildung in Fällen, in denen das Gesetz keine Regelung vorsieht, so dass das Recht außerhalb der Gesetzesnormen **ergänzend fortgebildet** werden muss **(praeter legem),** bei dieser ist z. B. zu prüfen, ob die Voraussetzungen für die analoge Anwendung einer vorhandenen Norm auf den zu lösenden Fall in Betracht kommt.

5.1 Auslegung – Rechtsfortbildung intra legem

Mit Gesetzen werden die rechtlichen Vorstellungen der Gesellschaft in einem Staat niedergeschrieben. Das Gesetz gibt den Rechtsvorstellungen eine feste Form, es trifft für alle verbindliche Regelungen. Die Rechtsentscheidungen müssen dazu zwangsläufig in Worte gefasst werden. Jedes Wort ist mit einem bestimmten Bedeutungsinhalt verbunden. Kommunikation zwischen verschiedenen Personen ist nur dadurch möglich, dass sie sich über die Bedeutungsinhalte der Wörter einig sind. Mit dem Erlernen unserer Muttersprache oder jeder Fremdsprache werden wir Teilnehmer einer Gemeinschaft von Menschen, die von bestimmten Sinngehalten der von ihnen gebrauchten Wörter und Sätze ausgehen. Auf diese Weise können wir Menschen uns durch das gesprochene und geschriebene Wort verständigen und auch in den Gesetzen für die Gemeinschaft allgemeinverbindliche Regeln festlegen.

a) Wann muss ausgelegt werden?

Larenz hat zu Recht darauf hingewiesen, dass **jede Auslegung zugleich ein Stück Rechtsfortbildung** enthalte, denn mit der Auslegung einer Norm in einem bestimmten Wortsinn wird unter mehreren möglichen Bedeutungen die zutreffende gekennzeichnet und damit eine **vorher bestehende Ungewissheit beseitigt.** In besonderem Maße gilt das bei Generalklauseln und unbestimmten Rechtsbegriffen. Der aus dem Rechtsstaatsprinzip folgende Grundsatz der Tatbestandsmäßigkeit der Besteuerung erfordert, dass steuerbegründende Tatbestände so bestimmt sind, dass der Steuerpflichtige die auf ihn entfallende Steuerlast möglichst vorher berechnen kann. Generalklauseln, die es der Entscheidung der Exekutive überlassen die Grenzen des Eingriffs in das Eigentum des Einzelnen zu ziehen, sind, wie das Bundesverfassungsgericht klargestellt hat, mit dem Grundsatz der Gesetzmäßigkeit der Verwaltung nicht vereinbar (BVerfG vom 12. 11. 1958, BVerfGE 8, 274).

Zulässig ist dagegen die Verwendung unbestimmter Rechtsbegriffe durch den Gesetzgeber. Richtiger dürfte die Bezeichnung »unbestimmte Gesetzesbegriffe« sein, da etwas im Gesetz nicht völlig bestimmt geregelt ist. Es handelt sich um Begriffe mit nicht genau angebbaren fließenden Merkmalen. Die Grenze zwischen eindeutigen und unbestimmten Rechtsbegriffen ist gleitend, da mit Ausnahme der Zahlen fast alle Begriffe mehrere Deutungen zulassen.

BEISPIELE

Unbestimmte Rechtsbegriffe sind:
- Öffentliches Interesse (§ 30 AO),
- Verschulden (§ 110 AO),
- erhebliche Härte (§ 222 AO).

Bei der Anwendung unbestimmter Rechtsbegriffe geht es ebenso wie bei allen anderen vom Gesetz gebrauchten Begriffen um die Festlegung der richtigen Deutung im Rahmen des Wortsinns, so dass das Gebiet der Auslegung nicht verlassen wird (vgl. Hartmann/Walter, [a. a. O.], 235), der Rechtsanwender bewegt sich deshalb noch innerhalb des Gesetzes.

BEISPIEL

Eine Stundung kann nach § 222 AO nur gewährt werden, wenn die Einziehung bei Fälligkeit eine erhebliche Härte wäre. Der Begriff der erheblichen Härte ist ein unbestimmter Rechtsbegriff, dessen allgemeine Formulierung der Ausfüllung bedarf. Er muss unter Anwendung der Auslegungsmethoden konkretisiert werden, hierbei wird insbesondere auf Sinn und Zweck des § 222 AO abzustellen sein. Die Rechtsfortbildung besteht hier also in der Konkretisierung des Begriffs der »erheblichen Härte«, der Wortlaut des Gesetzes wird dabei nicht überschritten, es wird nur seine nähere Bedeutung verdeutlicht.

MERKSATZ

Hat ein in einer Norm gebrauchter Begriff oder die Norm als ganze mehrere verschiedene Bedeutungen, muss im Wege der Auslegung der zutreffende Wortsinn gefunden werden.

b) Wo muss der Rechtsanwender Auslegung betreiben?

Das Steuerrecht hat sich über Jahrzehnte entwickelt, viele früher einmal offene Fragen sind schon lange durch Rechtsprechung, Literatur und Verwaltung geklärt. Ist eine Rechtsfrage höchstrichterlich entschieden oder hat sich eine **herrschende Meinung** gebildet, so wird der Rechtsanwender dem **in aller Regel folgen.** Er müsste schon sehr gute Argumente haben, um davon erfolgreich abzuweichen. Bevor man eine eigene Gesetzesinterpretation wagt, sollte man sich deshalb **zunächst informieren, was andere zu der Frage schon gedacht haben.**

Wer sich über den Sinn einer Vorschrift im Zweifel ist, wird deshalb zu einschlägigen Kommentaren greifen, sich **über die Auffassung in Literatur und Rechtsprechung ein Bild**

machen und auch die Verwaltungsmeinung erkunden. Auf den ersten Blick mag es dann überflüssig erscheinen, sich selbst mit den verschiedenen Möglichkeiten der Auslegung näher zu beschäftigen. Aber in Literatur und Rechtsprechung wie auch in Verwaltungsanweisungen wird beständig Auslegung betrieben. Um die dort entwickelten Argumentationslinien überhaupt verstehen zu können, muss der Rechtsanwender die Auslegungsmethoden, ihre Prinzipien und Probleme kennen. Häufig sind Rechtsfragen gerade in der steuerrechtlichen Literatur streitig. Wer sich eine eigene Meinung bilden will, wird immer wieder auf die Auslegungsregeln zurückgreifen müssen.

Nicht selten findet der Rechtsanwender zu einer speziellen Frage weder in der Literatur noch in Rechtsprechung und Verwaltungsanweisungen eine Antwort, so dass er sich allein auf den Weg machen muss, um zu prüfen, ob eine bestimmte Rechtsnorm auf seinen Fall anwendbar ist. Hierbei wird er sich der Auslegung des Gesetzes bedienen müssen.

MERKSATZ

In Urteilen, Literatur und Verwaltungsvorschriften werden laufend Rechtsnormen ausgelegt. Sie können vom Rechtsanwender als Quelle der Auslegung herangezogen werden.

Untersuchen wir den Vorgang der Gesetzesanwendung genauer, so sind drei Faktoren dafür von Bedeutung:

1. Das Gesetz selbst mit seinem ihm immanenten Bedeutungsinhalt
2. Der Gesetzesanwender als Subjekt, das von jedem Bedeutungsinhalt eine persönliche (subjektive) Vorstellung hat
3. Der Vorgang der Gesetzesinterpretation und Anwendung durch den Gesetzesanwender

5.1.1 Das Gesetz als Gegenstand der Auslegung

Als Gesetz verfestigte und niedergelegte Gedanken werden vom Gesetzesanwender aktiviert. Das Problem entsteht nun dadurch, dass nicht jede Gesetzesvorschrift einen sofort für alle erkennbar eindeutigen Regelungsinhalt hat. Zippelius weist darauf hin, dass Gesetzesbegriffe regelmäßig einen Bedeutungsspielraum haben und spricht von der »Unschärfezone der Wortbedeutungen« (Zippelius, [a.a.O.], 10). Viele Gesetzesvorschriften arbeiten darüber hinaus, wie bereits erwähnt, mit ausfüllungsbedürftigen rechtlichen Begriffen, deren Bedeutungsinhalt im Gesetz selbst nicht genau umschrieben ist.

Gegenstand der Auslegung ist das Gesetz. Doch welche Regelung will das Gesetz treffen? Streitig ist, ob es für die Auslegung auf den subjektiven Willen des Gesetzgebers bei Erlass des Gesetzes ankommt (subjektive Theorie) oder ob der objektiv im Gesetz zum Ausdruck gekommene Wille maßgebend ist (objektive Theorie). Nach der subjektiven Theorie kommt es nur darauf an, was der Gesetzgeber im Zeitpunkt der Verabschiedung des Gesetzes mit diesem bezweckte. Die objektive Theorie will dagegen den davon unabhängigen objektiven Zweck des Gesetzes berücksichtigen (vgl. Tipke/Lang, [a.a.O.], Rz. 55 zu § 5). Dabei bedarf noch näherer Klärung, was unter dem objektiven Zweck des Gesetzes zu verstehen ist. Nach Larenz soll es auf objektive teleologische Kriterien wie Natur der Sache, rechtsethische Prinzipien, Gleichbehandlung ankommen (Larenz, [a.a.O.], 334f.).

Gegen die **subjektive Theorie** sind eine Reihe von Bedenken vorgebracht worden. Der Wille des historischen Gesetzgebers ist oft nur bruchstückhaft zu ermitteln, vieles was an Materialien vorliegt, ist eher Willensäußerung der Ministerialbürokratie als des Parlaments, im Übrigen hängt es von Zufälligkeiten ab, welcher Abgeordnete sich zu welcher Frage detailliert geäußert hat.

Einen **individuellen Willen des Gesetzgebers** gibt es bei unserem parlamentarischen Gesetzgebungsverfahren gar nicht, auf die Vorstellungen und Wünsche einzelner, die im Gesetzgebungsverfahren geäußert worden sind, kann es nicht ankommen. Stellt man nur auf den Willen des historischen Gesetzgebers ab, so wird damit jegliche Fortentwicklung des Rechts verhindert. Die Theorie enthält also ein stark konservatives Element. Es wird zwar eine **höhere Rechtssicherheit** gewahrt, der Preis ist **jedoch eine Erstarrung des Rechts.**

Die **objektive Theorie** lässt bei der Rechtsanwendung einen **größeren Handlungsspielraum,** sie hängt nicht vom Willen des historischen Gesetzgebers ab. Das Gesetz wird von den an seiner Entstehung beteiligten Personen losgelöst, maßgebend soll der dem Gesetz immanente Sinn sein. Was das Gesetz denkt und will, ist kein »wirklicher« Wille, sondern nur ein hypothetischer Bewusstseinsinhalt (Mennicken, [a. a. O.], 259). Der BFH wendet in ständiger Rechtsprechung die objektive Auslegungstheorie an. Er bezieht sich dabei auf das BVerfG, das bereits zu Beginn seiner Tätigkeit betont hat, für die Auslegung einer Gesetzesvorschrift sei maßgebend »der in dieser zum Ausdruck kommende objektivierte Wille des Gesetzgebers, so wie er sich aus dem Wortlaut der Gesetzesbestimmung und dem Sinnzusammenhang ergibt, in den er hineingestellt ist« (BVerfG vom 21. 02. 1952 BVerfGE 1, 299 so auch BFH vom 30. 07. 1980 BStBl 1981, 58). Der Wille der am Gesetzgebungsverfahren beteiligten Organe soll danach nur von Bedeutung sein, wenn er im Gesetz auch zum Ausdruck gekommen ist (BVerfG vom 17. 05. 1960 BVerfGE 11, 126 [130] und vom 19. 12. 1961 BVerfGE 13, 261 [268]). Richtigerweise wird man sowohl nach dem Willen des historischen Gesetzgebers forschen und den objektiven Sinn des Gesetzes berücksichtigen müssen, da es von seinem In-Kraft-Treten an ein Eigenleben führt und in ihm ein bestimmtes objektiviertes Gedankengut zum Ausdruck kommt, das im Lauf der Zeit aber Wandlungen unterliegt.

BEISPIEL

Während der Wohnraumnot in den ersten Jahren nach dem 2. Weltkrieg waren die Anforderungen an eine Wohnung relativ gering, das galt dementsprechend auch für § 75 BewG. Mit Änderung der Wohngepflogenheiten im Laufe der Jahre wandelte sich auch die Auslegung des Wohnungsbegriffs, die Rechtsprechung stellte nun höhere Anforderungen; nur wenn eine in sich abgeschlossene Einheit von Wohnräumen mit entsprechenden Nebenräumen vorhanden ist, wird noch eine Wohnung bejaht (BFH vom 05. 10. 1984 BStBl 1985, 151).
Hinweis: Der Wohnungsbegriff in § 8 AO enthält dagegen wesentlich geringere Anforderungen.

Die Vorstellungen des historischen Gesetzgebers und die heutigen Gerechtigkeitsempfindungen können in Widerstreit zueinander kommen. Mit zunehmendem Zeitabstand zwischen Ergehen des Gesetzes und seiner Anwendung müssen die subjektiven Vorstellungen des historischen Gesetzgebers zurücktreten.

Das entstehende Spannungsfeld kann nur im jeweiligen Einzelfall ausgeglichen werden. Die Auslegung hat auch einer gerechten Gesetzesanwendung in der jetzigen Zeit zu dienen und muss deshalb eine Rechtsfortbildung zulassen, soweit sie sich im Rahmen des Gesetzeswortlauts bewegt (Mennicken, [a. a. O.], 80). Der Theorienstreit kann letztlich auf sich beruhen. Zippelius ([a. a. O.], 42) schlägt als Auslegungsziel vor, die Gedanken des Gesetzgebers sollen bei der Auslegung eine heute konsensfähige Gestalt gewinnen. Was für konsensfähig gehalten wird, mag aber auch wieder von Rechtsanwender zu Rechtsanwender verschieden sein. Mit seiner Auslegung gibt der Rechtsanwender dem Gesetz immer einen bestimmten Bedeutungsgehalt. Er nimmt damit auf das Gesetz Einfluss.

MERKSATZ

Auslegungsgegenstand ist das Gesetz. Für seinen Regelungsinhalt ist nach der Rechtsprechung der objektiv im Gesetz zum Ausdruck gekommene Wille entscheidend.

Zu klären bleibt, wie der objektivierte Wille des Gesetzgebers im Sinne der objektiven Theorie ermittelt werden kann und ob es sich dabei nicht nur um die Wunschvorstellungen des Rechtsanwenders handelt. Dies führt zum zweiten für die Auslegung bedeutsamen Faktor, zum Gesetzesanwender selbst.

5.1.2 Der Rechtsanwender als Subjekt der Auslegung

Es mag der Grundeinstellung vieler Rechtswissenschaftler widersprechen, den Einfluss subjektiver, in der Person des jeweiligen Rechtsanwenders begründeter Momente zuzugeben. Dennoch kommen derartige persönliche Überzeugungen des jeweiligen Rechtsanwenders unvermeidbar ins Spiel (so auch Döhring, [a.a.O.], 61). Jeder Mensch und damit auch jeder Rechtsanwender ist in seiner Gesamtpersönlichkeit durch ein ganzes Bündel Vorstellungen allgemeiner Art geprägt, wie z.B. Weltbild, Menschenbild, konservative oder progressive Grundeinstellung, Glaube an unwandelbare Werte oder positive Einstellung gegenüber Wertewandel. Der Rechtsanwender hat seine Geistesprägung durch eine Vielzahl von Sozialisationsprozessen erhalten. Er wird durch soziale Fakten und seine Erfahrungen beeinflusst, die er in Ausbildung, Beruf und Privatleben ebenso wie in seiner Auseinandersetzung mit unserer politisch-gesellschaftlichen Wirklichkeit gewonnen hat. Er wird außerdem geneigt sein, das Gesetz so zu interpretieren, dass es seinen Gerechtigkeitsempfindungen entspricht, allgemeine Aussagen darüber, was gerecht ist, lassen sich aber nur schwer treffen.

Aufgrund der unterschiedlichen sozialen Vorprägung werden verschiedene Gesetzesanwender aus diesen subjektiven Momenten heraus auch zu einer **unterschiedlichen Interpretation des Gesetzes kommen.** Selbst wenn sie sich bemühen, ihre subjektiven Erfahrungen und Meinungen zurückzustellen, ist durchaus nicht gesichert, dass ihre Vorstellungen darüber übereinstimmen, was der Sinn einer Gesetzesnorm aus heutiger Sicht ist. Statt von der »Objektivität« des Standpunktes des Rechtsanwenders auszugehen, ist es deshalb wahrhaftiger nur von »Intersubjektivität« zu sprechen (vgl. Tipke/Lang, [a.a.O.], Tz. 47 zu § 5).

Auch die Vorstellungen, die verschiedene Menschen mit denselben Wörtern und Sätzen verbinden, können mehr oder minder stark voneinander abweichen. Dadurch werden sie den gleichen Wörtern einen unterschiedlichen Sinn beimessen. Zusätzlich müssen wir berücksichtigen, dass sich die Bedeutungsinhalte und Wertvorstellungen im Laufe der Jahre und Jahrzehnte in der Gesellschaft ändern, so dass die Rechtsanwender des aus der vergangenen Zeit stammenden Gesetzes heute unter bestimmten Begriffen etwas anderes verstehen als der historische Gesetzgeber und aufgrund ihres anderen Verständnisses das Gesetz unter Umständen auch anders interpretieren werden. Jedes Gesetz wird vom Rechtsanwender im Gesamtzusammenhang der Rechtsordnung und der **gesellschaftlichen Verhältnisse der Zeit seiner Anwendung** gesehen und aus diesem heraus verstanden. Wir leben in einer Zeit sehr raschen Wandels, in dem sich die Lebensverhältnisse und Rechtsanschauungen innerhalb weniger Jahrzehnte tiefgreifend verändert haben, dies bleibt nicht ohne Auswirkung auf die Vorstellungen der Rechtsanwender über den mit den Gesetzesregelungen verbundenen Bedeutungsinhalt. Eine **Rechtsfortbildung** kann damit auch **durch Auslegungswandel** eintreten (vgl. Friauf in Tipke, Grenzen der Rechtsfortbildung, S. 56). Dadurch, dass eine Gesetzesvorschrift anders ausgelegt wird als bisher, kann sich ihr

Anwendungsbereich einschränken oder erweitern, so dass bei der neueren Auslegung bestimmte Fälle von der Vorschrift z. B. nicht mehr erfasst werden.

Die Zielvorstellungen des Rechtsanwenders, d. h. hier des Auslegenden, bleiben ebenfalls nicht ohne Einfluss auf den Vorgang der Auslegung. Der Auslegende wird ein gerechtes Ergebnis oder u. U. auch eine ihm vorteilhafte Lösung als Zielvorstellung haben. Von dieser Zielvorgabe ist die Auslegung vorgeprägt.

Nur vom Ergebnis her auszulegen, hieße die Bedeutung des Auslegungsvorgangs zu minimieren, es wäre dann nur noch das Feigenblatt, mit dem der Rechtsanwender verdecken würde, dass er in Wahrheit mit der Auslegung nicht nach dem Gesetzessinn und -zweck forscht, sondern die Auslegung lediglich als Begründungsmäntelchen zur Durchsetzung seiner eigenen Rechtsvorstellungen benutzt. Die Dreiteilung in Ausleger, Auslegungsvorgang und ausgelegtes Gesetz als Gegenstand der Betrachtung durch den Auslegenden kann uns helfen, Einseitigkeiten bei der Auslegung bewusst zu machen und entsprechend gegenzusteuern.

MERKSATZ

Auslegung wird stets auch durch die subjektive persönliche Prägung des Rechtsanwenders mit beeinflusst und kann deshalb nicht wirklich objektiv, sondern nur intersubjektiv sein.

5.1.3 Der Vorgang der Gesetzesinterpretation

Neben dem auszulegenden Gesetz als Objekt der Auslegung und dem Gesetzesanwender als Subjekt ist der Auslegungsvorgang zu betrachten. **Auslegen eines Gesetzes heißt, unter verschiedenen möglichen, vom Gesetzeswortlaut gedeckten Bedeutungen die richtige und maßgebende zu wählen** (in diesem Sinne auch Zippelius, [a. a. O.], 47). Durch die Auslegung soll der **Sinn einer Rechtsnorm erschlossen werden.** Eine gesetzliche Regelung über die bei dem Vorgang der Gesetzesauslegung zu berücksichtigenden Gesichtspunkte gibt es nicht. Der Gesetzesanwender interpretiert das von ihm anzuwendende Gesetz, er legt es aus.

Bei der Auslegung sind eine Reihe von grundsätzlichen Gesichtspunkten zu beachten. Die auszulegende Norm soll sich **widerspruchsfrei in das Gesamtsystem höherer und gleichrangiger Normen einfügen,** die Auslegung soll zu einer **möglichst gerechten Lösung** führen und die Interessen der Beteiligten – soweit möglich – befriedigen. Schon hier treten aber wieder **Wertungsgesichtspunkte** auf, was z. B. als gerecht empfunden wird, kann von Rechtsanwender zu Rechtsanwender sehr verschieden sein. Dem Buchstaben nach bleibt das Gesetz zwar noch immer dasselbe, dennoch verändert es sich unter dem Blick verschiedener Rechtsanwender. Der Auslegungsprozess nimmt also auf den Sinngehalt der Norm Einfluss. Herkömmlicherweise unterscheidet man vier Auslegungsmethoden:

1. grammatikalisch
2. historisch
3. logisch – systematisch
4. teleologisch

5.1.3.1 Grammatikalische Auslegung

Diese Methode geht von den **Regeln der Grammatik** und vom **Sinn der einzelnen Wörter** und der aus ihnen gebildeten Sätze aus. Für die Bestimmung des Sinnes der vom Gesetzgeber benutzten Begriffe sind dabei auch die Legaldefinitionen in anderen Vorschriften mit heranzuziehen, z. B. die Gesetzesdefinitionen in §§ 6 ff. AO

Bei seinen **Legaldefinitionen** kann der Gesetzgeber auch von dem üblichen Sprachgebrauch eines Wortes abweichen.

BEISPIEL

Angehörige nach § 15 Abs. 2 AO sind Ehepartner auch noch nach der Scheidung, obwohl man sie im allgemeinen Sprachgebrauch dann nicht mehr als Angehörige ansieht.

Soweit sich keine gesetzliche Definition findet, kann die Bedeutung nach der grammatikalischen Auslegungsmethode nur mit Hilfe des **allgemeinen (andere sprechen vom »natürlichen«) Sprachgebrauchs** der Rechtsgemeinschaft gefunden werden.

BEISPIEL

§ 30 Abs. 2 AO schützt die Verhältnisse eines anderen durch das Steuergeheimnis. Da von Verhältnissen ganz allgemein gesprochen wird, sind auch persönliche und geschäftliche Verhältnisse geschützt, die keine steuerliche Bedeutung haben.
Die Vorschrift stellt weder auf den Steuerpflichtigen noch auf Beteiligte ab, sondern spricht von Verhältnissen eines »anderen« und macht von dem benutzten Begriff her deutlich, dass auch die Verhältnisse von Personen geschützt sein sollen, die weder Steuerpflichtige noch Beteiligte sind.

MERKSATZ

Die grammatikalische Auslegung stellt auf den Wortlaut der Norm ab.

Jeder auslegungsbedürftige Begriff hat einen **Begriffskern** von Sachverhalten, die ihm zweifellos zuzuordnen sind und einen Bereich, in dem er ohne Zweifel nicht gilt, weil auch die weiteste sprachübliche Bedeutung überschritten ist. Problematisch sind die Fälle, in denen sich der Sachverhalt im Randbereich des Gesetzesbegriffs bewegt, der BFH spricht insoweit vom **»Begriffshof«** (BFH vom 05. 10. 1984 BStBl 1985, 151). Hier wird man in der Regel nur unter Hinzuziehung der anderen Auslegungsmethoden zu einer Entscheidung kommen können.

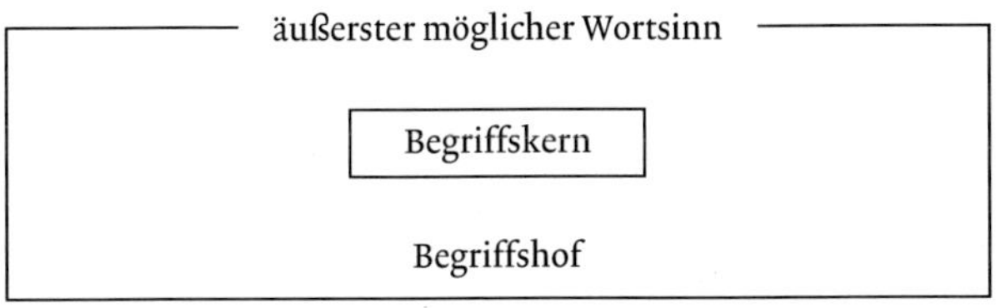

BEISPIEL

Bebaute Grundstücke sind nach § 74 BewG Grundstücke, auf denen sich benutzbare Gebäude befinden.
Ein dreistöckiges Haus ist sicher ein Gebäude, hier ist der Begriffskern des Begriffs Gebäude betroffen. Ein Baum ist sicher kein Gebäude.
Im Begriffshof finden sich dagegen z. B. Wohncontainer, Grabkammern, Wartehäuschen, bei denen nicht ohne weiteres aus dem Wortsinn heraus entschieden werden kann, ob sie Gebäude sind.

Der danach **mögliche Wortsinn** bildet auch bei mehrdeutigen Wörtern die Grenze der Auslegung. Ein nicht dem Sprachgebrauch entsprechender Sinn darf also nicht im Wege der Auslegung angenommen werden. Die auf **Art. 20 Abs. 3 GG** beruhende Bindung der Gerichte an den Gesetzeswortlaut ist auch vom BFH herausgestellt worden (vgl. BFH vom 08. 05. 1968 BStBl 1968, 485). Das bedeutet einerseits, dass der Wortlaut nicht derart einschränkend ausgelegt werden darf, dass sich für das Gesetz überhaupt keine Anwendungsfälle mehr finden, so dass es leer laufen würde (BFH vom 10. 11. 1970 BStBl 1971, 105), andererseits darf der Gesetzesinhalt **nicht so interpretiert werden, dass er vom Wortlaut nicht mehr gedeckt**

wäre (BFH vom 11. 12. 1964 BStBl 1965, 82 und vom 28. 11. 1967 BStBl 1968, 216). Insbesondere gilt das, wenn der Gesetzeswortlaut klar und eindeutig ist.

BEISPIEL

Die Vorschriften über die Festsetzungsverjährung sind nur auf den Erlass von Haftungsbescheiden entsprechend anzuwenden. § 191 Abs. 3 S. 1 AO sieht die entsprechende Anwendung somit nach seinem eindeutigen Wortlaut nur für den Erlass eines Haftungsbescheids vor und nicht für seine spätere Korrektur. Eine Auslegung gegen diesen eindeutigen Wortlaut kommt nicht in Betracht. Sie wäre nach der Rechtsprechung des BFH nur dann möglich, wenn die wortgetreue Auslegung zu einem offenbar unrichtigen bzw. zu einem jeder wirtschaftlichen Vernunft widersprechenden Ergebnis führen würde. Das ist jedoch in Bezug auf die spätere Korrektur eines Haftungsbescheides nicht der Fall (BFH vom 12. 08. 1997 BStBl 1998, 131).

Die verschiedenen Auslegungsmethoden sind grundsätzlich nebeneinander anwendbar (vgl. dazu unter 5.1.3.6). Die Anwendung der weiteren Auslegungsmethoden kann durchaus zu einem anderen Ergebnis führen als die grammatikalische Auslegung. Die durch den möglichen Wortsinn gezogene Grenze der Auslegung darf dabei jedoch nicht überschritten werden. Eine Auslegung gegen den Wortlaut würde zu einer Verlagerung der Kompetenz des Gesetzgebers auf den Rechtsanwender führen (Crezelius, [a. a. O.], 113), sie kann deshalb nur ausnahmsweise in Betracht kommen, wenn der klare Wille des Gesetzes selbst mit dem Wortlaut einer bestimmten Norm im Widerspruch steht (in diesem Sinne auch BFH vom 11. 12. 1964 BStBl 1965, 82). Richtigerweise handelt es sich dann jedoch nicht mehr um Auslegung, sondern um eine ergänzende Rechtsfortbildung. Auf das Problem der »Auslegung« gegen den Wortlaut wird deshalb im Zusammenhang mit der Rechtsfortbildung praeter legem näher eingegangen (vgl. 5.2.1.2).

MERKSATZ

Der äußerste mögliche Wortsinn bildet die Grenze,
die bei der Auslegung nicht überschritten werden darf.

Häufig wird der gleiche Begriff in verschiedenen Vorschriften eines Gesetzes oder in verschiedenen Gesetzen verwendet. Soweit er im gleichen Gesetz mehrfach gebraucht wird, kann grundsätzlich davon ausgegangen werden, dass er auch die gleiche Bedeutung hat. So ist z. B. der Begriff des Angehörigen in § 82 AO und § 101 AO in dem in § 15 AO definierten Sinne zu verstehen.

Auch in verschiedenen Steuerrechtsgebieten wird der gleiche Begriff in der Regel im gleichen Sinne benutzt.

BEISPIELE

a) Der Begriff des Gewerbebetriebes ist in § 15 Abs. 2 EStG und im Gewerbesteuerrecht der gleiche.
b) Der Begriff des Gebäudes wird im Bewertungsrecht (§ 74 BewG) und im Einkommensteuerrecht (§ 7 Abs. 4 und 5 EStG) gleich gesehen.

Es ist jedoch insoweit Vorsicht geboten. Teilweise werden **Begriffe in verschiedenen Steuergesetzen** mit ganz anderem Normzweck verwendet und können damit **auch eine abweichende Bedeutung** haben.

Sie ergibt sich in derartigen Fällen nicht mit Hilfe der grammatikalischen Auslegung, sondern erst unter Zuhilfenahme anderer Auslegungsmethoden.

BEISPIEL

Der Begriff der Wohnung hat in § 8 AO eine andere Bedeutung als im Bewertungsrecht. In § 8 AO ist die Wohnung Anknüpfungspunkt für Entscheidungen z.B. über Zuständigkeit und Steuerpflicht, maßgebend ist deshalb nur, dass die Wohnung eine den Verhältnissen des Steuerpflichtigen entsprechende Bleibe darstellt, auch ein möbliertes Zimmer kann in diesem Sinne eine Wohnung sein (Tipke/Kruse, [a.a.O.], Anm. 5 zu § 8 AO). Das Bewertungsrecht dagegen grenzt in § 75 BewG durch die Zahl der Wohnungen z.B. Einfamilienhäuser von Zwei- und Mehrfamilienhäusern ab und verlangt deshalb für den Wohnungsbegriff eine von anderen Wohnräumen baulich getrennte, in sich abgeschlossene Wohneinheit mit eigenem Zugang und den zum Wohnen erforderlichen Nebenräumen, d.h. zumindest eine Kochgelegenheit, Bad oder Dusche und Toilette (BFH vom 05.10.1984 BStBl 1985, 151 und vom 08.02.1985 BStBl 1985, 319).

Auf das **Problem der Verbindlichkeit zivilrechtlicher Begriffe** für das Steuerrecht wird im Zusammenhang mit der wirtschaftlichen Betrachtungsweise noch näher eingegangen. Es sei jedoch hier schon darauf hingewiesen, dass das Steuerrecht zivilrechtliche Begriffe nicht selten mit einem ganz anderen Bedeutungsinhalt verwendet.

BEISPIEL

§ 75 AO spricht von »übereignen« des Betriebes. Die Übereignung eines ganzen Betriebes ist zivilrechtlich jedoch gar nicht möglich, es können vielmehr nur die einzelnen zum Betrieb gehörenden Sachen übereignet werden.
Soweit diese z.B. noch unter Eigentumsvorbehalt des Lieferanten stehen, ist selbst die Übereignung dieser Gegenstände nicht durchführbar. Gemeint ist damit in § 75 AO gar nicht die zivilrechtliche Übereignung, sondern die Übertragung der bestehenden Rechtsposition.

MERKSATZ

Wird der gleiche Begriff an verschiedenen Stellen eines Gesetzes gebraucht, so wird er in der Regel – jedoch nicht notwendigerweise – im gleichen Sinne verwendet. Wird der gleiche Begriff in verschiedenen Gesetzen gebraucht, so muss unter Verwendung aller Auslegungsregeln geprüft werden, ob er die gleiche Bedeutung hat. Besondere Vorsicht ist bei zivilrechtlichen Begriffen im Steuerrecht geboten.

Bei mehrfacher Bedeutung eines Wortes geht es darum, die Wortbedeutung herauszusuchen, die der Gesetzesnorm in der vorliegenden Form richtigerweise zukommt (Zippelius, [a.a.O.], 47). Die Schwierigkeiten, den Wortsinn festzulegen, werden besonders groß, wenn es sich um Rechtsnormen mit ausfüllungsbedürftigen Begriffen handelt, z.B. Missbrauch von Gestaltungsmöglichkeiten (§ 42 AO), grob fahrlässig (§ 69 AO).

In vielen Fällen wird die Mehrdeutigkeit im Gesetz verwendeter Begriffe allein durch eine Auslegung nach dem Wortlaut nicht geklärt werden können, so dass sie zwar die Grenzen einer möglichen Interpretation abstecken kann, für sich allein jedoch nicht zum konkreten Ergebnis führt. Der äußerste mögliche Wortsinn bildet aber auch für jede Auslegung nach den anderen Auslegungsmethoden die Grenze, wird sie überschritten, bewegt sich der Rechtsanwender auf dem Gebiet der ergänzenden Rechtsfortbildung.

5.1.3.2 Historische Auslegung

Gefragt wird danach, **was der Gesetzgeber** (die Mehrheit der Abgeordneten, die das Gesetz beschlossen haben) als Repräsentant der Gesellschaft **gedacht hat oder denken musste oder wenigstens denken durfte,** als er das Gesetz erließ (vgl. Zippelius, [a.a.O.], 50). Es wird also auf die Grundentscheidungen, Wertvorstellungen und die Begriffswahl des historischen Gesetzgebers zurückgegriffen (Larenz, [a.a.O.], 328). Die historische Auslegung fragt nicht nur nach der **Entstehungsgeschichte** der Vorschrift, sondern auch nach den Zwecken, die der Gesetzgeber mit ihr verfolgt hat.

Hinweise auf die Absicht des historischen Gesetzgebers können sich sowohl aus dem Gesetz selbst ergeben, z. B. aus einer vorangestellten **Präambel** wie auch insbesondere aus den **Unterlagen, die über das Gesetzgebungsverfahren** vorhanden sind. Hier kommen Materialien über die Entstehungsgeschichte in Betracht. Alles Material, das Schlüsse auf die Vorstellungen, Wertungen und Ziele des Gesetzgebers zulässt, ist verwertbar. Motive und Vorstellungen der Mitglieder gesetzgebender Körperschaften können bei der Gesetzesauslegung jedoch nur dann Berücksichtigung finden wenn sie im Gesetz selbst einen hinreichend bestimmten Ausdruck gefunden haben (BFH vom 13.10.1998 BStBl 1999, 163).

BEISPIELE

Gesetzesentwürfe, amtliche Regierungsbegründung, Stellungnahmen in Bundesrat und Bundestag, Parlamentsausschussprotokolle, Berichte und Protokolle über Plenarsitzungen.

Rückschlüsse zur historischen Interpretation einer Gesetzesnorm kann auch die **Entwicklungsgeschichte** dieser Vorschrift vor Wirksamwerden des Gesetzes in den einzelnen Stufen seiner Entstehung geben. Bei Neufassung in einer Gesetzesnovelle ist u. U. auch der Vergleich mit der Formulierung der Vorgängervorschrift für die Intention des Gesetzgebers aufschlussreich.

BEISPIEL

Das mit § 15 Abs. 3 Nr. 2 EStG vom Gesetzgeber verfolgte Ziel wird aus der Rechtsentwicklung vor Einführung dieser Vorschrift deutlich. Nach der älteren Rechtsprechung des BFH gab einer GmbH u. Co KG die als Komplementär fungierende GmbH das Gepräge. Da nach § 2 Abs. 2 GewStG alle Einkünfte der GmbH als gewerbliche Einkünfte gelten, waren auch die Einkünfte der GmbH u. Co KG als gewerblich zu klassifizieren. Diese sog. Gepräge-Rechtsprechung gab der BFH 1984 auf und entschied, dass eine nur vermögensverwaltend tätige GmbH u. Co KG lediglich hinsichtlich des auf die GmbH entfallenden Teils Einkünfte aus Gewerbebetrieb hat (BFH GrS vom 25.06.1984 BStBl 1984, 751). Die dadurch entstehende Rechtslage entsprach jedoch nicht den Vorstellungen des Gesetzgebers, der mit der Einfügung des § 15 Abs. 3 Nr. 2 EStG die Einkünfte, die eine gewerblich geprägte GmbH u. Co KG erzielt, auch ohne dass ein Gewebebetrieb unterhalten wird, wieder voll als gewerblich qualifizieren wollte (vgl. Schmidt, [a. a. O.], Anm. 211 ff. zu § 15 EStG).

In vielen Fällen ist die historische Auslegung nicht unproblematisch, da die genaue Entstehungsgeschichte einzelner Rechtsnormen oftmals nur unklar nachvollziehbar ist. Außerdem sind alle Materialien, die aus der Ministerialebene kommen, über die wirkliche Absicht des Gesetzgebers nur sehr bedingt aussagefähig, denn es kann nicht ohne weiteres davon ausgegangen werden, dass der Gesetzgeber alle Begründungsgedanken der Ministerialbürokratie übernommen hat. Nicht außer Betracht bleiben darf schließlich, dass sich die sozialen und ethischen Vorstellungen seit Erlass des Gesetzes inzwischen geändert haben können.

MERKSATZ

Die historische Auslegung forscht nach dem Willen des Gesetzgebers bei Erlass der Norm.

5.1.3.3 Logisch-systematische Auslegung

Zur Auslegung wird hier der über die anzuwendende und damit auszulegende Norm hinausgehende Inhalt des betreffenden Gesetzes herangezogen. Auch andere in diesem Zusammenhang aufschlussreiche Gesetze können in die Betrachtung einbezogen werden. Das **Gesamtsystem des Gesetzes** wird nach den **Regeln von Normaufbau und Logik** betrachtet. Jedes Gesetz soll einen bestimmten Rechtsbereich, jede Einzelnorm einen bestimmten Teilbereich regeln. Aus dem **Zusammenhang der Rechtsnormen** können sich deshalb bestimmte

Auslegungsergebnisse ableiten lassen. Zu achten ist dabei auf den systematischen Aufbau des ganzen Gesetzes und auf die **Einordnung der anzuwendenden Gesetzesnorm in die Systematik des Gesetzes,** in dem wir sie finden. Maßgeblich kann z. B. sein, in welchem Abschnitt des Gesetzes die Norm eingeordnet ist. Systematische Auslegung heißt also, von dem Bedeutungszusammenhang, in dem eine Rechtsnorm steht, auf ihren Inhalt zu schließen.

BEISPIEL

a) § 328 ff. AO enthalten keine Regelung, ob sie auch auf Geldleistungen anwendbar sind, sie stehen jedoch im 3. Abschnitt des 6. Teils der AO unter der Überschrift Vollstreckung wegen anderer Leistungen als Geldforderungen, so dass damit klargestellt ist, dass Zwangsmittel wegen Geldleistungen nicht eingesetzt werden dürfen.

b) Die Änderungssperre nach einer Außenprüfung ist in § 173 Abs. 2 AO geregelt. Daraus lässt sich ableiten, dass sie sowohl für Änderungen zuungunsten des Stpfl. nach § 173 Abs. 1 Nr. 1 AO wie auch für Fälle der Änderung zugunsten des Stpfl. nach § 173 Abs. 1 Nr. 2 AO gilt. Hätte sie nur eine spätere Änderung zu ungunsten des Stpfl. verhindern sollen, hätte der Gesetzgeber sie nicht in einem eigenen Absatz geregelt (BGH vom 29. 01. 1987 BStBl 1987, 410).

Neben systematischen sind auch inhaltliche Erwägungen anzustellen. So ist die Auslegung einer Norm nicht in einem bestimmten Sinne vorzunehmen, wenn dadurch eine andere klar formulierte Vorschrift zweck- und funktionslos würde (vgl. Bydlinski, [a. a. O.], 444).

MERKSATZ

Die logisch-systematische Auslegung stellt auf den systematischen Aufbau der auszulegenden Norm und auf den Zusammenhang ab, in dem sie im Gesetz steht.

5.1.3.4 Verfassungskonforme und EU-konforme Auslegung

AUSGEWÄHLTE LITERATURHINWEISE ***Birk,*** *Verfassungskonforme Auslegung im Steuerrecht, StuW 1990, 300* ▪ ***Birkenfeld,*** *Der Einfluss des Gemeinschaftsrechts auf die Rechtsverwirklichung im Steuerrecht,* StuW 1998, 55 ff. ▪ ***Saß,*** Zu den Auswirkungen des EU-Vertrags auf die bilateralen Doppelbesteuerungsabkommen, DB 1998, 1482

Sonderfälle der systematischen Auslegung sind die **verfassungskonforme und die EU-konforme Auslegung.**

Nicht alle Rechtsnormen stehen gleichberechtigt auf einer Stufe. Das **Normensystem** gliedert sich vielmehr in **höherrangige und untergeordnete Vorschriften.** Grundsätzlich gilt, dass Rechtsnormen untergeordneter Stufen möglichst so zu interpretieren sind, dass sie mit Normen höherer Stufen nicht in Widerspruch stehen. Ein Gesetz ist, wie das BVerfG betont hat, nicht verfassungswidrig, wenn eine Auslegung möglich ist, die im Einklang mit dem Grundgesetz steht, und wenn das Gesetz bei dieser Auslegung sinnvoll bleibt (BVerfG vom 07. 03. 1953 BVerfGE 2 , 266 [282]). Ist die **verfassungskonforme Auslegung** einer Gesetzesvorschrift **nicht möglich,** so ist die Vorschrift dagegen **verfassungswidrig. Verfassungsnormen haben gegenüber den einfachen Gesetzen einen höheren Rang.** Widersprüche zwischen ihnen und den einfachen Gesetzen dürfen nicht dazu führen, dass die Verfassungsvorschriften beeinträchtigt werden.

Eine verfassungskonforme Auslegung kann das zur Entscheidung eines Streitfalles zuständige Gericht selbst vornehmen. Über die Verfassungswidrigkeit von Gesetzen kann nach Art. 100 GG dagegen nur das BVerfG entscheiden. Hält ein Gericht ein seit Bestehen des Grundgesetzes ergangenes Gesetz für verfassungswidrig, so muss das Verfahren ausgesetzt und die Verfassungsmäßigkeit der Norm gemäß Art. 100 GG im Wege des **Normenkontrollverfahrens** durch das BVerfG geprüft werden (vgl. 5.3). Bei der verfassungskonformen Auslegung wird also eine Auslegung des Gesetzes gewählt, die mit der Verfassung im Einklang steht. Verfassungskonforme Auslegung ist nicht die Vernichtung, sondern die **Reparatur des missglückten Gesetzes** (Birk, [a. a. O.], 300). Wortbedeutung und Normzweck werden aus der höherrangigen Perspektive des übergeordneten Verfassungsrechts gesehen. Auch eine verfassungskonforme Auslegung findet jedoch dort eine Grenze, wo sie mit dem Gesetzeswortlaut und dem klar erkennbaren Willen des Gesetzgebers in Widerspruch kommt (BFH vom 15. 12. 1998 BStBl 1999, 130).

BEISPIEL

Nach § 6a EStG darf der Arbeitgeber unter dem im Gesetz genannten Voraussetzungen eine Pensionsrückstellung bilden. Der BFH lehnte es generell ab, die Vorgängervorschrift des heutigen § 6a EStG auch auf Pensionszusagen anzuwenden, die zwischen Ehegatten vereinbart wurden. Das BVerfG wies darauf hin, dass bei Ehegattenarbeitsverhältnissen Art. 6 Abs. 1 GG als »verfassungsrechtlicher Prüfungsmaßstab« zugrunde zu legen sei (BVerfG vom 22. 07. 1970 BVerfGE 29, 104 [112]). Die generelle Nichtanerkennung von Rückstellungen für Pensionszusagen an mitarbeitende Ehegatten würde gegen Art. 6 Abs. 1 GG verstoßen, § 6a EStG ist verfassungskonform so auszulegen, dass auch Pensionsrückstellungen zugunsten des mitarbeitenden Ehegatten steuerlich berücksichtigt werden, wenn die sonstigen Voraussetzungen vorliegen.

Insbesondere für das Umsatzsteuerrecht und das Handelsbilanzrecht hat die EU in den letzten Jahren Richtlinien erlassen, die in den einzelnen Staaten unmittelbar geltendes Recht sind und die der Vereinheitlichung des Rechtes im EU-Raum dienen. Aus dem in Art. 5 EGV verankerten Gebot, alle zur Erfüllung der gemeinschaftsrechtlichen Ziele geeigneten Maßnahmen zu treffen, folgt auch die Bindung der Richter, **das nationale Recht den EU-Richtlinien entsprechend auszulegen.** Die nationalen Normen auf den betreffenden Rechtsgebieten sind so anzuwenden, dass sie mit den EU-Richtlinien nicht in Widerspruch stehen. Zur Durchführung einer EU-Richtlinie erlassene Gesetze sind in Übereinstimmung mit den Anforderungen des Gemeinschaftsrechts auszulegen und anzuwenden wie der EuGH betont hat (EuGH vom 10. 04. 1984 EuGHE 1984 S. 1891 [1909 Rdn. 28], vgl. zum Thema Dänzer-Vanotti DB 1994 S. 1052 ff.).

MERKSATZ

Im Wege der verfassungskonformen Auslegung ist Normen ein Bedeutungsgehalt zu geben, bei dem sie im Einklang mit der Verfassung stehen. Das nationale Recht ist den EU-Richtlinien entsprechend auszulegen.

5.1.3.5 Teleologische Auslegung

Ausgelegt wird hier **nach Sinn und Zweck der Rechtsnorm. Gesetzeszweck** einer Steuernorm kann die **Steuererhebung (Fiskalzweck)** oder z. B. eine **soziale Regelung (Sozialzweck)** sein, daneben sind als Gesetzeszwecke insbesondere **Verfahrensvereinfachung, Wirtschaftslenkung (Lenkungszweck), Sozial- und Kulturpolitik** sowie **ökologische Beeinflussung** des Steuerbürgers denkbar. Die **Einnahmeerzielung kann** nach § 3 AO bloßer **Nebenzweck einer Steuer** sein.

Bei der Zweckbestimmung kommt es, anders als bei der historischen Auslegung, nicht darauf an, welchen Sinn und Zweck der historische Gesetzgeber der Vorschrift verleihen wollte, sondern auf den objektiven Sinn und Zweck, wie er sich aus der Sicht des Auslegungszeitpunktes darstellt. Der Sinn und Zweck, den der Gesetzgeber bei Schaffung der Norm mit ihr verbunden hat, kann von dem abweichen, was der Rechtsanwender heute als Gesetzeszweck empfindet. Schwacke sagt deshalb »Über die teleologische Auslegung wird der Gesetzeszweck also laufend dem Wandel der herrschenden rechtsethischen und sozialen Vorstellungen angepasst« (Schwacke, [a. a. O.], 63). Bei der teoleologischen Auslegung wird besonders deutlich, dass wir den Auslegungsvorgang nicht rein abstrakt, sondern nur im Zusammenhang mit dem Rechtsanwender verstehen können. Durch seine Auslegung verändert er den im Wortlaut immer gleichen Rechtsgehalt der Rechtsnorm. Ihr Rechtsgehalt ist also gar nicht, wie man meist meint, objektiv festliegend, sondern wandelt sich im Wege der Auslegung durch den subjektiven Einfluss des Rechtsanwenders. In sehr vielen Fällen wird bei der Auslegung das Schwergewicht auf Sinn und Zweck der Gesetzesregelung gelegt.

BEISPIELE

a) Nach § 10 d EStG können in einem bestimmten Veranlagungszeitraum entstandene Verluste auf den davor liegenden Veranlagungszeitraum zurückgetragen und, soweit das nicht möglich ist, auf zukünftige Jahre vorgetragen werden. Der Wortlaut der Vorschrift gibt keine ausdrückliche Auskunft darüber, ob dieses Recht auch der Erbe hat, wenn der Verlust beim Erblasser entstanden ist.

LÖSUNG Sinn und Zweck der Vorschrift ist es, den Steuerpflichtigen bei **seiner** Einkommensermittlung zu begünstigen. In der Person des Erben setzen sich die Einkunftsgrundlagen des Erblassers fort, so dass es dem Sinn der Vorschrift entspricht, auch dem Erben den Verlustrück- und -vortrag zu gewähren (BFH vom 29. 06. 1962 BStBl II 1962, 387, vgl. Tipke/Lang, [a. a. O.], Tz. 65 zu § 9, Schmidt/ Heinicke, [a. a. O.], Anm. 3 zu § 10 d EStG). Das gilt allerdings nur dann, wenn der Erbe durch die Verluste wirtschaftlich belastet ist (BFH vom 05. 05. 1999 BStBl II 1999, 653; BFH vom 16. 05. 2001 BStBl II 2002, 487).

b) Der Steuerpflichtige wohnte in B und besuchte die Fachhochschule in H als Finanzanwärter. In seiner Einkommensteuererklärung wurden bei ihm Aufwendungen für eine Familienheimfahrt monatlich als Werbungskosten berücksichtigt. Unter Aufgabe seiner bisherigen Rechtsprechung erkannte der BFH in einem anderen Fall anschließend Fahrkosten in einem weiteren Umfang als bisher als Werbungskosten an. Der Steuerpflichtige trug nun erstmals beim Finanzamt vor, dass er noch an weiteren Tagen von B nach H gefahren sei und beantragte den Steuerbescheid nach § 173 Abs. 1 Nr. 2 AO zu ändern.

LÖSUNG Die zusätzlichen Fahrten werden dem Finanzamt erst nachträglich i. S. d. § 173 Abs. 1 Nr. 2 AO bekannt. Hätte der Steuerpflichtige sie schon in seiner Steuererklärung geltend gemacht, wären sie jedoch der damaligen Rechtsprechung folgend nicht berücksichtigt worden. Nach Auffassung des BFH können diese Tatsachen jetzt auch nicht mehr zu einer Änderung des Bescheides nach § 173 AO führen, wenn man auf den Sinnzusammenhang der Vorschrift abstellt. Sinn der Vorschrift ist es nicht, dem Steuerpflichtigen das Risiko eines Rechtsbehelfsverfahrens dadurch abzunehmen, dass ihm gestattet wird, sich auf Tatsachen erst dann gegenüber dem Finanzamt zu berufen, wenn sie aufgrund einer Änderung der Rechtsprechung relevant erscheinen. Die Unkenntnis des Finanzamts über die Tatsachen muss vielmehr nach dem Sinn der Vorschrift für die ursprüngliche Veranlagung ursächlich gewesen sein (BFH GrS vom 23. 11. 1987 BStBl 1988, 180).

MERKSATZ

Die teleologische Auslegung stellt auf Sinn und Zweck der Norm ab.

5.1.3.6 Wirtschaftliche Betrachtungsweise

AUSGEWÄHLTER LITERATURHINWEIS *Beisse, Die wirtschaftliche Betrachtungsweise bei der Auslegung von Steuergesetzen, StuW 1981, 1ff.*

Die wirtschaftliche Betrachtungsweise wird **sowohl zur Beurteilung von Sachverhalten wie auch zur Interpretation von Rechtsnormen** herangezogen (vgl. Beisse, [a. a. O.], 1).

Die wirtschaftliche Betrachtungsweise war in § 4 RAO ausdrücklich als Auslegungsmethode vorgesehen, in die geltende AO ist keine entsprechende Regelung aufgenommen worden. Sie sollte jedoch dadurch nach dem Willen des Gesetzgebers als Auslegungsregel nicht entfallen. Die Gesetzesbegründung zur ab 1977 geltenden AO betont vielmehr, dass der vom Bundesverfassungsgericht herausgestellte Grundsatz gelte (BVerG vom 11. 07. 1961 BVerfGE 13, 318 [329], wonach die »so genannte wirtschaftliche Betrachtungsweise dort ihren Platz habe, wo ein Steuergesetz zwar bestimmte Sachverhalte nenne, dabei aber nicht deren spezielle rechtstechnische Einkleidung, sondern ihre rechtliche Wirkung meine« (vgl. BT Drucksache VII/4292, 15).

Der Ausfluss des Gedankens, auf wirtschaftliche Gesichtspunkte bei der Besteuerung abzustellen, findet sich heute z. B. in §§ 39 ff. AO. Auch im Übrigen wird die wirtschaftliche Betrachtung weiterhin angewendet. Sie ist als besondere Methode in allgemeinen juristischen Methodenlehren nicht zu finden, sondern ein besonderes Kind des Steuerrechts, wenn auch wirtschaftliche Überlegungen in anderen Rechtsbereichen ebenfalls eine Rolle spielen und hier im Rahmen der teleologischen Auslegung gewürdigt werden.

Das Steuerrecht knüpft grundsätzlich an die zivilrechtlichen Gestaltungen an. Aufgrund der im Zivilrecht weitgehend geltenden Vertrags- und Gestaltungsfreiheit haben die Steuerpflichtigen zwar die Möglichkeit, einen steuerlich günstigen Weg für abzuschließende Verträge zu wählen, steuerrechtlich soll es jedoch nicht auf die bloße formale Gestaltung ankommen, sondern auf den **wirtschaftlichen Sinn von Vorgängen und Vereinbarungen** unter den Steuerpflichtigen. Dementsprechend sind auch Rechtsnormen auf ihren wirtschaftlichen Sinngehalt zu untersuchen. Über die rechtliche Bedeutung der wirtschaftlichen Betrachtungsweise bestehen unterschiedliche Vorstellungen (vgl. dazu Tipke/Lang, [a. a. O.], Anm. 65 ff. zu § 5).

a) Teilweise wird die Ansicht vertreten, es handle sich um eine Unterart der teleologischen Auslegung (Tipke/Lang, [a. a. O.], Anm. 68 zu § 5). Insbesondere sei eine Abweichung vom zivilrechtlichen Inhalt eines Begriffs nur zulässig, wenn sie vom wirtschaftlichen Zweck der Norm her im Steuerrecht geboten sei.
b) Sehr viel weiter geht die Auffassung, die wirtschaftliche Betrachtungsweise sei ein allgemeines Korrektiv, um zivilrechtliche Begriffe den steuerrechtlichen Bedürfnissen anzupassen. Die Verwendung zivilrechtlicher Begriffe ist danach nur ein Notbehelf, um die für die Besteuerung relevanten wirtschaftlichen Vorgänge zu umschreiben. Demgemäß kommt es nicht in erster Linie auf die zivilrechtliche Bedeutung der Begriffe an, sondern auf den wirtschaftlichen Gehalt. Richtiger müsse es so in § 21 EStG z. B. statt »Vermietung« »entgeltliche Nutzungsüberlassung« heißen.
c) Im Gegensatz dazu steht die Lehre von der Einheit der Rechtsordnung und damit verknüpft dem Primat des Zivilrechts. Danach ist das Steuerrecht Folgerecht des Zivilrechts. Die Begriffe des Zivilrechts haben im Steuerrecht die gleiche Bedeutung. Damit verliert die wirtschaftliche Betrachtung weitgehend ihre Bedeutung.

Bei der Entscheidung, welcher Meinung zu folgen ist, sollten wir uns darauf zurückbesinnen, dass das **Steuerrecht** für die Besteuerung an wirtschaftliche Vorgänge und Zustände anknüpft, die **wirtschaftliche Leistungsfähigkeit erfassen** will. Andererseits sollte man nicht aus dem Auge verlieren, dass die Rechtsnormen das gedeihliche Miteinander der Bürger gewährleisten sollen. Unser heutiges System von Rechtsnormen ist ohnehin schon außerordentlich kompliziert und für den Laien kaum noch zu durchschauen. Geben wir dem gleichen Rechtsbegriff in unterschiedlichen Gesetzen auch noch verschiedene Inhalte, so verliert selbst der Jurist fast die Orientierung und der Nichjurist allemal. Grundsätzlich sollte daher zunächst einmal vom gleichen Bedeutungsinhalt für beide Rechtsbereiche ausgegangen werden.

Allerdings wird man darüber hinaus den Normzweck der Steuervorschrift nicht außer Betracht lassen können. Lässt sich dieser nur durch einen **vom Zivilrecht abweichenden Begriffsinhalt** sinnhaft füllen, so muss ein abgehen von der zivilrechtlichen Bedeutung statthaft sein. Das kann jedoch nur gelten, wenn der Zweck der steuerlichen Vorschrift ein Abweichen vom zivilrechtlichen Begriffsinhalt wirklich erfordert. Auch der Große Senat des BFH stellt in seiner Entscheidung zur Erbauseinandersetzung heraus, dass hierfür die zivilrechtlichen Begriffe maßgebend sein sollen. Dabei dürften die zivilrechtlich getrennten Vorgänge von Erbfall und Erbauseinandersetzung zwischen mehreren Miterben nicht mit Hilfe der wirtschaftlichen Betrachtungsweise steuerlich zu einer Einheit zusammengezogen werden (BFH GrS vom 05. 07. 1990 BStBl 1990, 837). Das BVerfG hat hierzu betont, dass das Steuerrecht – wie jedes andere Rechtsgebiet seine eigenen Tatbestände präge. Das gilt nach Auffassung des Gerichts auch dann, wenn das Steuergesetz Begriffe enthält, die einen anderem Rechtsgebiet entnommen sind. Es ist durch Auslegung zu ermitteln, ob das Steuerrecht insoweit die Wertungen des jeweiligen Rechtsgebiets übernehmen kann (BVerfG vom 27. 12. 1991 BStBl 1992, 212 ff.).

Bei Überarbeitung der Steuergesetze (de lege ferenda) wäre es hilfreich, wenn der Gesetzgeber im Steuerrecht mehr als bisher eine eigene Begriffswelt wählen würde, um deutlich zu machen, wann er zivilrechtliche Begriffe nicht verwenden will. Mit Begriffen wie Unternehmer, Wirtschaftsgut, Lieferung, sonstige Leistung ist das in einigen Bereichen bereits geschehen.

Ausdrücklich unterstrichen werden soll, dass die wirtschaftliche Betrachtungsweise kein Mittel ist, um ein im Gesetz nicht vorhandenes Tatbestandsmerkmal oder gar einen ganzen Besteuerungs- bzw. Ausnahmetatbestand zu schaffen. Die wirtschaftliche Betrachtungsweise kann keine »Abkehr von der Bindung des Rechtsanwenders an den Gesetzeswortlaut zugunsten einer unbeschränkten Verpflichtung auf die Teleologie« rechtfertigen (Crezelius, [a. a. O.], 1349). Der mögliche Wortsinn bleibt auch bei ihr, wie bei jeder Interpretation des Gesetzes, die Grenze zulässiger Auslegung, alles andere ginge darüber hinaus und würde in den Bereich der ergänzenden Rechtsschöpfung führen.

BEISPIELE

a) Ein betrieblich von A zur Vermietung genutzter Pkw wird einer Bank sicherungsübereignet, um ihn zu finanzieren.

LÖSUNG Rechtlicher Eigentümer ist nach §§ 925, 930 BGB die Bank geworden, gleichwohl bleibt A wirtschaftlicher Eigentümer, weil er durch Zahlung des zur Finanzierung aufgenommenen Darlehens die Bank jederzeit von jeglicher Nutzung auf Dauer ausschließen kann. Die Ertragskraft des Pkws ist ihm zuzurechnen, bei ihm ist er zu bilanzieren. Er trägt damit auch die AfA (vgl. § 39 AO).

b) Ein in nichtehelicher Lebensgemeinschaft zusammenwohnendes Paar beantragt die Zusammenveranlagung nach § 26 b EStG.

LÖSUNG Grundsätzlich ist zunächst davon auszugehen, dass § 26 EStG eine Ehe im zivilrechtlichen Sinne voraussetzt. Eine andere Interpretation ist auch aus wirtschaftlichen Gründen nicht geboten, denn die steuerliche Leistungsfähigkeit des zusammen wohnenden Paares ist gegenüber getrennt Wohnenden nicht herabgesetzt. Im Übrigen würde einer anderen Interpretation des Begriffs »Ehe« im Steuerrecht auch Art. 6 GG entgegenstehen, der die Ehe ausdrücklich unter den besonderen Schutz der Verfassung stellt.

c) A schließt im Jahre 01 einen Kaufvertrag über ein Grundstück mit Gebäude und erhält es sofort zur Nutzung übertragen. Nach Anzahlung eines bestimmten Betrages soll er das Eigentum erhalten. Da sich die Zahlung der Summe verzögert, wird die Eigentumsübertragung erst im Jahre 04 abgewickelt.

LÖSUNG A hat die Möglichkeit, den Veräußerer für die gesamte Nutzungsdauer von der Nutzung auszuschließen, denn durch Zahlung der Anzahlung konnte er jederzeit den Eigentumserwerb erreichen. A ist damit wirtschaftlicher Eigentümer und vom Übergang der Nutzungen an berechtigt, die AfA bzw. bei Eigennutzung gegebenenfalls die Vergünstigungen des EigZulG in Anspruch zu nehmen.

In bestimmten Fällen setzt sich der Steuergesetzgeber ausdrücklich über das Zivilrecht hinweg und stellt lediglich auf das wirtschaftliche Ergebnis ab.

BEISPIEL

Nach § 41 AO unterliegen auch unwirksame Rechtsgeschäfte der Besteuerung, wenn die Vertragspartner das Ergebnis bestehen lassen.

MERKSATZ

Die wirtschaftliche Betrachtungsweise sucht nach dem wirtschaftlichen Sinn und Zweck eines Sachverhaltes oder einer gesetzlichen Regelung und geht davon für die Besteuerung aus.

5.1.3.7 Verhältnis der Auslegungskriterien zueinander

Nach herrschender Meinung **lassen sich die Auslegungskriterien in keine feste Reihenfolge bringen.** Die einzelnen Auslegungsmethoden schließen sich nicht aus, sondern **ergänzen sich gegenseitig** (BVerfG vom 17.05.1960 BVerfGE 11, 126 [103]).

Häufig wird die Prüfung mit der grammatikalischen Auslegung begonnen. Teilweise wird jedoch auch die Ansicht vertreten, da jede Auslegung nur Mittel zur Feststellung des Gesetzeszwecks sei, sei die Orientierung am Gesetzeszweck vorrangig vor den anderen Auslegungsmethoden (Tipke/Lang, [a.a.O.], Anm. 52 zu § 5).

Ergibt sich bei Benutzung mehrerer Auslegungsmethoden das gleiche Ergebnis, so bestätigen sie sich und erhärten damit die Richtigkeit der gefundenen Normauslegung. Problematisch wird es dagegen, wenn unterschiedliche Auslegungsmethoden zu einer voneinander abweichenden Norminterpretation führen. Eine **mögliche Auslegung** wird dabei – wie bereits unter 5.1.3.1 dargestellt – immer ihre **Grenze** im Rahmen der nach der grammatikalischen Auslegung **möglichen Wortbedeutung** finden müssen. Begrenzt ist die Auslegung auch durch eine klar aus dem Gesetz zu entnehmende Ziel- und Zweckmäßigkeitsentscheidung. Eine dieser widersprechende Auslegung darf der Rechtsanwender der Norm nicht geben, er würde sonst die Entscheidung des Gesetzgebers durch seine eigene ersetzen.

Bei sich **widersprechenden Auslegungsergebnissen** aufgrund verschiedener Auslegungsmethoden wird man den Argumenten den Vorzug geben, die zu einem dem **Gerechtigkeitssinn entsprechenden Ergebnis** führen. Was gerecht ist, kann dabei nicht der emotionalen Wertung des Gesetzesanwenders überlassen bleiben. Die konsensfähigen Gerechtigkeitsvorstellungen der Gemeinschaft sind aus den Verfassungsnormen, aber auch aus dem übrigen Recht sowie aus den von der Rechtsprechung erarbeiteten Rechtsgrundsätzen und den anerkannten Rechtsprinzipien der Verwaltung abzuleiten. Auch die bisherige Rechtstradition, die Verkehrssitte, Handelsbräuche, die überkommene Sozialordnung können dafür maßgebende Gesichtspunkte liefern, weil in ihnen die Wertvorstellungen der Rechtsgemeinschaft zum Ausdruck kommen. Es bleiben jedoch die dargestellten Probleme, die durch das jeder Auslegung eigene subjektive Moment bedingt sind (vgl. 5.1.2).

Die Rechtsprechung hat in einer Reihe von Fällen zur Untermauerung ihrer Rechtsauffassung die ganze Palette der Auslegungsregeln mustergültig verwendet. Das folgende Beispiel macht dies deutlich:

BEISPIELE

a) Hat beim Stpfl eine Außenprüfung stattgefunden, so ist eine erneute Änderung des Steuerbescheides nach § 173 Abs. 1 AO aufgrund der Änderungssperre des § 173 Abs. 2 AO nur noch in sehr eingeschränkten Fällen möglich. Streitig war, ob die Änderungssperre auch bei einer späteren Änderung zugunsten des Steuerpflichtigen eingreift.

LÖSUNG Der BFH hat zur Entscheidung die verschiedenen Auslegungsmethoden herangezogen (BFH vom 29.01.1987 BStBl 1987, 410):
Nach dem Wortlaut der Vorschrift (grammatikalische Auslegung) ist kein Unterschied zwischen Änderungen zugunsten und zuungunsten gemacht, es heißt in § 173 Abs. 2 »abweichend von Abs. 1«, damit bezieht er sich auf den ganzen Abs. 1. Hätte die Änderungssperre nur für Änderungen zuungunsten des Steuerpflichtigen gelten sollen, wäre die Vorschrift systematisch anders aufgebaut worden. Die Änderungssperre wäre dann nahe liegenderweise in § 173 Abs. 1 Nr. 1 aufgenommen worden (systematische Auslegung).
Der Sinn des § 173 Abs. 2 liegt darin, dass Sachverhalte, die in der Außenprüfung mit besonderer Sorgfalt aufgeklärt worden sind, später in der Regel nicht wieder aufgegriffen werden sollen, sondern einer erhöhten Rechtsbeständigkeit unterliegen. Damit führt auch eine Auslegung nach Sinn und Zweck (teleologische Auslegung) zu keinem anderen Ergebnis.

MERKSATZ Die verschiedenen Auslegungsmethoden sind nebeneinander anwendbar.

5.1.4 Die Bedeutung der Rechtsprechung für die Auslegung

Ein **Gerichtsurteil wirkt immer nur für die Parteien des konkreten Rechtsstreits,** d. h. für den Steuerpflichtigen, der geklagt hat, und das betroffene Finanzamt. Es kann also über den vom Gericht entschiedenen Fall hinaus keine unmittelbare Bindungswirkung erzeugen. Das gilt für alle Gerichtsentscheidungen, also nicht nur für die Entscheidungen der Finanzgerichte, sondern auch für Urteile und Beschlüsse des Bundesfinanzhofs.

Eine **Ausnahme** finden wir nur für den Fall, dass das **Bundesverfassungsgericht eine Norm für verfassungswidrig erklärt.** Die betreffende **Norm ist dann nach § 95 Abs. 3 BVerfGG unwirksam,** so dass sie also auch auf alle anderen Betroffenen nicht angewendet werden kann. Das BVerfG hat dazu jedoch in den letzten Jahren andere Wege beschritten (siehe oben unter 5.1.3.4).

Insbesondere die Entscheidungen des BFH spielen dennoch über den jeweiligen konkreten Einzelfall hinaus eine entscheidende Rolle bei der Rechtsanwendung. Gemäß § 85 AO haben die Finanzbehörden die Steuern nach Maßgabe der Gesetze gleichmäßig festzusetzen und zu erheben. Die Vorschrift konkretisiert den **allgemeinen Gleichheitsgrundsatz** des Art. 3 GG für das Steuerrecht. Unter dem Gesichtspunkt der Gleichbehandlung wenden die Finanzämter Entscheidungen des BFH in der Regel **über den entschiedenen Einzelfall hinaus auf alle anderen vom Lebenssachverhalt her gleichliegenden Fälle an.** Das gilt nur dann **nicht, wenn** der Bundesminister der Finanzen durch einen sog. **»Nichtanwendungserlass«** die untergeordneten Behörden, d. h. insbesondere die Finanzämter, ausdrücklich anweist, ein bestimmtes Urteil des BFH über den vom Gericht entschiedenen Einzelfall hinaus nicht auf andere vergleichbare Fälle zu übertragen, weil dagegen z. B. grundsätzliche bedenken bestehen oder weil ein weiterer Musterprozess schwebt. Teilweise setzt sich die Verwaltung auch in anderer Form über die Rechtsprechung des BFH hinweg.

BEISPIELE

a) Nach § 46 Abs. 2 Nr. 8 EStG erfolgt in den betreffenden Fällen eine ESt-Veranlagung und damit eine ESt-Erstattung nur auf Antrag. Wird der Erstattungsanspruch gepfändet, so käme es dennoch nicht zu einer Auszahlung an den gepfändeten Gläubiger, wenn der Stpfl. keine Steuererklärung abgibt.

LÖSUNG Der BFH hat deshalb für den Fall eines – seit 1992 abgeschafften – LSt-Jahresausgleichs dem Gläubiger das Recht zugebilligt, den Antrag auf LSt-Jahresausgleich zu stellen (BFH vom 15.06.1973 BStBl 1973, 784). Der Anwendungserlass zur AO lässt dagegen für die Fälle § 46 Abs. 2 Nr. 8 AO, in denen die Fälle des LSt-Jahresausgleichs mit aufgegangen sind, einen Antrag des Gläubigers auf ESt-Veranlagung nicht zu (Rz. 4 zu § 46 AE AO, vgl. dazu auch Tipke/Kruse Anm. 5.5ff. zu § 46 AO).

b) Ist der Verkauf von Schinken und Wurstwaren land- und forstwirtschaftlicher Nebenbetrieb oder Gewerbebetrieb?

LÖSUNG Mit dieser Frage befasste sich der BFH (Entscheidung vom 12. 12. 1996 BStBl 1997, 427) und brachte unmissverständlich zum Ausdruck, dass er sich der Auffassung der Verwaltung nicht anschließe, die zwischen Be- und Verarbeitung der ersten und zweiten Stufe unterscheidet. Der BFH stellt vielmehr darauf ab, ob die Verarbeitung nur geringfügig ist und verneint dies bei der Herstellung von Wurstwaren. Eine Ausnahme will er nur zulassen, wenn die gewerbliche Tätigkeit selbst geringfügig (nicht mehr als 10% des Umsatzes des land- und forstwirtschaftlichen Betriebes) bleibt. Das BMF hat hierzu einen Nichtanwendungserlass erteilt (BMF vom 03. 07. 1997 BStBl I 1997, 629). Die fragliche Regelung ist auch heute noch in R 135 Abs. 3 EStR enthalten, d.h. die Rechtsprechung wird ganz einfach ignoriert.

Bei seiner Rechtsfindung bedient sich der BFH der dargestellten Auslegungsmethoden. Die Auslegung der Steuergesetze durch die Rechtsprechung enthält auch ein **Element der Rechtsschöpfung.** Der BFH ist durch § 11 Abs. 4 FGO ausdrücklich zur Rechtsfortbildung legitimiert. Der Richter darf dabei Tatbestände konkretisieren, jedoch keine neuen Schaffen (vgl. auch Huber in: Festschrift für Offerhaus, 241 [244]). Es soll jedoch nicht verschwiegen werden, dass die Entscheidungsbegründung nicht in jedem Urteil des BFH ohne weiteres nachvollziehbar ist. In der Praxis wird davon ausgegangen, dass der BFH in seinen Urteilen im Wege der Auslegung den »richtigen« Sinngehalt der Norm offengelegt hat, den diese Norm schon immer hatte. Daraus folgt, dass ein BFH-Urteil **auch auf Jahre angewendet werden kann, die zeitlich vor dem im Rechtsstreit beim BFH anhängigen Zeitraum liegen.** Durch diese Rückwirkung werden jedoch auf dem Rechtsstaatsprinzip beruhende Grundsätze der Rechtssicherheit und des Vertrauensschutzes beeinträchtigt.

Das gilt vor allem, wenn sich die Rechtsprechung des BFH zur Auslegung einer Norm zuungunsten des Steuerpflichtigen ändert. Er durfte auf die bisherige Rechtsprechung vertrauen. Dem trägt der **Vertrauensschutz** des § 176 Abs. 1 Nr. 3 AO Rechnung, der in derartigen Fällen eine Änderung des Steuerbescheides zuungunsten des Steuerpflichtigen verbietet. Die Vorschrift gilt jedoch nur für die Erteilung eines Änderungsbescheides und nicht, wenn der Steuerpflichtige noch gar keinen Steuerbescheid erhalten hat. Soweit es durch die rückwirkende Anwendung einer für den Steuerpflichtigen ungünstigen Rechtsprechung zu Härten kommt, versucht die Verwaltung häufig, diese im Billigkeitswege durch Übergangsregelungen abzumildern. Missbilligt der Gesetzgeber die von den Gerichten gefundene Lösung, reagiert er in den letzten Jahren häufiger mit einem Nichtanwendungsgesetz (vgl. dazu 2.8 und Huber in: Festschrift für Offerhaus, 241 [245]).

Bei der Anwendung von BFH-Urteilen auf vergleichbare andere Lebenssachverhalte muss der Rechtsanwender **genau darauf achten, ob die Fälle wirklich vergleichbar** sind oder ob unter Umständen der Entscheidung ein in einem entscheidungserheblichen Punkt ganz anderer Sachverhalt zugrunde lag. Es ist ein häufiger Fehler in Ausbildung und Praxis, dass Urteile nur aufgrund des scheinbar für den zu entscheidenden Fall passenden Leitsatzes ungeprüft angewendet werden, obwohl sie sich mit einer ganz anderen Konstellation im Lebenssachverhalt beschäftigt haben.

MERKSATZ

Urteile gelten zwar unmittelbar nur für den entschiedenen Fall, Entscheidungen des Bundesfinanzhofes werden jedoch wegen des Grundsatzes der Gleichmäßigkeit der Besteuerung in der Regel auch auf alle anderen noch offenen gleichliegenden Fälle angewendet.

5.2 Ergänzende Rechtsfortbildung (Praeter Legem)

5.2.1 Grundlagen

5.2.1.1 Zulässigkeit der ergänzenden Rechtsfortbildung

Während sich die Auslegung im Rahmen des möglichen Wortsinnes des Gesetzes bewegt, setzt die ergänzende Rechtsfortbildung eine Unvollständigkeit des Gesetzes voraus. Die Vorstellung, die Gesetze seien eine geschlossene und abschließende Entscheidungsanweisung, die von den Rechtsanwendern lediglich auf die zu lösenden Fälle übertragen zu werden brauchen, entspricht nicht den tatsächlichen Gegebenheiten. Der Rechtsanwender wird immer wieder auf Lebenssachverhalte stoßen, deren rechtliche Lösung im Gesetz nicht vorgezeichnet ist, die unter keinen Gesetzestatbestand subsumiert werden können, aber gleichwohl einer Lösung bedürfen. Systematisch zusammengefasst findet der Rechtsanwender im Gesetz in den folgenden Fallgruppen keine unmittelbar anwendbare Regelung, so dass die Möglichkeit einer Rechtsfortbildung außerhalb des Gesetzes (praeter legem) geprüft werden muss (vgl. dazu Hartmann/Walter, [a. a. O.], 217):

- der Gesetzgeber hat Tatbestände nicht regeln wollen, um einer Entwicklung nicht vorzugreifen
- der Gesetzgeber hat (latent vorhandene) Tatbestände übersehen
- der Gesetzgeber hat gewisse potentielle Tatbestände bei Erlass des Gesetzes nicht sehen können (sie sind z. B. erst durch den technischen Fortschritt möglich geworden)
- eine Rechtsfolge ergibt sich gar nicht oder nicht zweifelsfrei aus dem Gesetz.

Findet sich **im Gesetz für den zu entscheidenden Sachverhalt keine Regelung, so ist zu prüfen, ob im Wege einer Rechtsfortbildung außerhalb des Gesetzes eine Lösung gefunden werden kann.** Die herrschende Meinung hält eine Rechtsfortbildung außerhalb des Gesetzgebungsverfahrens für statthaft.

Auch das Bundesverfassungsgericht hat die Rechtsfortbildung für zulässig erklärt, wenn »das geschriebene Gesetz seine Funktion, ein Rechtsproblem gerecht zu lösen, nicht erfüllt« (BVerfG vom 14. 02. 1973 BVerfGE 34, 269 [287]). Das Gericht betont, dass der Richter nicht darauf verwiesen sei, gesetzgeberische Weisungen in den Grenzen des möglichen Wortsinns anzuwenden, denn dies würde eine Lückenlosigkeit des normierten Rechts voraussetzen, die praktisch nicht erreichbar ist. Die Aufgabe der Rechtsprechung sei es deshalb auch, Wertvorstellungen, die der verfassungsmäßigen Rechtsordnung immanent, aber in den geschriebenen Gesetzen nicht oder nur unvollkommen zum Ausdruck gekommen seien, ans Licht zu bringen und in Entscheidungen zu realisieren.

Die Zulässigkeit einer Rechtsfortbildung in dem dargestellten Sinne lässt sich aus dem Grundgesetz selbst ableiten. Nach Nr. 20 Abs. 3 GG sind Exekutive und Rechtsprechung an »Gesetz und Recht« gebunden. Hier findet die Ausfüllung von Gesetzeslücken ihre verfassungsmäßige Grundlage und zugleich ihre Grenze. Damit wird deutlich, dass nicht nur der Wortlaut der geschriebenen Gesetze maßgebend ist. Rechtsfortbildung kommt nur in Betracht, wenn das Gesetz keine Regelung getroffen hat, denn eine Fortbildung des Rechts gegen den willen des Gesetzes würde gegen Art. 20 Abs. 3 GG verstoßen, der ja die Bindung an das Gesetz festlegt (Hartmann/Walter, [a. a. O.], 222, vgl. dazu 5.2.1.2 und 5.3).

Zwischen Auslegung und ergänzender Rechtsfortbildung besteht ein prinzipieller Unterschied. **Durch die Auslegung soll der Sinn einer bestehenden Rechtsnorm verdeutlicht werden. Ergänzende Rechtsfortbildung** setzt dort ein, wo sich keine anwendbare Norm mehr findet, sie dient also dazu, **Unvollständigkeiten im Gesetz (Lücken) zu füllen.** Die ergänzende Rechtsfortbildung greift gerade erst dort ein, wo die Auslegung versagt, weil es entweder gar keine auszulegende Norm gibt oder weil die Grenzen der Auslegung überschritten werden.

Jegliche Auslegung muss ihre Grenze am möglichen Wortsinn finden (Larenz, [a. a. O.], 324, Canaris, [a. a. O.], 23), was darüber hinausgeht, gehört in das Feld der Rechtsfortbildung praeter legem und unterliegt damit den dort geltenden strengen Regeln. Diese Grenzziehung ist durch den Grundsatz der Tatbestandsmäßigkeit der Besteuerung geboten, der letztlich auf dem Prinzip der Rechtssicherheit beruht. Der Steuerpflichtige soll aufgrund der geschriebenen Gesetze wissen, wann und in welchem Umfang er der Besteuerung unterworfen ist. Wo es aufgrund unvollständiger geschriebener Rechtsnormen allerdings keine Regelung gibt, ist die Rechtslage ungewiss, es besteht gerade keine Rechtssicherheit, das Gesetz bedarf der Ergänzung.

Auch der BFH sieht bei einem mehr- oder vieldeutigen Ausdruck im äußersten Wortsinn die Grenze der Auslegung (BFH vom 14. 05. 1974 BStBl 1974, 574 [578] und vom 30. 01. 1968 BFHE 91, 511, weitere Nachweise bei Tipke/Lang, [a. a. O.], Anm. 53 zu § 5). Teilweise wird bestritten, dass eine derartige Grenzziehung überhaupt möglich bzw. sinnvoll ist (vgl. dazu im Einzelnen bei Hartmann/Walter, [a. a. O.], 225). Crezelius (verkappte Analogie, 117) weist darauf hin, dass die Abgrenzung zwischen Auslegung und Rechtsfortbildung insbesondere im Wege der Analogie zwar theoretisch eindeutig durchführbar sei, sich gleichwohl in der Praxis der Rechtsanwendung zwischen beiden Bereichen eine Grauzone verdeckter Analogie finde.

MERKSATZ

Während die Auslegung den Sinn einer bestehenden Rechtsnorm verdeutlicht, muss bei Unvollständigkeit des Gesetzes im Wege der ergänzenden Rechtsfortbildung versucht werden, eine Lösung zu finden.

5.2.1.2 »Auslegung« gegen den Wortlaut

AUSGEWÄHLTER LITERATURHINWEIS *Neuner, Die Rechtsfindung contra legem, München 1992*

Im Rahmen der Abgrenzung zwischen Auslegung und abändernder Rechtsfortbildung ist auch die Frage zu betrachten, ob eine Auslegung gegen den Wortlaut unter bestimmten Voraussetzungen zulässig ist. Soweit die Gesetzesinterpretation im Rahmen des möglichen Wortsinns bleibt und sein Inhalt mit Hilfe der Auslegungsmethoden präzisiert wird, bewegt sich der Rechtsanwender noch auf dem Boden der Auslegung. Festzuhalten ist aber: **Rechtssystematisch handelt es sich bei einer Auslegung gegen den Wortlaut,** die den möglichen Wortsinn überschreitet, **nicht mehr um Auslegung,** denn aus dem Wortlaut des Gesetzes lässt sich das Ergebnis gerade nicht herleiten. Es liegt deshalb eine **gesetzesabändernde Rechtsfortbildung** vor (Tipke/Kruse, [a. a. O.], Anm. 266 zu § 4 AO, Hartmann/Walter, [a. a. O.], 253 mit weiteren Nachweisen). Der BFH hat eine »Auslegung« gegen den Wortlaut nur für möglich gehalten, wenn sich zuverlässige Anhaltspunkte dafür ergeben, dass der Gesetzeswortlaut den Willen des Gesetzgebers nicht zum Ausdruck bringt (vgl. BFH vom 06. 12. 1961 BStBl I 1962, 126 und vom 01. 02. 1973 BStBl 1973, 410). Hinzu kommen muss nach der Rechtsprechung des Gerichts, dass der Gesetzeswortlaut

- zu einem sinnwidrigen Ergebnis (BFH vom 08. 08. 1958, BStBl 1958, 437; BFH vom 06. 12. 1961 BStBl I 1962, 126; BFH vom 21. 12. 1982 BStBl 1984, 4),

- zu einem wirtschaftlich nicht vertretbaren unsinnigen Ergebnis (BFH vom 13.05.1959 BStBl I 1959, 283; BFH vom 12.06.1959 BStBl I 1959, 338; BFH vom 30.11.1960 BStBl I 1961, 151),
- zu einem der wirtschaftlichen Vernunft widersprechenden Ergebnis (BFH vom 12.12.1957 BStBl I 1958, 154; BFH vom 25.05.1962 BStBl I 1962, 351; BFH vom 28.10.1983 BStBl 1984, 91) oder
- zu einem so unsinnigen Ergebnis führen würde, dass es vom Gesetzgeber nicht gewollt sein kann (BFH vom 21.02.1964 BStBl I 1964, 188; BFH vom 11.12.1964 BStBl 1965, 82; BFH vom 01.08.1975 BStBl 1975, 12 mit Rechtsprechungsüberblick).

In nahezu allen konkret zu entscheidenden Fällen hat der BFH eine Auslegung gegen den Wortlaut jedoch letztlich abgelehnt. Bei dieser wird der Wortlaut nicht ausgelegt, sondern bewusst beiseite geschoben (Tipke/Kruse, [a.a.O.], Anm. 266 zu § 4 AO). Eine »Auslegung« gegen den Wortlaut, die sich auf den wirtschaftlichen Sinn des Gesetzes stützt, kann mithin nur in besonderen Extremfällen in Betracht kommen. Noch weiter geht die Rechtsfortbildung gegen das Gesetz (contra legem), die ihre Rechtfertigung nicht mehr aus Sinn und Zweck des Gesetzes ableitet, sondern aus höherrangigen Wertungen eine Fall-Lösung gegen den Wortlaut des Gesetzes sucht (vgl. dazu näher unter 5.3).

MERKSATZ

Eine »Auslegung« gegen den Wortlaut überschreitet die Grenze des äußersten möglichen Wortsinnes und ist deshalb keine Auslegung mehr, sie kann nur in besonderen Einzelfällen in Betracht kommen, in denen der Wortlaut zu einem völlig widersinnigen Ergebnis führt.

5.2.1.3 Lücken im Gesetz

AUSGEWÄHLTE LITERATURHINWEISE ***Canaris,*** *Die Feststellung von Lücken im Gesetz, Berlin 1983* ▪ ***Fischer,*** *Überlegungen zur Lückenhaftigkeit der Steuergesetze, StuW 1995, 303*

In Betracht kommt eine ergänzende Rechtsfortbildung in der Regel nur, wenn das Gesetz eine Lücke enthält. Nicht jedes Schweigen des Gesetzes stellt eine Lücke dar. Der Rechtsanwender muss vielmehr dieses Schweigen deuten. Bei der Entscheidung ob tatsächlich eine Lücke gegeben ist, handelt es sich um eine Wertungsfrage (Hartmann/Walter, [a.a.O.], 240). Zu unterscheiden ist bei nicht vom Gesetz erfassten Lebenssachverhalten grundsätzlich,

a) ob der Sachverhalt im sog. **rechtsfreien Raum** liegt, d.h. in einem Lebensbereich, in dem der Gesetzgeber bewusst keine Regelung getroffen hat, weil dieser **Bereich einer gesetzlichen Regelung gar nicht zugänglich** ist (wie z.B. weite Teile des Privatlebens und des gesellschaftlichen Lebens) bzw. ungeregelt bleiben sollte, weil die damit zusammenhängenden Verhaltensweisen rechtlich irrelevant sind. In rechtsfreien Räumen ist eine Gesetzesanwendung ausgeschlossen, sie wäre unzulässige Rechtsschöpfung.

BEISPIELE

- Bekleidung des Steuerpflichtigen in der Freizeit,
- Zusammensetzung des Freundeskreises,
- Freizeitbeschäftigungen,
- Urlaubsziele.

b) ob der Gesetzgeber für einen bestimmten Lebensbereich zwar gesetzliche Regelungen geschaffen, einen bestimmten Sachverhalt aber bewusst ausgenommen hat, ohne dies ausdrücklich zu sagen **(so genanntes beredtes Schweigen).** Das Gesetz enthält in diesem Falle eine abschließende Regelung, die keiner Erweiterung zugänglich ist.

BEISPIELE

a) Für die Korrektur von Verwaltungsakten und insbesondere Steuerbescheiden hat der Gesetzgeber in der AO ein ausgefeiltes System entwickelt. Ist danach für einen bestimmten Fall eine Änderung nicht möglich, so liegt keine planwidrige Unvollständigkeit vor (BFH vom 20. 09. 1995 BFH NV 1996, 288).

b) Nach § 78 FGO können die Beteiligten die Gerichtsakten und die dem Gericht vorgelegten Akten einsehen. In die AO ist bewusst keine Regelung über ein Recht auf Akteneinsicht des Steuerpflichtigen aufgenommen worden, der Gesetzgeber wollte dem Steuerpflichtigen dieses Recht nicht zubilligen. Die AO enthält insoweit keine Lücke.

c) Ein Arbeitnehmer charterte für eine Dienstreise ein Privatflugzeug und machte die Kosten als Werbungskosten geltend. Das Finanzamt war der Auffassung, die Höhe der Kosten sei in entsprechender Anwendung des § 4 Abs. 5 Nr. 7 EStG als unangemessen zu werten.
LÖSUNG Der Abzug von Werbungskosten ist in § 9 EStG in mehrfacher Weise eingeschränkt, jedoch keine Bestimmung in dem hier fraglichen Punkt enthielt. Aus den Materialien zu § 4 Abs. 5 Nr. 7 EStG ergab sich, dass der Gesetzgeber diese Regelung ganz bewusst auf den Bereich der Betriebsausgaben beschränkt hatte, um dadurch das Spesenunwesen zu bekämpfen. Da der Gesetzgeber eine vergleichbare Norm für die Werbungskosten bewusst nicht geschaffen hatte, lag keine Lücke vor, eine entsprechende Anwendung des § 4 Abs. 5 Nr. 7 EStG auf Werbungskosten kam nicht in Betracht (BFH vom 12. 01. 1990 BStBl 1990, 423). Inzwischen hat der Gesetzgeber in § 9 Abs. 5 EStG bestimmt, dass § 4 Abs. 5 Nr. 7 EStG für Werbungskosten entsprechend gilt.

c) ob eine Lücke besteht. **Eine Lücke ist eine planwidrige Unvollständigkeit im Gesetz.** In gewissen Fällen hat der Gesetzgeber allerdings eine Regelung ausdrücklich mit der Absicht unterlassen, die Rechtsentwicklung insoweit Rechtsprechung und Wissenschaft zu überlassen. In der Regel bestehen jedoch Lücken nicht mit Wollen des Gesetzgebers. Eine Norm fehlt, die unter Berücksichtigung der Regelungsabsicht des Gesetzgebers im Gesetz hätte enthalten sein müssen.

Es mangelt also an einer nach dem Regelungsplan und Gesetzeszusammenhang eigentlich zu erwartenden Regelung (Larenz, [a. a. O.], 375). Das Gesetz für einen bestimmten Sachbereich enthält für eine Frage keine Bestimmung, die »nach dem gesetzlichen Grundgedanken und der dem Gesetz immanenten Teleologie (seinem inneren System) hätte mitgeregelt werden müssen« (Tipke/Kruse, [a. a. O.], Anm. 345 zu § 4 AO). Das Gesetz enthält für den zu lösenden Fall keine unmittelbar anwendbare Norm. Der vom Gesetz verfolgte Zweck ist durch den Gesetzeswortlaut nicht voll abgedeckt, es ist lückenhaft geblieben. Tipke/Lang sprechen davon, dass das Gesetz, gemessen am zugrundeliegenden Plan und Zweck, lückenhaft geblieben, der **verfolgte Zweck tatbestandsmäßig nicht oder nicht voll abgedeckt**« ist (Tipke/Lang, [a. a. O.], Anm. 72 zu § 5).

Ob eine Lücke vorliegt, ist vom Standpunkt des Gesetzes selbst, der ihm zugrundeliegenden Regelungsabsicht, der mit ihm verfolgten Zwecke und des gesetzgeberischen »Plans« zu entscheiden (Larenz, [a. a. O.], 377). Häufig wird für die Lückenfeststellung auch der Gleichheitssatz mit heranzuziehen sein (Canaris, [a. a. O.], 71). Die Ermittlung von Zweck und Plan des Gesetzes muss wiederum im Wege der Auslegung geschehen.

Solange es um die Klarstellung der Bedeutung einer Norm geht, bewegen wir uns noch auf dem Gebiet der Auslegung. Mit der Überschreitung des Wortlautes beginnt die Prüfung, ob eine Lücke zu bejahen ist oder nicht. In Grenzfällen mag es allerdings zweifelhaft sein, ob ein bestimmter Lebenssachverhalt noch durch eine weite Auslegung des Gesetzes erfasst werden kann oder ob eine Lücke gegeben ist, die nur in anderer Weise zu schließen ist.

Teilweise wird die Ansicht vertreten, es gäbe auch Lücken intra legem, wenn das Gesetz nur eine sehr allgemeine, mehr oder weniger unvollkommene Anweisung zur Entscheidung enthalte (Tipke/Kruse, [a. a. O.], Anm. 348 zu § 4 AO). Nach Auffassung von Tipke/Kruse enthalten nicht nur unbestimmte Rechtsbegriffe, sondern alle Gesetzesbegriffe außer Zahlen solche Lücken (Tipke/Kruse, ebenda). Richtig ist, dass auch hinsichtlich der bestehenden gesetzlichen Normierungen auf dem Wege der Auslegung beständig eine Rechtsfortbildung stattfindet (vgl. dazu 5.1), diese erfolgt jedoch nicht, weil das Gesetz insoweit eine Lücke enthielte, sondern zur Ausdeutung des nicht eindeutigen Gesetzeswortlautes. Von einer Lücke kann nur gesprochen werden, wo eine Fallgestaltung vom Wortlaut keines Gesetzes mehr abgedeckt ist, wie auch immer man ihn auslegen würde.

Die gesetzliche Regelung kann nicht nur zu eng gefasst sein und damit den fraglichen Lebenssachverhalt entgegen dem Gesetzeszweck nicht mitumfassen, sie kann auch zu weit sein. Die Lücke besteht in diesem Fall im Fehlen einer die weite Gesetzesfassung einschränkenden Norm. Geprüft werden muss, ob im Wege der Rechtsfortbildung durch teleologische Reduktion geholfen werden kann.

Rechtsfortbildung ist grundsätzlich nur zur Ergänzung einer vom Gesetzeszweck her gesehen unvollständigen Gesetzesregelung zulässig. Ergänzt werden kann damit nur, soweit der Gesetzeszweck im Gesetzeswortlaut nicht vollständig zum Ausdruck kommt. Eine Gesetzes«übersteigende« Rechtsfortbildung (Larenz, [a. a. O.], 370), die über den Gesetzeszweck hinausgeht, ist nur unter ganz besonderen engen Voraussetzungen erlaubt, und zwar insbesondere dann, wenn ein übergeordneter Verfassungsgrundsatz es geboten erscheinen lässt. Die **Gesetzeslücke** ist **vom rechtspolitischen Fehler** eines Gesetzes zu **unterscheiden.** Kriterium dafür ist, ob das Gesetz unter Berücksichtigung seiner eigenen Regelungsabsicht unvollständig, also lückenhaft, geblieben ist oder ob die getroffene Entscheidung als rechtspolitisch verfehlt betrachtet werden muss, weil z. B. vom Gesetz eine bestimmte Steuervergünstigung auch Personen gewährt wird, die sie gerechterweise nicht erhalten sollten. Der Rechtsanwender darf sich bei der Prüfung, ob überhaupt eine Lücke vorhanden ist, die es zu füllen gilt, **nicht von rechtspolitischen Gesichtspunkten leiten lassen,** sonst würde er die Bewertungen, die er aus dem Gesetz für einen bestimmten Fall entnehmen kann, aber nicht billigt, kurzerhand beiseite schieben und an deren Stelle seine eigene Entscheidung setzen. Das aber wäre ein Einbruch in die aufgrund des Prinzips der Gewaltenteilung dem Gesetzgeber vorbehaltene Sphäre (Germann, [a. a. O.], 117). Das Recht darf also nicht allein aus gesellschaftspolitischen oder wirtschaftspolitischen Gründen ergänzt oder verändert werden. **Es ist Sache des Gesetzgebers selbst, reformbedürftige Gesetze zu revidieren** und erforderlichenfalls zu ergänzen oder abzuändern.

MERKSATZ

Durch eine wertende Entscheidung muss geklärt werden, ob ein Sachverhalt sich im rechtsfreien Raum abspielt, der Gesetzgeber durch beredtes Schweigen deutlich macht, dass er diesen Fall nicht mit erfassen wollte oder ob eine Lücke vorliegt, die unter Umständen durch das Instrumentarium der ergänzenden Rechtsfortbildung geschlossen werden kann. Maßstab dafür muss der im Gesetz bzw., soweit es den rechtsfreien Raum betrifft, der in der Gesamtrechtsordnung zum Ausdruck gekommene Wille sein. Eine Lücke ist eine planwidrige Unvollständigkeit des Gesetzes.

5.2.1.4 Arten der Lücken

Zur Unterteilung der Lücken sind in der Literatur eine Reihe verschiedener Systeme entwickelt worden. Vieles ist insoweit streitig (vgl. Canaris, [a.a.O.], 129ff.). Die folgende Darstellung gibt einen Überblick über die gebräuchlichsten Unterscheidungen. Die einzelnen Unterteilungen überschneiden sich teilweise hinsichtlich der von ihnen erfassten Fallgruppen.

a) Bewusste und unbewusste Lücken

In einzelnen Fällen kommt es vor, dass der Gesetzgeber bewusst eine Lücke lässt, d.h. die Regelungsbedürftigkeit zwar erkannt, die Frage aber absichtlich nicht abschließend geregelt hat. Die Regelung wird der weiteren Entwicklung von Wissenschaft und Rechtsprechung überlassen.

BEISPIEL

In §§ 204ff. AO ist bewusst keine abschließende Regelung der verbindlichen Zusage in das Gesetz aufgenommen worden (vgl. zu den Voraussetzungen einer verbindlichen Auskunft außerhalb der §§ 204ff. AO BFH vom 13.12.1989 BStBl 1990, 274). Um den Bedürfnissen der Praxis nach Klärung der rechtlichen Behandlung geplanter Sachverhalte Rechnung zu tragen, hat der BMF 1987 die Voraussetzungen für die Einführung einer verbindlichen Auskunft durch Erlass geregelt (BMF BStBl 1987, 474).

b) Echte und unechte Lücken

Bei echten Lücken bleibt das Gesetz eine Antwort überhaupt schuldig, z.B. wenn in einem Gesetz ein Zinsanspruch vorgesehen wird, ohne dass seine Höhe bestimmt wird. Eine unechte Lücke ist dagegen gegeben, wenn das Gesetz sehr wohl eine Regelung getroffen hat, die jedoch den in Frage stehenden Fall nicht mit erfasst. Für ihn sieht es keine Regelung vor.

c) Normlücken und Regelungslücken

Bei einer Normlücke ist ein einzelner vorhandener Rechtssatz in sich unvollständig. Bei der Regelungslücke ist die Rechtsnorm vollständig, die Regelung im Ganzen erfasst aber nicht alle nach der zugrundeliegenden Absicht des Gesetzes zu regelnden Lebenssachverhalte und ist deshalb ergänzungsbedürftig (Larenz, [a.a.O.], 372). Für bestimmte Fälle fehlt eine Regelung, obwohl sie nach dem Zweck der Norm mitgeregelt sein müssten. Zwischen den Begriffen der echten und unechten sowie der Norm- und Regelungslücke besteht damit weitgehende Deckung.

d) Offene und verdeckte Lücken

Von »offenen« Lücken spricht man, wenn das Gesetz für bestimmte Fälle keine Regelung enthält, obwohl es nach seinem Sinn und Zweck diese Fälle mit regeln sollte. »Verdeckte« Lücken liegen dagegen vor, wenn das Gesetz nach seinem Regelungsinhalt auch auf eine Fallgruppe passt, für die es nach Sinn und Zweck des Gesetzes gar nicht anwendbar sein sollte. Die Lücke besteht im Fehlen einer Einschränkung. Eine »verdeckte« Lücke kann nur im Wege der teleologischen Reduktion (vgl. 5.2.2.5) geschlossen werden. Um eine »offene« Lücke auszuräumen, kommt insbesondere die Analogie in Frage.

e) Anfängliche und nachträgliche Lücke

Eine anfängliche Lücke kann sich dadurch ergeben, dass der Gesetzgeber nicht alle in Betracht kommenden Fälle bedacht, eine erforderliche Regelung übersehen hat. Eine Lücke kann aber auch dadurch entstehen, dass der Gesetzgeber bestimmte Fälle nicht berücksichtigen konnte, weil sie im Zeitpunkt der Gesetzgebung noch gar nicht vorkamen, z.B. erst aufgrund des wirtschaftlichen oder technischen Fortschrittes möglich geworden sind. Es liegt dann eine nachträgliche Lücke vor.

f) Einteilung nach dem Maßstab der Lückenfeststellung
(Unterteilung nach Canaris, [a. a. O.], 139 ff.)

- **Anordnungs- oder Rechtsverweigerungslücken**
  Hier ergibt sich bereits aus den Anordnungen des Gesetzes in Verbindung mit dem Rechtsverweigerungsverbot ein Gebot der Lückenschließung.
- **Teleologische Lücken**
  Der Sinn und Zweck des Gesetzes fordert unmittelbar oder in Verbindung mit dem Gleichheitssatz eine Ausdehnung oder Einschränkung der Normanwendung gegenüber der durch den Wortlaut gegebenen Grenze.
- **Prinzip- oder Wertungslücken**
  Bei ihnen beruht der Mangel der gesetzlichen Regelung auf einem Widerspruch zu übergeordneten Rechtsprinzipien (Hartmann/Walter, [a. a. O.], 237). Eine Lückenschließung durch ergänzende Rechtsfortbildung wird hier nicht in Betracht kommen. Da übergeordnete Rechtsprinzipien, wie der verfassungsrechtlich verankerte Gleichheitssatz, Vorrang gegenüber den Gesetzen haben, kann in derartigen Fällen ganz ausnahmsweise eine Rechtsfortbildung gegen das Gesetz (contra legem) vorgenommen werden (siehe dazu 5.3).

5.2.2 Wege des Umgangs mit Lücken

Nicht jede im Gesetz festgestellte Lücke kann auch geschlossen werden. Zur Lückenfüllung hat die Rechtslehre ein eigenes Instrumentarium entwickelt. Nur wenn einer der im Folgenden näher dargestellten Wege gangbar ist, kann die vorhandene Lücke ausgefüllt werden.

5.2.2.1 Analogie

AUSGEWÄHLTER LITERATURHINWEIS *Offerhaus, Zur Analogie im Steuerrecht, BB 1987, 993 ff.*

Analogie **ist die gebräuchlichste Form, eine Lücke im Gesetz zu schließen.** Nur eine vom Gesetzgeber nicht gewollte (planwidrige) Unvollständigkeit des Gesetzes berechtigt zur Analogie. Bei der Analogie wird die Rechtsfolge eines im Gesetz geregelten Tatbestandes A auf einen ungeregelten Tatbestand B übertragen, der Tatbestand A ähnlich ist. Es werden damit im Wesentlichen gleichartige Tatbestände gleichbehandelt. Die Analogie **dient** folglich **der Verwirklichung des Gleichheitssatzes** (Canaris, [a. a. O.], 57, 72). Die Prüfung, ob eine Gleichbehandlung geboten ist, setzt bereits eine Abstraktion und Selektion voraus. Es werden bestimmte Merkmale ausgewählt, unter denen für die beiden Tatbestände eine Gleichbehandlung geboten ist. Bei Auswahl anderer Merkmale käme eine Gleichbehandlung unter Umständen gar nicht in Betracht. Mit dem Gleichheitssatz stellt sich damit stets auch die Wertungsfrage, welche Umstände für die gleiche und welche Unterschiede für eine abweichende Behandlung erheblich sein sollen. Der Gleichheitssatz dient als Maßstab der Lückenfeststellung. Mit dem Analogieschluss entscheidet sich, ob ein gleichartiger Fall vorliegt und damit die Lücke geschlossen werden kann.

Die dargestellte Analogie wird teilweise als Gesetzesanalogie bezeichnet und ihr die Rechtsanalogie gegenübergestellt. Die Rechtsanalogie leitet aus mehreren Einzelnormen einen allgemeinen Rechtsgrundsatz ab. Sie ist begrifflich keine Analogie und wird deshalb in Teil A unter 5.2.2.6 im Zusammenhang mit den allgemeinen Rechtsgrundsätzen gesondert behandelt.

Analogie setzt voraus:

a) **Bestehen einer Lücke im Gesetz,** d.h. der betreffende Fall ist regelungsbedürftig, aber nicht geregelt. Bevor über die Ausfüllung einer Lücke nachgedacht werden kann, muss – wie oben dargelegt wurde – zunächst festgestellt sein, ob überhaupt eine Lücke vorliegt, da das Schweigen des Gesetzgebers nicht immer als Lücke interpretiert werden kann. Die Abgrenzung zwischen Lücke, rechtsfreiem Raum und beredtem Schweigen stellt eine der Hauptschwierigkeiten dar. Es muss zunächst sorgfältig untersucht werden, ob das Gesetz eine Lücke enthält.
Hierbei sind Gesetzeszweck (hat der Gesetzgeber etwas über den möglichen Wortsinn hinaus bezweckt?), die Entstehungsgeschichte sowie systematische Gesichtspunkte zu berücksichtigen (Tipke/Lang, [a.a.O.], Anm. 77 zu § 5). Zu prüfen ist, ob der nicht geregelte Fall genauso zu bewerten ist wie die vom Gesetz erfassten Fälle (Zippelius, [a.a.O.], 69). Lässt sich auf diese Weise eine Lücke nicht begründen, besteht ein rechtsfreier Raum, der vom Gesetz nicht erfasst ist und auch nicht durch Analogie geschlossen werden kann. Im rechtsfreien Raum hat der Gesetzgeber keine Regelung getroffen und damit auch nicht planwidrig eine dem Gesetzeszweck entsprechende Regelung unterlassen. Eine Rechtsfortbildung im Wege der Analogie wäre hier eine unzulässige Rechtsschöpfung, z.B. unterliegen Einkünfte außerhalb der sieben im ESt genannten Einkunftsarten nicht der Besteuerung.

b) **Ähnlichkeit des geregelten und des nicht geregelten Falles,** d.h. Gleichartigkeit des geregelten Tatbestandes in den für die Entscheidung maßgeblichen Punkten mit dem Tatbestand, auf den die Rechtsnorm analog angewendet werden soll. Für die Feststellung der Ähnlichkeit ist auf den Zweck der analog anzuwendenden Rechtsnorm zurückzugreifen. Besteht die erforderliche Ähnlichkeit nicht, kommt eine Analogie auch nicht in Betracht. Welche Merkmale der beiden zu vergleichenden Fälle ähnlich sein müssen, ist keine Frage der Logik, sondern der Wertung.

BEISPIELE

a) § 10d Abs. 1 Satz 5 EStG sieht im Falle des Verlustrücktrages die Berichtigung eines bestandskräftigen Steuerbescheides vor, damit der Verlustabzug berücksichtigt wird. Fraglich ist, ob das Gleiche gilt, wenn durch Berichtigung eines Verlustes der bereits bestandskräftige Steuerbescheid für das Verlustvortragsjahr geändert werden soll.
Planwidrige Lücke: Das Gesetz enthält für diesen Fall keine Regelung.
Ähnlichkeit: Die Interessen des Steuerpflichtigen und der Verwaltung sind in beiden Fällen die gleichen.
Folge: Analoge Anwendung ist zu bejahen (vgl. BFH vom 14. 11. 1989 BStBl 1990, 620).

b) Ein Steuerpflichtiger legt per Telebrief Einspruch ein, fraglich ist, ob der Einspruch wirksam ist.
Planwidrige Lücke: § 357 Abs. 1 Satz 3 AO spricht nur vom Telegramm. Die neue technische Entwicklung des Telefax war bei Verabschiedung der AO im Jahre 1976 noch nicht bekannt
Ähnlichkeit: Sowohl beim Telegramm wie beim Telebrief (Telefax) werden moderne Kommunikationsmittel zur Übermittlung des Einspruchs genutzt. Da beim Telebrief – anders als beim Telegramm – auch das optische Bild des Einspruchsschreibens mit übermittelt wird, ist er mindestens ebenso beweiskräftig wie ein Telegramm.
Schlussfolgerung: Die Schriftform ist als gewahrt anzusehen (vgl. für den Fall einer mit Telebrief übersandten Prozessvollmacht BFH vom 19. 01. 1989 BStBl 1989, 567). Zum **Nachweis** der Vollmacht muss allerdings das Original an das Gericht gesandt werden BFH vom 28. 11. 1995 BB 1996,

517. Scheitert die Einhaltung einer Rechtsmittelfrist wegen Störung des Fax-Gerätes des FG, kann folgerichtig Wiedereinsetzung gewährt werden, vgl. BFH vom 12. 12. 1995 BFH NV 1996, 475).

c) Im Rahmen einer Betriebsveräußerung i. S.d § 16 Abs. 2 EStG überführt der Steuerpflichtige ein Wirtschaftsgut, das nicht zu den wesentlichen Betriebsgrundlagen gehört, in sein Privatvermögen.
Planwidrige Lücke: Grundsätzlich enthält zwar das Gesetz eine Regelung in § 6 Abs. 1 Nr. 4 EStG, wonach entnahmen mit dem Teilwert anzusetzen sind, bei Betriebseinstellung ist dagegen nach § 16 Abs. 3 Satz 7 EStG der gemeine Wert maßgebend. Eine vergleichbare Regelung enthält § 16 Abs. 1 EStG in Bezug auf Entnahmen in Zusammenhang mit einer Betriebsveräußerung nicht.
Ähnlichkeit: In allen anderen Punkten werden Betriebsveräußerung und Betriebseinstellung vom Gesetzgeber gleichbehandelt. In beiden Fällen werden stille Reserven, die sich u. U. über Jahre angesammelt haben, schlagartig aufgedeckt und sollen begünstigt sein.
Folge: Im Falle der Entnahme eines Wirtschaftsguts im Zusammenhang mit einer Betriebsveräußerung ist dieses in entsprechender Anwendung des § 16 Abs. 3 Satz 2 EStG mit dem gemeinen Wert zu bewerten (vgl. BFH vom 17. 01. 1989 BFH NV 89, 968).

d) Nach § 130 Abs. 1 AO können rechtswidrige belastende Verwaltungsakte zurückgenommen werden, für begünstigende Verwaltungsakte gilt das nach § 130 Abs. 2 AO nur unter sehr eingeschränkten Voraussetzungen.
Lücke: Im Gesetz nicht geregelt ist die Frage, ob ein belastender Verwaltungsakt durch einen neuen, den Betroffenen noch stärker belastenden ersetzt werden darf.
Ähnlichkeit: Die Lage des Betroffenen ist ähnlich wie in Fällen der Rücknahme eines begünstigenden Verwaltungsaktes. Bei einem begünstigenden Verwaltungsakt vertraut der Adressat auf dessen Bestand, bei einem belastenden Verwaltungsakt darauf, nicht noch stärker belastet zu werden.
Folge: Die Rechtsgedanken des § 130 Abs. 2 AO sind bei Verböserung eines belastenden Verwaltungsaktes entsprechend anzuwenden (vgl. in diesem Sinne Dumke in Schwarz, [a. a. O.], Anm. 77 c zu § 152 AO).

Das Ergebnis von Analogieüberlegungen kann durchaus auch negativ oder zumindest sehr zweifelhaft sein, wie der folgende Fall zeigt:

BEISPIEL

§ 15 a Abs. 3 EStG sieht im Falle der Einlagenminderung durch den Kommanditisten, die zu einem negativen Kapitalkonto führt, vor, dass dem Kommanditisten der Betrag als Gewinn zuzurechnen ist. Er mindert jedoch gemäß § 15 a Abs. 3 Satz 4 EStG die Gewinne aus der KG in den Folgejahren. Der entnommene Betrag wird also aus einem ausgleichsfähigen in einen nur verrechenbaren Verlust umgewandelt.
Für den umgekehrten Fall, dass nämlich der Gesellschafter seine Einlage erhöht und damit ein durch entstandene Verluste aus vorhergehenden Jahren negatives Kapitalkonto abbaut, sieht das Gesetz keine Regelung vor.
Der Kläger eines beim BFH anhängigen Prozesses sah darin, dass durch die Einlage die bisher nur verrechenbaren Verluste nicht ausgleichsfähig wurden, eine Lücke im Gesetz. Der BFH verneint jedoch eine Lücke unter Bezugnahme auf die Entstehungsgeschichte und die Gesetzesmaterialien, aus denen sich ergibt, dass bei Schaffung des § 15 a EStG bewusst auf eine Regelung verzichtet worden ist. Es ist folglich keine planwidrige Lücke im Gesetz gegeben (BFH vom 14. 12. 1995 BStBl 1996, 226 [229]).

MERKSATZ

Analogie kommt nur in Betracht, wenn das Gesetz eine Lücke enthält und der zu entscheidende Fall dem im Gesetz geregelten ähnlich ist.

In bestimmten Fällen erklärt der Gesetzgeber selbst Vorschriften eines anderen Regelungsbereichs für entsprechend (analog) anwendbar.

BEISPIELE

a) Nach § 108 Abs. 1 AO sind die Fristen und Termine betreffend §§ 187 bis 193 BGB entsprechend anwendbar.
b) Nach § 239 Abs. 1 AO sind auf Zinsbescheide die für Steuerbescheide geltenden Vorschriften entsprechend anzuwenden.

Nicht nur Grundtatbestände, sondern **auch Spezialnormen sind der Analogie fähig** (Bydlinski, [a. a. O.], 440, Canaris, [a. a. O.], 181). Eine entsprechende Anwendung kommt dann allerdings nur für einen vergleichbaren Spezialfall in Frage. Unzulässig wäre es dagegen, den in eine Ausnahmevorschrift niedergelegten Gedanken zu einem allgemeinen Prinzip zu erheben und damit die Ausnahme zur Regel zu verkehren.

BEISPIEL

§ 24 Nr. 1 und § 34 Abs. 2 EStG sind zwar nach dem Enumerationsprinzip aufgebaute Spezialvorschriften, das hindert jedoch nicht die Gleichstellung eines rechtsähnlichen Sondertatbestandes. § 24 Nr. 1 c EStG i. V. m. § 34 Abs. 2 EStG sieht eine Steuerermäßigung nur für Handelsvertreter vor. Für Kommissionsagenten enthält das Gesetz keine Bestimmung, es besteht eine Lücke. Zwischen Handelsvertretern und Kommissionsagenten besteht eine ähnliche Rechtsstellung, eine analoge Anwendung der genannten Vorschriften ist gerechtfertigt (BFH vom 24. 01. 1974 BStBl 1974, 295).

Analogie zu Lasten des Steuerpflichtigen

Im Strafrecht ist eine Analogie zuungunsten des Täters unzulässig, da nach Art. 103 GG eine Bestrafung nur erfolgen darf, wenn die Tat im Tatzeitpunkt mit Strafe bedroht war. Der dem Strafrecht zugrundeliegende Rechtsgedanke lässt sich auf das Steuerrecht nicht übertragen. Eine Strafe sühnt begangenes Unrecht, der Täter soll vor Begehung der Tat wissen, ob er sich strafbar macht. Steuern zahlt der Bürger dagegen als Beitrag zu den Gemeinschaftsaufgaben des Staates.

Für das Steuerrecht wird man zunächst zwischen formellem (Verfahrens-)Recht und materiellem Recht unterscheiden müssen. **Hinsichtlich des formellen Rechts** bestehen keine Zweifel, dass auch eine **Analogie zuungunsten des Steuerpflichtigen in Betracht kommt,** da dadurch seine Steuerbelastung nicht größer wird. Hinsichtlich des **materiellen Steuerrechts** hält die überwiegende **Meinung** das Steuerrecht zwar für analogiefähig, **lehnt** aber eine **Analogie zu Lasten des Steuerpflichtigen** aus Gründen der Rechtssicherheit sowie mit Rücksicht auf den Grundsatz der Gesetzmäßigkeit der Verwaltung **ab** (Völker, [a. a. O.], 235, Offerhaus, [a. a. O.], 993, Crezelius, Tendenzen, BB 1984, 1377, Kruse in Tipke, Grenzen der Rechtsfortbildung, 82 f.; a.A. Woerner, [a. a. O.], 231 mit weiteren Nachweisen).

Mit eine Lückenfüllung zu Lasten des Steuerpflichtigen würde ein neuer Steuertatbestand geschaffen, den der Gesetzgeber so nicht konzipiert hat. Besteuerungstatbestände festzulegen ist aber Aufgabe des Gesetzgebers. Die analoge Anwendung eines Besteuerungstatbestandes durch Rechtsprechung oder gar Verwaltung zuungunsten des Steuerpflichtigen verletzt damit den Grundsatz der Gewaltenteilung. Die Gerichte der Finanzgerichtsbarkeit sind vor allem geschaffen worden, um dem Bürger Rechtsschutz zu verschaffen, dieser verkehrt sich in sein Gegenteil, wenn das Gericht nun Lücken in den häufig unübersichtlichen Gesetzen zu seinem Nachteil schließt. Anderer Ansicht sind Tipke/Lang ([a. a. O.], Anm. 189 ff. zu § 4), die darauf hinweisen, dass der Rechtsanwender bei der Analogie nur »nachbessernd« im Sinne der Vorschriften des Gesetzgebers tätig werde, so dass es zu einer Vervollkommnung des unvollständigen Gesetzes komme. Soweit eine Gleichbehandlung nach der Verfassung geboten sei, sei auch die Gerechtigkeit nicht mehr eine Frage gesetzgeberischen Beliebens.

Gegen ein Analogieverbot zuungunsten des Steuerpflichtigen wird geltend gemacht, der Gesetzgeber könne die Grundrechte, d. h. insbesondere den Gleichheitssatz, nicht außer Kraft setzen, außerdem sei auch bei teleologischer Auslegung die Entscheidung für den Steuerpflichtigen oft vorher nicht voraussehbar, ohne dass man hierin eine Verletzung der Rechtssicherheit sehe (Tipke, Rechtsetzung S. 190 ff., vgl. auch Tipke, Grenzen der Rechtsfortbildung, S. 11 ff.). Die Zulässigkeit belastender Analogie ist nicht nur im Steuerrecht, sondern auch im allgemeinen Verwaltungsrecht streitig.

Der BFH hat in verschiedenen Entscheidungen betont, dass eine steuerbegründende Analogie nicht statthaft sei (vgl. BFH vom 08. 12. 1981 BStBl 1981, 618; BFH vom 26. 01. 1977 BStBl 1977, 283), in einem späteren Urteil die Analogie mit steuerverschärfender Wirkung jedoch zugelassen (BFH vom 20. 10. 1983 BStBl 1984, 221). Auch das BVerfG hat in Bezug auf die Rechtsfigur der Liebhaberei, die von der Rechtsprechung entwickelt wurde und bis heute nicht im Gesetz verankert ist, klargestellt, dass sie nicht als steuerverschärfende Analogie gegen Art. 2 oder Art. 20 Abs. 3 GG verstoße, obwohl Verluste aus Liebhaberei nicht bei der Ermittlung der Summe der Einkünfte berücksichtigt werden. Das BVerfG hat die Aufgabe und Befugnis der Gerichte zur Rechtsfortbildung dabei unterstrichen (BVerfG vom 18. 11. 1986 HFR 1988, 34, in diesem Sinne auch BVerfG vom 27. 12. 1991 BStBl 1992, 212). Nicht leugnen lässt sich, dass für die Rechtsprechung in einer ganzen Reihe von Fragen Entscheidungsbedarf entstand, weil sie vom Gesetzgeber nicht geregelt waren und es zum größten Teil bis heute nicht sind. Es ist damit **im Steuerrecht ein Bereich entstanden, dessen Besteuerungsregeln auf Richterrecht beruhen.** Durch dieses lediglich auf Entscheidungen des BFH gestützte Recht sind auch Besteuerungstatbestände außerhalb des Gesetzes geschaffen worden, das Analogieverbot – wenn es überhaupt eines gibt – ist stillschweigend unterlaufen worden (Tipke, Rechtsetzung, 196).

Aus den von Tipke zusammengestellten Beispielen seien hier nur zwei besonders deutliche wiedergegeben (siehe auch 5.2.2.7).

BEISPIELE

a) Die Rechtsprechung zur Betriebsaufspaltung führt dazu, dass die lediglich Grundvermögen vermietende Besitzgesellschaft mit der Betriebsgesellschaft als Einheit gesehen wird. Als Folge sind die Einkünfte der Besitzgesellschaft als gewerblich anzusehen und der GewSt zu unterwerfen (BFH GrS vom 08. 11. 1971 BStBl 1972, 63). Eine Rechtsgrundlage findet sich dafür nicht im Gesetz. Zur Begründung führt das Gericht aus, dass hier besondere Umstände vorliegen, die die Vermögensverwaltung von der Vermietung und Verpachtung i. S. d. § 21 EStG zur gewerblichen Betätigung werden lassen.

b) § 4 Abs. 3 EStG ist lückenhaft, die Behandlung von Sach- und Leistungseinlagen und -entnahmen erwähnt die Vorschrift nicht, diese Regelung beruht lediglich auf Rechtsprechung (vgl. z. B. BFH vom 16. 01. 1975 BStBl 1975, 526).

Obwohl die Unvollständigkeiten des Gesetzes teilweise seit Jahrzehnten bestehen und der Gesetzgeber die Steuergesetze laufend geändert hat, hat er sich in wesentlichen Fällen mit der Rechtsprechungsregelung begnügt und nur selten mit einer Ergänzung der gesetzlichen Normen reagiert. Die von der überwiegenden Meinung in der Literatur zu Recht vertretene Ablehnung einer Analogie zu Lasten des Steuerpflichtigen entspricht damit nicht unserer Gesetzgebungs- und Besteuerungswirklichkeit.

Teilweise wird zwischen einer Lückenausfüllung zu Lasten des Steuerpflichtigen und der sog. **zweischneidigen Lückenfüllung** unterschieden. Bei dieser wird eine Gesetzesregelung ergänzt »durch ein Subsystem komplementärer Rechtssätze, die zugleich sowohl zugunsten wie auch zuungunsten des Steuerpflichtigen wirken oder jedenfalls wirken können« (Beisse, [a.a.O.], 9, Woerner in Tipke, Grenzen der Rechtsfortbildung, 36). Während die steuerverschärfende Ausfüllung von Lücken für unzulässig gehalten wird, soll die zweischneidige Lückenfüllung zulässig sein. Da die in Frage stehenden Fälle, wie die o.g. Beispiele zeigen, sowohl eine Auswirkung zugunsten wie auch zu Ungunsten des Steuerpflichtigen haben können, wird damit eine Rechtfertigung derartiger Lückenschließung aufgebaut.

Selbst wenn man der Rechtsprechung das Recht zubilligt, z.B. in Fällen, in denen andernfalls der Grundsatz der Gleichmäßigkeit der Besteuerung gröblich verletzt wäre, mit einer steuerverschärfenden Analogie zu arbeiten, kann das nicht auch für die Verwaltung gelten, die als Eingriffsverwaltung an Gesetz und Recht nach Art. 20 Abs. 3 GG gebunden ist.

Nach § 42 AO darf das Steuergesetz durch **Missbrauch von Gestaltungsmöglichkeiten** nicht umgangen werden. Der BFH weist darauf hin, dass damit ein Sachverhalt, der von dem an typische rechtliche Gestaltungsformen anknüpfenden Gesetz nicht erfasst wird, dennoch der Besteuerung unterworfen wird. Die Vorschrift bewirkt damit, dass in den unter sie fallenden Ausnahmefällen eine steuerbegründende Analogie eintritt. Sie ordnet an, dass die unangemessene Gestaltung gedanklich durch die angemessene ersetzt wird. Mit dieser technischen Lösung wird das gleiche Ergebnis erzielt wie mit der analogen Anwendung des Steuertatbestandes (BFH vom 13.02.1980 BStBl 1980, 364).

BEISPIEL

Der einzige Zweck einer Gesellschaft bürgerlichen Rechts war es, das Eigentum an einem Miethaus zu halten und dieses zu verwalten. Statt das Grundstück zu verkaufen, wurden innerhalb von 12 Tagen sämtliche Gesellschafter ausgewechselt, um auf diese Weise die Grunderwerbsteuer zu sparen.

LÖSUNG Der Missbrauchstatbestand des § 42 AO gestattet in derartigen Fällen, dass die Steuerpflichtigen so behandelt werden, als wäre der Tatbestand erfüllt, der durch die ungewöhnliche Gestaltung vermieden werden sollte.

MERKSATZ

Eine steuerverschärfende Analogie verstößt nach überwiegender Meinung gegen das Prinzip der Tatbestandsmäßigkeit der Besteuerung und ist deshalb unzulässig. In der Besteuerungspraxis finden wir jedoch durchaus auf richterlicher Rechtsfortbildung beruhende Besteuerungstatbestände, die sich nicht nur zugunsten, sondern auch zuungunsten des Steuerpflichtigen auswirken können.

Verkappte Analogie

Lassen sich eine Lücke im Gesetz und Ähnlichkeit des vorliegenden Lebenssachverhalts mit einem im Gesetz geregelten Sachverhalt nicht feststellen, kommt eine Analogie nicht in Betracht, es fehlt an eine analogiefähigen Rechtsnorm für diesen Sachverhalt. Auch in Fällen des beredten Schweigens des Gesetzgebers ist Analogie unzulässig. Der Rechtsanwender kann in derartigen Fällen geneigt sein, eine **Subsumtion vorzutäuschen,** indem er den **Gesetzeswortlaut auf einen von ihm nicht erfassten Fall ausdehnt** oder den **Sachverhalt so zuschneidert, dass er subsumtionsreif wird,** obwohl er in Wirklichkeit ganz anders war. Eine derartige Vorgehensweise ist **nicht zulässig,** denn sie setzt sich über die Bindung an das Gesetz nach Art. 20 Abs. 3 GG hinweg. Soweit es die Sachverhaltsebene betrifft, wird dabei z.B. mit der typisierenden Betrachtung gearbeitet, bei der ein typischer Sachverhalt ohne Rücksicht auf das tatsächliche Geschehen unterstellt wird (vgl. dazu 4.2.2.3). Die Vieldeutigkeit des Begriffs »wirtschaftlich« in der wirtschaftlichen Betrachtungsweise ist ebenfalls geeignet, Fälle durch vorgebliche Subsumtion einer Gesetzesvorschrift zu unterwerfen, die deren Voraussetzungen eigentlich gar nicht erfüllen (vgl. zum Ganzen Crezelius, Verkappte Analogien, 188 ff.).

5.2.2.2 Umkehrschluss (Argumentum e contrario)

Daraus, dass ein **bestimmter Lebenssachverhalt** nicht von der Gesetzesnorm erfasst ist, wird geschlossen, dass er **nicht im Sinne der Norm geregelt** werden sollte. Das bedeutet, dass der Gesetzgeber bewusst für den betreffenden Fall keine Regelung getroffen hat und damit **keine Lücke** vorliegt, so dass also auch **keine Analogie** in Betracht kommt.

Die Beschränkung der Gesetzesregelung auf bestimmte Fälle muss im Gesetz klar zum Ausdruck kommen oder sich zumindest im Wege der Auslegung ergeben. Die vom Gesetz erfassten Fälle und der zu entscheidende Lebenssachverhalt sind wesensmäßig nicht gleich. Dem Umkehrschluss liegt also immer die **Feststellung der »Nichtähnlichkeit«** zugrunde, so dass verschiedene Rechtsfolgen gerechtfertigt sind.

Der Umkehrschluss ist damit **kein Weg zur Schließung von Gesetzeslücken,** sondern führt dazu, dass gar keine Lücke vorliegt. Analogie und Umkehrschluss schließen sich gegenseitig aus. Der Umkehrschluss kann als Gegenstück zur Analogie bezeichnet werden (Canaris, [a. a. O.], 45).

BEISPIELE

a) In § 103 AO haben Personen, die nicht Beteiligte sind, bei Gefahr der Strafverfolgung ein Auskunftsverweigerungsrecht. Im Umkehrschluss lässt sich daraus entnehmen, dass Beteiligte selbst ein solches Auskunftsverweigerungsrecht nicht haben.

b) Nach § 75 AO haftet der Erwerber eines Betriebes für bestimmte Steuern, also nicht für steuerliche Nebenleistungen i. S. d. § 3 Abs. 3 AO.

Ob ein Umkehrschluss zu ziehen ist oder ob eine Regelungslücke besteht, die unter Umständen durch Analogie geschlossen werden könnte, muss im Wege der Auslegung des Gesetzes geklärt werden. Dabei sind die oben dargestellten Auslegungsmethoden heranzuziehen.

MERKSATZ

Der Umkehrschluss zieht daraus, dass ein bestimmter Sachverhalt vom Gesetz nicht mit erfasst ist, die Folgerung, dass dieser vom Gesetzgeber nicht im Sinne dieser Gesetzesnorm geregelt werden sollte.

5.2.2.3 Erstrechtschlüsse (Argumentum a maiore ad minus bzw. a minore ad maius)

Die für einen bestimmten Tatbestand vorgesehene **Rechtsfolge** wird auf einen ähnlichen Fall angewendet, weil der Gesetzeszweck auf diesen **noch stärker als auf die geregelten Fälle zutrifft.** Es besteht also eine gewisse Vergleichbarkeit mit der Analogie. Anders als bei dieser handelt es sich hier jedoch nicht um zwei ähnliche Sachverhalte, die vom Gesetzeszweck gleich stark umfasst werden, sondern der nicht geregelte müsste erst recht im Sinne des Gesetzes geregelt sei. Erstrechtschlüsse sind Ausfluss des Strebens nach einer gerechten Rechtsordnung. Diese verlangt eine Gleichbehandlung nicht nur, wenn gleichartige Voraussetzungen vorliegen, sondern auch wenn die maßgebenden Erfordernisse in dem zu vergleichenden Fall sogar in stärkerem Maße erfüllt sind (Canaris, [a. a. O.], 78).

BEISPIELE

a) Ein mit einfachem Brief bekannt gegebener Steuerbescheid wird an den Steuerpflichtigen selbst geschickt, dieser gibt ihn an seinen Steuerberater weiter, der als Empfangsbevollmächtigter benannt war.

LÖSUNG Der Bescheid hätte an den Bevollmächtigten bekannt gegeben werden müssen. § 9 VwZG sieht die Heilung von Mängeln bei der formellen Zustellung vor, wenn der Betreffende den Verwaltungsakt nachweislich erhalten hat. Die Bekanntgabe mit einfachem Brief ist demgegenüber weniger formalisiert.

Wenn schon bei der förmlichen Zustellung eine Heilung vorgesehen ist, muss das erst recht bei Bekanntgabe mittels einfacher Briefe gelten (BFH 08. 12. 1988 BStBl 1989, 346).

b) Nach § 131 Abs. 2 Nr. 1 u. 2 AO können rechtmäßige begünstigende Verwaltungsakte in gewissen Fällen widerrufen werden. Für rechtswidrige Verwaltungsakte ist in § 130 Abs. 2 AO Vergleichbares nicht vorgesehen. Was für rechtmäßige Verwaltungsakte gilt, muss für rechtswidrige erst recht gelten (vgl. Tipke/Kruse, Anm. 34 zu § 130 AO). Mit Widerrufsvorbehalt oder Auflage verbundene Verwaltungsakte können folglich bei Vorliegen der entsprechenden Voraussetzungen zurückgenommen werden, wenn sie rechtswidrig sind.

MERKSATZ

Erstrechtschlüsse kommen in Betracht, wenn der nicht geregelte Fall nach dem Gesetzeszweck erst recht von der Norm erfasst sein müsste.

5.2.2.4 Teleologische Extension

In diesen Fällen ist der **Gesetzeswortlaut** vom Gesetzeszweck her gesehen **zu eng.** Es entsteht damit ein Widerspruch zwischen Wortlaut und Gesetzeszweck, der zugunsten des Gesetzeszweckes gelöst wird, hier soll – was bei einer Auslegung nicht möglich ist – vom Gesetzeswortlaut abweichend ein **Fall erfasst werden, der nicht vom Wortlaut gedeckt ist.** Der Unterschied zur Analogie liegt darin, dass hier dem im Gesetz geregelten Tatbestand nicht ein anderer Fall, wie bei der Analogie, gleichgestellt wird, sondern der unmittelbare Anwendungsbereich der Norm ausgedehnt wird (Canaris, [a. a. O.], 90).

Der Gesetzeszweck erfordert diese Ausdehnung. Es kommt deshalb anders als bei der Analogie auch nicht auf die Frage der Rechtsähnlichkeit an.

BEISPIELE

a) Nach § 191 Abs. 1 AO kann durch Haftungsbescheid in Anspruch genommen werden, wer für eine Steuer haftet. Nach dem Wortlaut ist bei Haftung für steuerliche Nebenleistungen kein Haftungsbescheid zulässig.

LÖSUNG Die Vorschrift ist insoweit zu eng gefasst. Der Gesetzeszweck zielt darauf ab, den Weg für die Durchsetzung der Haftung zu bestimmen. Die steuerlichen Nebenleistungen sind dabei vom Gesetzgeber übersehen worden (siehe Tipke/Kruse, Anm. 17 zu § 191 AO). Vom Zweck des Haftungsbescheides als Rechtsgrundlage für die Durchsetzung der Haftungsansprüche sind sie jedoch mit erfasst, so dass eine ausdehnende Anwendung über den Wortlaut hinaus gerechtfertigt ist (der BFH kommt zum gleichen Ergebnis, nimmt jedoch Analogie an, vgl. BFH vom 24. 02. 1987 BStBl 1987, 363).

b) A war an der I-GmbH wesentlich i. S. d. § 17 Abs. 1 Satz 4 EStG beteiligt. Die Anschaffungskosten der Beteiligung haben 75 000 € betragen. Gleichzeitig war A Mitgesellschafter der B GmbH & Co. KG. Nachdem die Anteile an der I-GmbH wertlos geworden waren, legte er sie in sein Sonderbetriebsvermögen bei der B GmbH & Co. KG ein. Später wurden sie zum Wert von 1 € in das Gesamthandsvermögen der B GmbH & Co. KG überführt. Diese Überführung steht steuerlich einer Veräußerung der Anteile gleich. Streitig war beim BFH, mit welchem Wert die Anteile in das Sonderbetriebsvermögen des B eingelegt worden waren. Nach § 6 Abs. 1 Nr. 5 EStG ist der Teil-

wert im Zeitpunkt der Zuführung anzusetzen. Hätte A die Anteile verkauft, so wäre ein Veräußerungsverlust entstanden, der mit Erträgen ausgleichsfähig gewesen wäre.
LÖSUNG Der BFH ist der Ansicht, § 6 Abs. 1 Nr. 5 b EStG enthalte eine planwidirge Gesetzeslücke in Fällen, in denen eine im Privatvermögen gehaltene, wertgeminderte wesentliche Beteiligung in ein Betriebsvermögen eingelegt werde. Im Wege der teleologischen Extension sei die Vorschrift in der Weise anzuwenden, dass die eingelegten Anteile entgegen dem Wortlaut nicht mit dem niedrigeren Teilwert, sondern mit den höheren ursprünglichen Anschaffungskosten zu bewerten seien, so dass für A der Verlust von 75 000 € bei Überführung in das Gesamthandsvermögen entstanden ist. Dies wird im Wesentlichen aus dem Vergleich der historischen Entwicklung von § 6 Abs. 1 Nr. 5 b EStG und § 17 EStG hergeleitet. Die Vorschrift wird also über den Wortlaut hinaus ausgedehnt (BFH 25. 07. 1995 BStBl 1996, 684). Das BMF hat mit einem Nichtanwendungserlass reagiert (BMF vom 05. 12. 1996 BStBl 1996, 1500; vgl. dazu auch Schmidt, EStG, § 17, Rz. 108).

In der Praxis der Rechtsanwendung kann im Einzelfall zweifelhaft sein, ob eine Lösung noch im Wege einer weiten Auslegung gefunden werden kann oder ob die äußerste Grenze der Wortbedeutung überschritten, das Gesetz über die vom Wortlaut erfassten Fälle hinaus angewendet wird.

BEISPIEL

Ein Gewerbetreibender hat in Deutschland eine Fabrik und in Österreich ein Zweigwerk. Er überführte Wirtschaftsgüter, in denen sich stille Reserven angesammelt hatten, aus dem Betriebsvermögen der Fabrik in das Zweigwerk. Nach dem deutsch-österreichischen DBA sind die Gewinne der Betriebsstätte in Österreich dort zu versteuern. Bei Übertragung der Wirtschaftsgüter zu Buchwerten würden die angesammelten stillen Reserven der deutschen Besteuerung damit verlorengehen.
LÖSUNG Die Überführung von Wirtschaftsgütern aus einem Betrieb in einen anderen sieht die Rechtsprechung nicht als Entnahme an, weil das Wirtschaftsgut den betrieblichen Bereich nicht verlässt. Entnahmen sind nach § 6 Abs. 1 Nr. 4 EStG in der Regel mit dem Teilwert anzusetzen, so dass die stillen Reserven aufgedeckt und versteuert werden. Der BFH legte in dem dargestellten Fall den Begriff Entnahme des § 4 Abs. 1 Satz 2 EStG dahin aus, dass für ihn die Sicherung der Besteuerung der stillen Reserven von maßgeblicher Bedeutung ist (finaler Entnahmebegriff, der auf den Zweck der Erfassung stiller Reserven abzielt).
Eine Entnahme ist danach begrifflich nicht nur zu einem privaten Zweck denkbar, sondern auch dann anzunehmen, wenn durch Überführung in eine andere Betriebsstätte die in den Wirtschaftsgütern enthaltenen stillen Reserven endgültig die Besteuerung entgehen würden (BFH vom 16. 07. 1969 BFHE 97, 342 [245]; ebenso soll bei Verlegung eines Betriebes ins Ausland Betriebsaufgabe i. S. d. § 16 Abs. 3 EStG vorliegen, wenn die stillen Reserven dadurch der Besteuerung entzogen würden, vgl. BFH vom 28. 02. 1971 BStBl 1971, 630.
Inzwischen stellt § 6 Abs. 5 Satz 1 EStG klar, dass der sich nach den Vorschriften über die Gewinnermittlung ergebende Wert nur noch angesetzt werden darf, wenn die Besteuerung der stillen Reserven sichergestellt ist.

MERKSATZ

Im Wege der teleologischen Extension wird das Gesetz auf Fälle angewandt, die von seinem Wortlaut nicht erfasst sind.

5.2.2.5 Teleologische Reduktion

Auch hier besteht eine Abweichung zwischen Wortsinn und Normsinn. **Der Gesetzeswortlaut** ist gegenüber dem Zweck der Norm **zu weit gefasst.** Eine vom Gesetzeszweck gebotene Differenzierung fehlt. Mit Rücksicht auf Sinn und Zweck der Regelung **wird ihr Regelungsinhalt deshalb entgegen ihrem Wortlaut eingeschränkt.** Die teleologische Reduktion ist das Gegenstück zur teleologischen Extension. Sie darf jedoch nicht soweit gehen, dass die Norm überhaupt keine Anwendungsfälle mehr hat und so auf indirektem Wege außer Kraft gesetzt wird. Das gilt auch dann, wenn die wirtschaftlichen oder politischen Verhältnisse sich seit ergehen der Vorschrift derart geändert haben, dass für sie kein Bedarf mehr besteht oder dass sie keinen wirtschaftlichen Sinn mehr hat. Hier Abhilfe zu schaffen, ist allein Aufgabe des Gesetzgebers.

BEISPIEL

Eine Vorschrift sieht Steuervergünstigungen zur Rettung eines Industriezweiges vor, der längst gesundet ist. Die Vergünstigungen können nur durch den Gesetzgeber wieder aufgehoben, aber nicht wegen Wegfalls des Sinnes der Begünstigungsvorschrift von Verwaltung oder Rechtsprechung verweigert werden.

Ihre **rechtliche Grundlage** findet die teleologische Reduktion im Gesetzeszweck selbst oder in dem Gebot, Ungleichartiges verschieden zu behandeln (**negativer Gleichheitssatz**). Wir befinden uns auch hier im Bereich der ergänzenden Rechtsfortbildung, weil der Wortlaut die gebotene Einschränkung gerade nicht enthält. Aus dem Kernbereich der von der Norm erfassten Tatbestände wird eine Gruppe von Fällen herausgenommen, auf die sie keine Anwendung finden soll (Canaris, [a. a. O.], 82 f.).

Weil die vom Sinn des Gesetzes her gebotene Einschränkung fehlt, liegt eine verdeckte Lücke vor. Die teleologische Reduktion dient der **Ausfüllung** derartiger **verdeckter Lücken.** Verdeckte Lücken werden durch die Feststellung nachgewiesen, dass die Norm nach dem Sinn und Zweck des Gesetzes auf bestimmte Fälle gar nicht passt und deshalb vom Gesetzgeber hätte eingeschränkt werden müssen. Der Wortsinn geht über das vom Gesetz Gewollte hinaus, es hätte richtigerweise einer einschränkenden Ausnahmeregelung bedurft. Eine abstrakt umschreibbare Fallgruppe wird von den Zwecken des Gesetzes entgegen seinem Wortlaut gar nicht getroffen und unterscheidet sich von den »eigentlich gemeinten« Fallgruppen so weit, dass eine Gleichbehandlung ungerechtfertigt und willkürlich wäre (Bydlinski, [a. a. O.], 480).

MERKSATZ

Die teleologische Reduktion führt die im Wortlaut zu weit gefasste Regelung auf den nach dem Zweck und Sinnzusammenhang des Gesetzes notwendigen Anwendungsbereich zurück (BFH vom 21. 02. 1964 BStBl I 1964, 188).

BEISPIEL

Die allgemeine Zusage ist in der Abgabenordnung bewusst nicht geregelt. Vom Wortlaut wäre § 130 Abs. 2 AO auch auf diese allgemeine Zusage anwendbar, das wollte der Gesetzgeber jedoch gar nicht. Der Wortlaut des § 130 ist deshalb insoweit einschränkend zu interpretieren. Stattdessen sind auch auf die allgemeine Zusage die §§ 206 und 207 AO anzuwenden, die eine Rücknahme der Zusage einschränken (Tipke/Lang, [a. a. O.], Anm. 18 zu § 22).

5.2.2.6 Allgemeine Rechtsgrundsätze

Teils wird insoweit auch von Rechts- oder Gesamtanalogie gesprochen. Rechtssystematisch wird aus der Regelung in mehreren einzelnen Normen ein allgemeiner Rechtsgrundsatz hergeleitet, der den nicht geregelten Tatbestand mit erfasst, weil er auf ihn ebenfalls zutrifft. Der Begriff Rechtsanalogie ist irreführend. Bei der Analogie handelt es sich immer um den Schluss von Besonderem auf Besonderes, d. h. eine in einer besonderen Norm vorgesehene Regelung wird auf einen anderen, besonderen Fall angewendet. Hier jedoch geht es um den Schluss vom Besonderen auf das Allgemeine im Sinne einer Induktion.

Die Analogie beschränkt sich immer auf die Gleichstellung eines zweiten, ganz bestimmten Tatbestandes mit dem im Gesetz geregelten. Der allgemeine Rechtsgrundsatz gilt dagegen für eine im Augenblick seiner Ermittlung noch nicht abschließend zu überblickende unbestimmte Vielzahl von Fällen (Canaris, [a. a. O.], 98). Ein allgemeiner Rechtsgrundsatz kann aber nur bejaht werden, wenn feststeht, dass es sich bei den zu seiner Bildung herangezogenen Einzelnormen nicht nur um eine Reihe von Sondertatbeständen handelt, sondern dass dahinter tatsächlich ein allgemeiner Rechtsgedanke steht, der über den gesetzlich geregelten Einzelfall hinaus allgemeine Gültigkeit hat.

BEISPIEL

Der Steuerpflichtige beantragt eine Änderung seines bestandskräftigen Steuerbescheides nach § 173 Abs. 1 Nr. 2 AO und trägt entsprechende neue Tatsachen vor. Daran, dass diese Tatsachen dem Finanzamt jetzt erst bekannt werden, trifft den vom Steuerpflichtigen bei Fertigung der Steuererklärung hinzugezogenen Steuerberater ein grobes Verschulden. § 173 Abs. 1 Nr. 2 AO schließt eine Änderung nur aus, wenn der Steuerpflichtige selbst aus grobem Verschulden die für die Änderung maßgeblichen Tatsachen dem Finanzamt erst jetzt mitteilt.

LÖSUNG Die h. M. leitet aus §§ 110 Abs. 1, 152 Abs. 1 Satz 3 AO einen allgemeinen Rechtsgrundsatz ab, nach dem sich der Steuerpflichtige ein Verschulden der Personen, derer er sich zur Erfüllung seiner steuerlichen Pflichten bedient, zurechnen lassen muss (vgl. BFH vom 03. 02. 1983 BStBl 1983, 324, kritisch Tipke/Kruse, Anm. 31 f. zu § 173 AO mit weiteren Nachweisen).

MERKSATZ

Aus mehreren besonderen Einzelvorschriften wird ein allgemeiner Rechtsgrundsatz hergeleitet, der der Rechtsordnung als ganzer zwar zugrunde liegt, der aber nicht **ausdrücklich** in einer Norm niedergeschrieben ist.

5.2.2.7 Rechtsfortbildung aus Verfassungsgrundsätzen

Tragende **Prinzipien unserer Verfassung müssen auch im Steuerrecht beachtet werden,** so insbesondere der Gleichheitsgrundsatz, das Rechtsstaatsprinzip, die Rechtsschutzgarantie. Führt eine unvollständige steuergesetzliche Regelung zu einer Verletzung dieser Grundsätze, ist nach h. M. eine Rechtsfortbildung, auch ohne dass sie sich in eine der o.g. Fallgruppen einordnen lässt, zulässig.

BEISPIEL

Die Hinzu- und Abrechnungen beim Übergang von der Gewinnermittlung nach § 4 Abs. 3 EStG zum Betriebsvermögensvergleich sind im Gesetz nicht geregelt. Der Gleichheitssatz gebietet es jedoch, dass der Totalgewinn für Betriebe mit Bilanzierung und Gewinnermittlung nach § 4 Abs. 3 EStG der gleiche ist. Das lässt sich beim Übergang zwischen den beiden Gewinnermittlungsarten nur durch entsprechende Hinzu- und Abrechnungen beim Gewinn gewährleisten. Diese sind, ohne dass eine gesetzliche Regelung vorhanden ist, deshalb als notwendige Korrekturen in ständiger Rechtsprechung vom BFH entwickelt worden (BFH 28. 05. 1968 BStBl 1968, 650; BFH vom 01. 07. 1981 BStBl 1981, 780).

5.2.2.8 Rechtsfortbildung durch die Rechtsprechung

Grundsätzlich obliegt es der Legislative, verbindliches Recht zu schaffen. Dennoch haben die Gerichte, also die Judikative, immer wieder im Gesetz nicht vorgesehene Rechtsinstitute geschaffen. So ist z. B. die verbindliche Zusage mit den § 204 ff. AO erstmals seit 1977 im Gesetz geregelt worden, zuvor beruhte sie über Jahrzehnte auf der aus dem Grundgesetz von Treu und Glauben abgeleiteten Rechtsprechung des BFH.

Mit der tatsächlichen Verständigung hat der BFH 1985 wiederum eine aus den Bedürfnissen der Praxis geborene Regelung geschaffen. Danach können Stpfl. und Finanzamt über den der Besteuerung zugrunde zu legenden Sachverhalt eine tatsächliche Verständigung treffen, wenn die Tatsachen nur schwer zu ermitteln sind. Die Beteiligten müssen sich später an ihren Erklärungen festhalten lassen (BFH vom 11. 12. 1984 BStBl 1985, 354; Streck, StuW 1993, 365; vgl. auch BFH vom 31. 07. 1996 BStBl 1996, 625).

5.3 Rechtsfortbildung contra legem

AUSGEWÄHLTE LITERATURHINWEISE ***Neuner,*** *Die Rechtsfortbildung contra legem, München 1982* ▪ ***Krey,*** *Zur Problematik richterlicher Rechtsfortbildung contra legem, JZ 1978, 361ff., 482ff.*

Sie liegt vor, wenn die Regelungsabsicht des Gesetzgebers missachtet wird (Neuner, [a.a.O.], 132). Es kann vorkommen, dass das Gesetz einen Mangel enthält, ohne dass eine planwidrige Unvollständigkeit, d.h. eine Lücke, gegeben ist. Generell kann gesagt werden: Eine Rechtsfindung contra legem kann überhaupt nur in echten Ausnahmefällen in Betracht kommen, wenn »der konkrete Streitfall vom Normaltypus so eklatant abweicht, dass die Bindung des Richters an das Gesetz zu einem untragbaren Ergebnis führen würde« (Neuner, [a.a.O.], 164). Dafür, dass der Rechtsanwender sich fragt, ob er einer Rechtsnorm die Gefolgschaft verweigern soll, sind drei Gruppen von Gründen denkbar (vgl. Krey JZ 1978, 361 [362]):

1. der Richter hält das Gesetz für verfassungswidrig
2. er empfindet es, gemessen an »überpositivem Recht«, als gesetzliches Unrecht
3. nach seiner eigenen Wertung hält er es für unbillig oder unvernünftig

In der rechtstheoretischen Literatur sind eine Reihe Theorien entwickelt worden, die dem Richter gegenüber dem Gesetz einen mehr oder weniger großen Spielraum gewähren (vgl. den Überblick bei Krey JZ 1978, 428ff.). Das **Steuerrecht** als Teil des öffentlichen Rechts ist durch die hoheitliche Eingriffsverwaltung geprägt, die **unter dem Gesetzesvorbehalt** steht. Ohne gesetzliche Rechtsgrundlage keine hoheitliche Maßnahme. In diesem Bereich ist deshalb schon eine ergänzende Rechtsfortbildung nur unter den eingeschränkten, in Teil A unter 5.2 dargestellten Voraussetzungen statthaft und eine **Ergänzung zu Lasten des Steuerpflichtigen unzulässig.** Das gilt erst recht für eine Rechtsfortbildung gegen den ausdrücklichen Wortlaut und Willen des Gesetzgebers. Die eigene Wertung an die Stelle der Entscheidung des Gesetzgebers zu stellen, kann nicht in Betracht kommen. Hiervon ist aber die »Auslegung« gegen den Wortlaut zu unterscheiden, bei der sich der Rechtsanwender zwar über den Wortlaut einer Norm hinwegsetzt, bei der jedoch zuverlässige Anhaltspunkte dafür gegeben sind, dass der Gesetzeswortlaut den Willen des Gesetzgebers gar nicht zum Ausdruck bringt (vgl. oben Teil A 5.2.1.2). Es kommt dann also nicht zu einer Rechtsfortbildung gegen den Willen des Gesetzes, dieser ist lediglich im Wortlaut nicht richtig zum Ausdruck gekommen.

Eine gesetzliche Vorschrift unter Hinweis auf »überpositives Recht«, das als ungeschriebenes allgemeines Recht gedacht wird, nicht anzuwenden, wäre nur in Situationen denkbar, in denen das gesetzliche Recht krasses Unrecht bedeutet, wie z.B. teilweise zu Zeiten der Herrschaft des Nationalsozialismus. Steuerpolitische Erwägungen sind auf jeden Fall kein Grund, gegen den Wortlaut der Gesetze zu entscheiden. Steuerpolitik ist Aufgabe des Gesetzgebers (BVerfG vom 30. 06. 1964 BVerfGE Bd. 18, 97 [111]).

Ernstlich in Betracht kommt deshalb heute eine Rechtsfortbildung gegen das Gesetz nur wegen **Verfassungswidrigkeit einer Norm.** Die Prüfung der Verfassungsmäßigkeit der Gesetze obliegt der Rechtsprechung. Hält im Zweifelsfalle ein Gericht eine Norm für mit der Verfassung vereinbar, so kann es selbst darüber entscheiden.

Ist es dagegen der Meinung, das Gesetz verletze die Verfassung, muss es den Fall dem BVerfG zur Prüfung vorlegen. Formelle, nach In-Kraft-Treten des Grundgesetzes geschaffene Gesetze können nur im Wege der **Normenkontrolle nach Art. 100 GG** überprüft werden.

Soweit es sich um eine Verletzung des Grundgesetzes handelt, entscheidet das Bundesverfassungsgericht. Bei Verletzung der Landesverfassung eines Bundeslandes führt das für Verfassungsstreitigkeiten des Landes zuständige Gericht die Normenkontrolle durch. Kommt das BVerfG zu dem Ergebnis, dass eine **Vorschrift mit dem Grundgesetz nicht vereinbar** ist, so erklärt es diese nach § 78 BVerfGG für **nichtig.** Sie ist damit von Anfang an unwirksam und nicht nur für alle zukünftigen, sondern auch für in er Vergangenheit verwirklichte Sachverhalte nicht anzuwenden. Nicht mehr anfechtbare Verwaltungsakte, die auf der nichtigen Norm beruhen, bleiben jedoch gemäß § 79 Abs. 2 BVerfGG wirksam. Diese Regelung ist gerade bei den Massenverfahren im Steuerrecht von großer Bedeutung, da andernfalls bei Verfassungswidrigkeit einer steuerlichen Vorschrift u. U. Millionen Steuerbescheide für mehrere Jahre geändert werden müssten.

In den letzten Jahren ist das BVerfG in einer Reihe von Fällen dazu übergegangen, die fraglichen Normen nicht für nichtig zu erklären, sondern dem Gesetzgeber aufgegeben, bis zu einem bestimmten Termin eine mit der Verfassung vereinbare Regelung herbeizuführen. Es wird die Unvereinbarkeit eines Gesetzes mit der Verfassung festgestellt und dem Gesetzgeber aufgegeben, in angemessener Zeit eine Neuregelung zu schaffen (vgl. Schlaich, [a. a. O.], 270 ff.). In seiner Entscheidung zur Verfassungsmäßigkeit der Kinderfreibeträge erklärt das BVerfG, die bestehende Rechtslage könne für eine Übergangsfrist noch hingenommen werden, und gibt dem Gesetzgeber zugleich auf, sich in angemessener Frist auf die nunmehr geklärte Rechtslage einzustellen (BVerfG vom 29. 05. 1990 BStBl II 1990, 653 ff. [666], im gleichen Sinne auch BVerfG vom 27. 06. 1991 BStBl II 1991, 654 ff. zur Versteuerung von Zinseinkünften, sowie BVerfG vom 25. 09. 1997 BStBl II 1993, 413 ff. zum Grundfreibetrag). In seinem Urteil zur Verfassungsmäßigkeit der VSt (BVerfG vom 22. 06. 1995 BStBl II 1995, 655 ff.) rechtfertigte das Gericht die weitere Anwendung des Gesetzes mit dem Hinweis auf die für die vergangenen Jahre schon weitgehend abgeschlossene Veranlagung und setzte dem Gesetzgeber eine Frist bis 31. 12. 1996 zur Anpassung der gesetzlichen Regelung. Dies führte zur Aufhebung der VSt.

6 Konkurrenz von Gesetzesvorschriften

6.1 Kumulative Anwendung

Normen mit völlig verschiedenen Tatbestandsvoraussetzungen können die gleiche oder eine ähnliche Rechtsfolge enthalten. Sind durch einen Lebenssachverhalt die Tatbestandsmerkmale dieser unterschiedlichen Vorschriften gleichzeitig erfüllt, so stellt sich die Frage, ob sie **nebeneinander angewendet werden können.** Häufig ist das der Fall.

BEISPIELE

a) Die Haftungsnormen in § 69 AO und § 128 HGB sind ggf. – soweit ein Gesellschafter zugleich die Geschäftsführung hat – nebeneinander anwendbar.

b) § 75 AO und § 25 HGB sind bei Betriebsübergabe mit Firmenfortführung nebeneinander anwendbar, obwohl diese Vorschriften unterschiedliche Voraussetzungen haben und auch hinsichtlich des Umfangs der Haftung als Rechtsfolge wesentlich voneinander abweichen.

Im Verhältnis mehrerer Besteuerungstatbestände müssen wir differenzieren. Soweit es um die **gleiche Steuer** geht, **können auf einen Lebenssachverhalt** bei dem gleichen Steuersubjekt **nicht mehrere Besteuerungstatbestände anwendet werden.**

BEISPIEL

Eine bestimmte Tätigkeit kann nicht zugleich als Einkünfte aus Gewerbebetrieb und aus freiberuflicher bzw. nichtselbstständiger Tätigkeit besteuert werden. Dies wird durch die Definition des Gewerbebetriebes in § 15 Abs. 2 EStG verhindert.

Soweit es sich um **verschiedene Steuern** handelt, ist eine **doppelte (kumulative) Besteuerung** des gleichen Lebenssachverhalts **zulässig,** z. B. unterliegt der Ertrag eines Gewerbebetriebes sowohl der ESt nach § 15 Abs. 1 EStG wie auch nach §§ 7 ff. GewStG der Gewerbesteuer.

6.2 Rangfolge

Das **höherrangige Gesetz** (insbesondere das Grundgesetz, aber auch EU-Recht) hat gegenüber dem rangniedrigeren Gesetz (z. B. einem normalen Bundesgesetz) Vorrang. EU-Recht hat gegenüber nationalen Gesetzen, d. h. auch gegenüber der Verfassung Vorrang. Rechtsschutz wird insoweit durch den EuGH gewährleistet.

BEISPIEL

Die Kindergeld- und Kinderfreibetragsregelungen der Jahre 1982 bis 1985 verstießen gegen das Grundgesetz, weil sie wesentlich unter dem an Sozialhilfesätzen orientierten Existenzminimum lagen. Hierdurch wird der Gleichheitssatz des Art. 3 GG verletzt, weil im Verhältnis zu kinderlosen Ehepaaren eine höhere Steuerbelastung und damit eine Schlechterstellung eintritt, die zugleich eine Verletzung des Art. 6 GG bedeutet (BVerfGE BStBl 1990 , 664 und vom 29. 05. 1990 BStBl 1990 , 653).

Internationale Verträge, die unmittelbar anwendbares innerstaatliches Recht geworden sind, gehen nach § 2 AO den Steuergesetzen vor. Das kommt insbesondere bei Doppelbesteuerungsabkommen (DBA und bei Normen der EU) in Betracht.

BEISPIEL

Der in § 12 AO geregelte Begriff der Betriebsstätte ist in den meisten DBA wesentlich enger gefasst (vgl. Art. 5 Muster DBA). Für die Frage der Steuerberechtigung zwischen Deutschland und dem ausländischen Staat ist dieser engere Begriff der Betriebsstätte maßgebend.

Im Verhältnis von Bundes- und Landesgesetzen zueinander gilt:
Bundesrecht bricht Landesrecht, es geht also dem Landesrecht vor (Art. 31 GG).

6.3 Zeitliche Abfolge

Das **zeitlich später ergangene Gesetz** hat gegenüber dem zeitlich früheren **Vorrang.** Dieser Grundsatz gilt nicht nur für völlig neue Gesetze, sondern auch für Änderungsgesetze. Gerade im Steuerrecht mit seinen häufigen Gesetzesänderungen spielt dies eine große Rolle, es ist jedoch genau darauf zu achten, ab wann das neuere Gesetz bzw. das (Steuer-)Änderungsgesetz gilt. Viele Steueränderungsgesetze bestimmen den Tag ihres In-Kraft-Tretens ausdrücklich bzw. regeln, ab wann bestimmte Einzelnormen anzuwenden sind. Gewöhnlich findet man die betreffende Bestimmung am Schluss des Gesetzes. Ist nichts Besonderes gesagt in einem Gesetz, so tritt es nach Art. 82 Abs. 2 GG mit dem 14. Tag nach Ablauf des Tages in Kraft, an dem das Bundesgesetzblatt ausgegeben worden ist, in dem dieses Gesetz verkündet worden ist.

6.4 Spezialgesetz und Subsidiarität

Das **Spezialgesetz** hat gegenüber der Grundnorm stets **Vorrang.** Eine Spezialnorm ist dann anzunehmen, wenn sie die Tatbestandsmerkmale der Grundnorm und darüber hinaus noch weitere Tatbestandsvoraussetzungen enthält (Larenz, [a. a. O.], 267).

BEISPIELE

a) Nach § 19 Abs. 1 AO ist das Wohnsitzfinanzamt für die ESt zuständig. Hat der Stpfl. jedoch z. B. im Bezirk eines anderen Finanzamts der gleichen Gemeinde einen Gewerbebetrieb, so greift die Spezialregelung des § 19 Abs. 3 AO ein und jenes Finanzamt ist auch für die ESt zuständig.

b) Nach § 6 Abs. 1 Nr. 4 EStG sind Entnahmen mit dem Teilwert anzusetzen. Für den Spezialfall der Überführung von Wirtschaftsgütern in das Privatvermögen bei Betriebsaufgabe bestimmt § 16 Abs. 3 EStG, dass der gemeine Wert maßgebend ist.

Die Spezialnorm kann sich nicht nur in dem gleichen, sondern auch in einem ganz anderen Gesetz finden. In manchen Fällen stellt das Gesetz selbst eine Vorschrift unter den Vorbehalt, dass keine spezialgesetzliche Regelung greift.

Subsidiarität liegt für den Fall vor, dass eine Rechtsnorm nur angewendet werden soll, wenn die Voraussetzungen einer anderen Vorschrift nicht erfüllt sind. Die subsidiäre Norm ist also **nur hilfsweise anwendbar,** wenn nicht die andere Rechtsvorschrift zum Zuge kommt. Die Subsidiarität kann im Gesetz selbst ausdrücklich festgelegt sein, sie kann sich auch aus dem Sinn und Zweck der Gesetzesregelung ergeben.

BEISPIELE

a) § 41 FGO:
Subsidiarität der Feststellungsklage.

b) § 20 Abs. 3 EStG:
Besteuerung von Zins- und Dividendeneinkünften tritt nach § 20 EStG nur hilfsweise ein, soweit sie nicht unter eine der anderen Einkunftsarten fallen.

c) § 21 Abs. 3 EStG:
Das Gleiche gilt auch für die Einkünfte aus Vermietung und Verpachtung.

Teil B Klausurtechnik

AUSGEWÄHLTE LITERATURHINWEISE ***Domisch, Kurt,*** *Klausurtechnik, 6. Aufl., Herne 1992* ▪ ***Ramb, Jörg,*** *Klausurentraining Stuttgart 2001 (Hinweis: Es handelt sich dabei im Wesentlichen um Klausurfälle)* ▪ ***Rudolph, Hans J.,*** *Bearbeitung von außergerichtlichen Rechtsbeihilfen in Steuersachen, 5. Aufl., Herne 1996* ▪ ***Schreyer, Dietmar,*** *Rechtsbehelfe in Steuersachen, 2. Aufl., München 1996*

1 Allgemeines

Im zweiten Teil des Buches geht es um Hilfestellungen zur Anfertigung von Klausuren. Die Leserinnen und Leser sollen deshalb hier persönlich angesprochen werden, **da es um Ihren ganz persönlichen Klausurerfolg** geht.

In dem Teil Klausurtechnik sollen nicht die fachlichen Probleme des jeweiligen Steuerfaches im Vordergrund stehen, sondern die Arbeitstechnik, wie man zu einer Lösung kommt und welche Fehlerquellen Sie dabei möglichst vermeiden sollten. Während der erste Teil Ihnen das methodische Wissen zum Umgang mit Gesetzen vermittelt, geht es jetzt also zusätzlich um die technischen Fähigkeiten zur Anfertigung einer Klausur. Je besser Sie beides beherrschen, desto mehr Erfolg werden Sie mit Ihren Klausuren haben. Eines erspart Ihnen das Durcharbeiten des Buches jedoch nicht: **Üben! Üben!** nur durch eigene Übung im Schreiben von Klausuren werden Sie in Methodik und Technik sicher.

Benutzer dieses Buches mögen geneigt sein, gleich beim Teil Klausurtechnik zu beginnen und sich die Methodenlehre zu sparen. Beide Teile sind jedoch eng miteinander verzahnt. Nur wenn man in der Lage ist, methodisch zu arbeiten und sich das dementsprechende Instrumentarium angeeignet hat, wird man fähig sein, klar gegliederte, in ihrer Begründung strukturierte Klausurlösungen zu verfassen. Wer z.B. die **Subsumtionstechnik** (vgl. Teil A 4) **beherrscht,** hat damit die Fähigkeit, mit Gesetzestexten zu arbeiten, sie auf einen konkreten Fall anzuwenden. Es wird deshalb dringend empfohlen, sich auch mit der Methodenlehre zu beschäftigen. Nur dann wird die Darstellung der Klausurtechnik für Sie verständlich und nutzbringend sein.

Mit der Klausurtechnik lernen Sie zwar in erster Linie, wie man die **Klausurlösung logisch und zweckmäßig aufbaut,** um möglichst zielsicher zur richtigen Lösung zu kommen. Die damit erlernten und eingeübten Fähigkeiten werden Ihnen aber auch in Ihrer späteren praktischen Tätigkeit helfen. Klausurtechnik ist die Schulung in logisch-systematischem Denken und Darstellen. Wer dazu in der Lage ist, wird auch bessere Schriftsätze, Einspruchsentscheidungen usw. verfassen.

Versetzen Sie sich gedanklich bei Ihrer Klausurlösung an kritischen Stellen auch einmal in den Klausurverfasser. Was kann er mit dieser oder jener Sachverhaltsgestaltung oder Frage gewollt haben? Was erwartet er wohl von Ihnen?

Für die Bewertung schriftlicher Arbeiten gibt es eine Reihe Kriterien, von denen § 40 StBAPO die wesentlichsten nennt:

- Richtigkeit der Entscheidung,
- Art und Folgerichtigkeit der Begründung,
- Gliederung und Klarheit der Darstellung und
- Ausdrucksweise.

Es kommt also nicht allein auf die Richtigkeit Ihrer Ausführungen an.

1.1 Darstellungsweise

1.1.1 Das äußere Bild der Klausur

Mancher Leser wird die ersten Bemerkungen zur Darstellungsweise als überflüssige Zumutung empfinden. Aus der Erfahrung vieler Jahre Klausurkorrektur sollen dennoch hier einige allgemeine Ausführungen zum Äußeren der Klausur vorangestellt werden. Diejenigen, für die ein vorzeigbares Aussehen ihrer Klausuren eine Selbstverständlichkeit ist, mögen diese Anmerkungen verzeihen. Beurteilt wird zwar der Inhalt der Klausur, jede Bewertung enthält aber Ermessensspielräume. Eine äußerlich unerfreuliche Klausur wird den Korrektor nicht gerade für Ihre Klausur einnehmen.

- Vergessen Sie nicht, **Ihren Namen** im Kopf der Arbeit einzutragen.
- Die Klausur sollte **leserlich** sein, auch wenn dies im Zeitstreß des Klausurschreibens schwerfällt.
- Lassen sie einen **Korrekturrand.**
- Gewöhnen Sie sich an, die **Seiten** schon während des Schreibens zu **numerieren.** In der Hektik der letzten Minuten vor dem Abgabezeitpunkt haben Sie dazu u. U. keine Zeit mehr, und leicht kommen die losen Blätter durcheinander.
- **Beschreiben Sie nur die Vorderseiten** der Blätter, um gegebenenfalls Ergänzungen auf die Rückseite setzen zu können. So vermeiden Sie, Ihnen später noch einfallende zusätzliche Begründungen und Änderungen unübersichtlich zwischen den ursprünglichen Text klemmen zu müssen.
- Helfen sie dem Korrektor durch Ihre Lösung hindurchzufinden, indem Sie **Absätze** und zu den einzelnen Lösungspunkten **Zwischenüberschriften machen.** Anders als bei einer Hausarbeit braucht der Klausur jedoch keine Gliederung vorangestellt zu werden.
- Soweit der **Aufgabentext** oder die Fragestellung eine **Untergliederung** vorsieht, **folgen** Sie dieser in Ihrer Darstellung, um dem Korrektor auch auf diese Weise einen besseren Durchblick durch Ihre Arbeit zu verschaffen.
- **Gängige Abkürzungen** können Sie verwenden, ebenso die Abkürzungen für die verschiedenen Gesetze, z. B. AO, FGO, EStG, UStG, VStG.
  Im Übrigen sollten Sie mit Abkürzungen möglichst zurückhaltend sein und für einen Nichtfachmann nicht verständliche nicht gebrauchen.

1.1.2 Inhaltliche Darstellung

Lernen Sie aus den Fehlern Ihrer Vorgänger, nicht alle Fehler muss man selbst machen:

- **Der Sachverhalt gilt als bekannt.**
  Ein häufiger Anfängerfehler ist, die Lösung mit einer teilweisen Wiederholung des Sachverhaltes zu beginnen. Die Bearbeitungszeit in Klausuren ist knapp und kostbar, für Sachverhaltsdarstellungen gibt es absolut keinen Punkt bei der Bewertung. Nutzen Sie Ihre Zeit besser.
  Etwas anderes gilt bezüglich der Sachverhaltsdarstellung nur, wenn als Lösung der Entwurf einer Einspruchsentscheidung verlangt wird. In der AO-Klausur der Laufbahnprüfung kommt diese Klausurversion in einigen Bundesländern vor. In jeder Einspruchsentscheidung ist der entscheidungserhebliche Sachverhalt darzustellen. (Es wird darauf in Teil B unter 8.3.5.1 näher eingegangen.)

- **Allgemeine Vorbemerkungen sind in der Regel unangebracht.**
  Es ist ein weiterer Anfängerfehler, der Fallösung eine Art Kurzlehrbuch voranzustellen, in dem allgemeine rechtliche Ausführungen zu den im Fall auftretenden Rechtsfragen gemacht werden, um erst anschließend auf die konkrete Lösung zu kommen. So ist z.B. ein langer Vorspann zu den Buchführungspflichten nach HGB in einer Klausur zum Bilanzsteuerrecht überflüssig, es genügt, dies mit einem kurzen Satz zu erwähnen. Beginnen sie sofort mit der Bearbeitung Ihres Falles und erörtern Sie die auftauchenden Rechtsfragen im Zusammenhang der von Ihnen entwickelten Lösung.
  Hiervon zu unterscheiden sind lösungsrelevante Vorbemerkungen, wie z.B. die Klärung der Frage der unbeschränkten Steuerpflicht und der Einkunftsart bei einer Kapitalgesellschaft.
- **Geben Sie die Rechtsgrundlagen an,**
  auf die sich die Lösung stützt. In erster Linie kommen dafür die einschlägigen Gesetze in Betracht. In vielen Fällen ergibt sich die konkrete Lösung im Steuerrecht aber nur aus Verwaltungsanweisungen, d.h. insbesondere den jeweiligen Richtlinien, dann sollten Sie die einschlägigen Fundstellen aus den Richtlinien zitieren. Zitieren Sie genau. In den meisten Fällen ist es notwendig, § ... Abs. ... Satz ... (bzw. Nr.) anzugeben.
  Nicht nur das richtige Ergebnis zählt in Klausuren. Viele Punkte werden für die Begründung gegeben, dazu gehören insbesondere die jeweiligen Fundstellen in Gesetzen und Richtlinien.
- **Arbeiten sie fallbezogen.**
  Nur die mit der Lösung des konkreten Falles zusammenhängenden Rechtsfragen und Probleme sind anzusprechen, sie müssen also einen rechtlichen Bezug zum Sachverhalt haben. Auch wenn Sie ein interessantes Rechtsproblem noch so gut beherrschen, ist darüber kein Wort zu schreiben, wenn es für die Lösung des Falles keine Bedeutung hat. Bearbeiter unterliegen leicht der Versuchung, ihr Wissen zu einer bestimmten Frage ausbreiten zu wollen, ohne dass es für die Lösung relevant ist. Die hierfür aufgewandte Zeit ist verschwendet, es gibt dafür keine Punkte und der Bearbeiter zeigt mit derartigen Ausführungen zugleich, dass er nicht in der Lage ist, fallbezogen zu arbeiten.
- **Begründen Sie mit kurzen, klaren Sätzen.**
  Der Telegrammstil ist vor allem gefährlich, wenn in der Begründung ein logischer Zusammenhang dargestellt werden muss, der aus telegrammartigen Wortfetzen nur noch erahnt werden kann. Stichworte genügen allenfalls dort, wo die Begründungen nur begleitend zu einem Rechenwerk gegeben werden. Auch hier sollte jedoch an allen problematischen Stellen unbedingt in ganzen Sätzen begründet werden.
- **Darstellungsstil**
  Klausuren sind eine Art Kurzgutachten und folgen deshalb dem **Gutachtenstil** im Gegensatz zum Urteilsstil (vgl. dazu 8.3.5.2), dieser kann lediglich in AO-Klausuren einmal vorkommen, wenn die Aufgabe darin besteht, eine Einspruchsentscheidung zu fertigen.
  Im Gutachtenstil werden die einzelnen Tatbestandsvoraussetzungen nacheinander geprüft, um daraus schließlich die Rechtsfolge abzuleiten. Der Gutachtenstil ist weit mehr als lediglich eine Stilform der Darstellung. Er ist zunächst und vor allem die Arbeitsmethode, mit deren Hilfe man die einschlägigen Rechtsvorschriften prüft, um für eine aufgeworfene Rechtsfrage eine Lösung zu finden. Zunächst muss dieser Arbeitsprozess in Ihrem Kopf abgelaufen sein, bevor Sie ihn überhaupt zu Papier bringen können.

1.2 Umfang der Arbeit

Es ist ein weitverbreiteter Irrtum, man müsse möglichst viel schreiben, um viele Punkte zu erzielen. **Entscheidend ist nicht die Quantität, sondern die Qualität** Ihrer Darstellung. Kurze prägnante Ausführungen, mit denen die entscheidenden Fragen angesprochen werden, sind besser als eine weitschweifige Darstellung auf vielen Seiten, von der große Teile für die Lösung ohne Bedeutung sind.

- **Beschränken Sie den Umfang Ihrer Ausführungen zu jedem Teilbereich.**
  Für **jeden Teil** der Klausurlösung ist nur eine **maximal erreichbare Punktzahl vorgesehen.** Liefern Sie zu den Problemen des Klausurfalles zwar eine überzeugende Lösung, aber beißen Sie sich nicht an einem Problem fest. Es mag sein, dass Sie gerade über eine der in der Klausur auftauchenden Fragen ein umfangreiches Spezialwissen haben. Beschränken Sie dennoch Ihre Ausführungen auf das Wesentliche, denn die Zeit ist knapp. Seitenlange Ausführungen zu einem Einzelproblem nehmen ihnen kostbare Minuten für andere Klausurteile. Sie laufen Gefahr, dort Punkte zu verlieren, ohne durch Ihr vielleicht exzellentes Gutachten zu der einen ausführlich bearbeiteten Frage mit entsprechenden Mehrpunkten belohnt zu werden.
- **Sehen Sie zu, dass Sie fertig werden.**
  Es ist wichtiger, die Klausur bis zu Ende durchzulösen, als umfängliche Ausführungen zu Einzelproblemen zu machen und nicht fertig zu werden. Jede Klausur enthält einen erheblichen Teil Punkte, die leicht zu erlangen sind. Ein vorrangiges Ziel muss es deshalb sein, die Klausur zu Ende zu lösen, um möglichst viele **»Selbstgänger-Punkte« zu kassieren.**
  Während Sie Übungsklausuren schreiben, müssen Sie lernen, mit der Zeit umzugehen, um ein Gefühl dafür zu bekommen, wieviel Sie schreiben können, wenn Sie alle Klausurteile bearbeiten wollen. Eine zu Hause, ohne Aufsicht geschriebene Klausur hat für den Umgang mit der Zeit nur dann einen Übungseffekt, wenn sie hintereinander, ohne Pausen geschrieben wird. Wer zwischendurch Kaffeepausen macht, bemogelt sich selbst, denn er wird in dieser Zeit seine Gedanken nicht abschalten können; sie arbeiten weiter an der Lösung.
  Sollte Ihnen zum Schluss noch Zeit übrig bleiben, nutzen Sie diese, um Ihre vielleicht zunächst an einigen Stellen zu schlank ausgefallenen Begründungen noch zu ergänzen. Sie können dazu die freigelassenen Rückseiten verwenden.

2 Umgang mit dem Sachverhalt

2.1 Erfassen des Sachverhalts

Zur Sachverhaltsermittlung sei zunächst auf Teil A 4.2 verwiesen.

Bevor Sie mit der Lösung beginnen, sollte Ihnen der Sachverhalt hinreichend vertraut sein. Es empfiehlt sich, ihn **zweimal durchzulesen.** Beim zweiten Lesen können Sie für die Lösung eventuell besonders relevante Teile markieren und wichtige Gedanken, die beim Durchlesen kommen, gleich stichwortartig festhalten. Sehen Sie davon beim ersten Durchlesen noch ab, denn erst wenn Sie die Fragestellung am Schluss des Klausurtextes erfasst haben, können Sie den Sachverhalt wirklich richtig einschätzen. Schon beim ersten Lesen angebrachte Markierungen können sich dann als irrelevant erweisen und bei der weiteren Bearbeitung stören.

Bevor Sie den Sachverhalt zum zweiten Mal lesen, **schauen Sie sich die Fragestellung** am Schluss des Sachverhaltes ganz **genau an,** um zu wissen, was geprüft werden soll, worum es also geht. Häufig kommt es vor, dass Teile einer Frage übersehen werden.

Bei der **zweiten Durchsicht** können Sie den Sachverhalt sehr viel zielorientierter betrachten und aufnehmen und **wesentliche Punkte** sinnvoll **markieren.** Gehen Sie von einem falschen Sachverhalt aus, weil Sie ihn nicht richtig erfasst haben, so kommen Sie selbst bei ausgezeichneten Steuerrechtskenntnissen zu einem falschen Ergebnis. Immer wieder stehen Studenten fassungslos vor einem schlechten Klausurergebnis und müssen einsehen, dass sie den Sachverhalt nicht richtig gelesen haben. Dem richtigen Erfassen des Sachverhalts kommt eine entscheidende Rolle zu. Wer meint, ihn nur überfliegen zu brauchen, um Zeit zu sparen, riskiert den Erfolg seiner Klausur.

Achten Sie auch darauf, **ob** sich am Anfang oder Schluss des Klausurtextes noch besondere **Bearbeitungshinweise** oder Bemerkungen befinden, die für die Lösung von Bedeutung sind.

BEISPIEL

In ESt-Klausuren finden Sie öfter am Schluss die folgenden oder ähnliche Angaben:
»Alle erforderlichen Anträge gelten als gestellt. Der Steuerpflichtige möchte das für den Veranlagungszeitraum (bzw. insgesamt) günstigste Ergebnis erreichen.«
Es kann z. B. bei Bewertungswahlrechten oder der Versteuerung von Renten bei Betriebsveräußerung einen großen Unterschied ausmachen, ob das insgesamt oder nur für den betreffenden Veranlagungszeitraum Günstigste erreicht werden soll.

Der **Sachverhalt besteht aus Tatsachen,** davon sind Rechtsfragen zu unterscheiden. Tatsachen sind alle inneren und äußeren Vorgänge und Zustände. Gelegentlich enthält ein Klausurtext (besonders bei AO-Klausuren) auch Schlussfolgerungen, Erfahrungssätze oder Rechtsansichten der Beteiligten. Es handelt sich dabei nicht um Tatsachen. Während Sie die im Klausurtext angegebenen Tatsachen, soweit nicht ausnahmsweise ausdrücklich etwas anderes gesagt ist, als bewiesen behandeln können, bedürfen Schlussfolgerungen, Rechtsansichten u. Ä. einer Überprüfung. Mit Fragen der Beweiserhebung und Beweiswürdigung brauchen Sie sich in Klausuren meist nicht zu beschäftigen.

Häufig werden **im Sachverhalt** Begriffe verwendet, die eigentlich keine Tatsachen, sondern **außersteuerliche Rechtsbegriffe** sind. Soweit damit bestimmte tatsächliche Vorgänge eindeutig bezeichnet sind und sich aus dem weiteren Sachverhalt keine Zweifel ergeben, können sie wie Tatsachen als gegeben angesehen werden.

BEISPIEL

Im Sachverhalt ist davon die Rede, der Steuerpflichtige habe einen bestimmten Gegenstand »gekauft«. Der Kauf ist ein zivilrechtliches Rechtsgeschäft, die ihm zugrundeliegenden Tatsachen sind das von einer Vertragspartei erklärte Angebot zum Abschluss eines Kaufvertrages und die von der anderen Partei erklärte Annahme dieses Angebots. Soweit sich aus dem Sachverhalt keine Probleme oder Zweifel hinsichtlich des Kaufes ergeben, kann der aus dem Zivilrecht stammende Rechtsbegriff »Kauf« hier wie eine Tatsache behandelt werden, ohne dass es weiterer Aufklärung bedarf.

Das kann jedoch nicht gelten, wenn sich aus dem Sachverhalt zugleich Tatsachen ergeben, die die steuerliche Anerkennung des zivilrechtlichen Vertrags zweifelhaft werden lassen.

BEISPIEL

Der Steuerpflichtige hat seine Ehefrau als Arbeitnehmerin in seinem Unternehmen beschäftigt und ihr einen angemessenen Lohn gezahlt. Zugleich ergibt sich aus der weiteren Sachverhaltsdarstellung, dass die Lohnzahlungen auf ein Konto des Ehemannes vorgenommen worden sind.

LÖSUNG Hier enthält der Sachverhalt mit der Angabe über die Art der Lohnzahlung eine weitere Tatsache, die die steuerliche Anerkennung des zivilrechtlichen Arbeitsverhältnisses ausschließt, weil die Lohnzahlungen nicht dem Vermögensbereich der Ehefrau zugeflossen sind. Es liegt zwar ein zivilrechtlich wirksames Arbeitsverhältnis vor, die zusätzliche Tatsache schließt jedoch seine steuerliche Anerkennung aus. Das Arbeitsverhältnis ist hinsichtlich der Lohnzahlung nicht tatsächlich durchgeführt worden. Anders wäre die Lösung dagegen, wenn der Arbeitslohn auf ein gemeinschaftliches Konto überwiesen worden wäre, über das jeder der Ehegatten allein verfügungsberechtigt ist (»Oder-Konto«, vgl. BVerfG vom 07. 11. 1995 BStBl II 1996, 34).

Vorsicht ist geboten, wenn im Sachverhalt von einem der Beteiligten ein **steuerrechtlicher Begriff** verwendet wird. Hier kann nicht ohne Prüfung davon ausgegangen werden, dass er richtig verwendet worden ist. Eine **Überprüfung** – und gegebenenfalls Richtigstellung – ist also **notwendig.**

BEISPIEL

Der Steuerpflichtige macht bestimmte Baumaßnahmen als Werbungskosten bei seinen Einkünften aus Vermietung und Verpachtung geltend. Die steuerrechtliche Prüfung soll der Klausurbearbeiter in den Klausuren vornehmen. Sie müssen überprüfen, ob es sich wirklich um Werbungskosten oder u. U. um nachträgliche Herstellungskosten handelt.

In der praktischen Arbeit des Finanzbeamten oder Steuerberaters nimmt die Ermittlung des Sachverhalts einen breiten Raum ein, in der Klausur wird er dem Kandidaten dagegen vorgegeben. Er hat nicht die Möglichkeit, ihn durch Rückfragen weiter aufzuklären. Der Entwerfer eines Klausur muss deshalb alle für die Lösung relevanten Angaben in den Sachverhalt aufnehmen. In aller Regel können die Klausurbearbeiter deshalb davon ausgehen, dass der **Sachverhalt vollständig** ist. Dennoch kommt es vor, dass ein Klausurtext eine Unvollständigkeit oder Unrichtigkeit enthält. Sollte man zu dem Ergebnis kommen, dass der Sachverhalt nicht alle für die Lösung nötigen Angaben enthält oder unrichtig sein muss, so ist größte Vorsicht geboten, im Zweifel ist eher der Lösungsansatz des Bearbeiters falsch.

2.2 Ergänzung des Sachverhalts

Nach der Lebenserfahrung eindeutige Umstände oder Vorgänge werden im Sachverhalt **in der Regel nicht erwähnt,** hier kann der Klausurbearbeiter **von der üblichen Gestaltung ausgehen,** ohne damit eine unzulässige Sachverhaltsveränderung herbeizuführen. Das ist jedoch nur dann zulässig, wenn es tatsächlich eine entsprechende Lebenserfahrung gibt, nicht dagegen, wenn sich Steuerpflichtige bzw. Finanzamt in der Praxis in den dem Klausursachverhalt entsprechenden Lebenssituationen durchaus unterschiedlich verhalten.

BEISPIELE

a) In einer ESt-Klausur ist nicht ausdrücklich gesagt, ob die Eheleute zusammen oder dauernd getrennt leben.

LÖSUNG Nach der Lebenserfahrung leben Eheleute nicht dauernd getrennt. Bei der Fallbearbeitung kann davon ausgegangen werden, dass sie zusammen leben.

b) In einer AO-Klausur hat der Steuerpflichtige seine Steuererklärungen eingereicht. Es ist nichts darüber gesagt, ob ein USt-Bescheid ergangen ist. Hinsichtlich des erteilten ESt-Bescheides ergibt sich nicht aus dem Sachverhalt, ob er unter Vorbehalt der Nachprüfung oder endgültig erteilt worden ist.

LÖSUNG Die USt-Erklärung gilt nach § 150 Abs. 1 AO als Steueranmeldung, die gemäß § 168 AO einer Steuerfestsetzung unter Vorbehalt der Nachprüfung gleichsteht. Die Lebenserfahrung spricht hier dafür, dass das Finanzamt von der Steueranmeldung nicht abgewichen ist und keinen Steuerbescheid erteilt hat, wenn im Sachverhalt dazu nichts anderes gesagt ist.
Anders verhält es sich dagegen hinsichtlich des ESt-Bescheides. Der Vorbehalt der Nachprüfung ist eine Nebenbestimmung i. S. d. § 120 AO zum Steuerbescheid. Das Finanzamt entscheidet im jeweiligen Einzelfall, ob der Bescheid unter Vorbehalt der Nachprüfung erteilt werden soll. Es wäre deshalb eine unzulässige Sachverhaltsunterstellung, einen Vorbehalt der Nachprüfung anzunehmen, obwohl davon im Klausurtext nicht die Rede ist. Der Bearbeiter muss richtigerweise davon ausgehen, dass mangels Erwähnung kein Vorbehalt besteht.

c) In einem AO-Fall, bei dem es um den fristgerechten Einspruch des Steuerpflichtigen geht, ist nicht ausdrücklich gesagt, dass der Bescheid eine Rechtsbehelfsbelehrung enthielt.

LÖSUNG Steuerbescheide werden maschinell ausgedruckt, die Rechtsbehelfsbelehrung ist dabei mit einprogrammiert. Die Lebenserfahrung spricht deshalb dafür, dass ein Steuerbescheid mit Rechtsbehelfsbelehrung erteilt wird, diese kann unterstellt werden.

Besonders Anfänger sind leicht versucht, den **Sachverhalt** nicht so zu akzeptieren, wie er ist. Sie sollten darauf achten, ihn **nicht zu verbiegen** oder Teile hinzuzufügen, die nicht gegeben sind. Man spricht dabei auch von »Sachverhaltsquetsche«.

Wie kommt es dazu?

Der Grund liegt in der Regel an falschem methodischen Arbeiten. Statt den gegebenen Sachverhalt unvoreingenommen zu prüfen, arbeitet der Klausurbearbeiter nach einem »Schubladensystem«, in dem eine Reihe typischer Fälle und Probleme gespeichert sind. Der zu lösende Fall erinnert ihn an den Inhalt einer seiner gespeicherten Schubladen, diese breitet er nun aus, ohne zu merken, dass zum konkret zu lösenden Fall in einigen entscheidenden Nuancen Unterschiede bestehen. Das vermeintliche Wiedererkennen eines früher erlernten Falles verführt den Bearbeiter dazu, den Sachverhalt zu ergänzen, damit die ihm geläufigen Probleme bei der Lösung angebracht werden können.

In der Regel überlegen Klausurverfasser recht genau, was sie in den Sachverhalt hineinnehmen. Besonders in Anfängerklausuren haben Sie normalerweise nicht mit Fallstricken zu rechnen. Bei Klausuren für Fortgeschrittene wird allerdings schon ein sorgfältiger Umgang mit dem Sachverhalt erwartet, und es sind nicht immer alle relevanten Tatsachen sofort eindeutig erkennbar. Sie müssen dann versuchen, den Sachverhalt auszulegen.

Sollte sich nach reiflicher Prüfung und Überlegung tatsächlich **ausnahmsweise** einmal in einem Klausursachverhalt eine **Unvollständigkeit oder Unrichtigkeit** finden, die auch im Wege der Auslegung nicht geschlossen werden kann, so müssen Sie **mit einer Unterstellung arbeiten.** Es empfiehlt sich, dies ausdrücklich kenntlich zu machen. Bei der Unterstellung wird es meist mindestens zwei verschiedene Möglichkeiten geben. Der Verfasser der Klausurlösung sollte dann diejenige wählen, die ihm gestattet, bei der Lösung möglichst den gesamten Sachverhalt zu bearbeiten. Alternativen zu wählen, die einen großen Teil des Sachverhaltes überflüssig erscheinen lassen, wäre ungeschickt, denn die Intention des Entwerfers der Klausur dürfte es kaum gewesen sein, dass weite Teile des Klausurtextes ohne Relevanz für die Lösung sind. Falsch wäre es, die Bearbeitung unter Hinweis auf die Unvollständigkeit des Sachverhaltes abzubrechen.

2.3 Entscheidungsrelevanz

Nicht alle Tatsachen, die der Klausurtext enthält, müssen auch entscheidungsrelevant sein. Manches mag nur »Gebüsch« sein, aus dem Sie die **für Ihre Lösung bedeutsamen Tatsachen heraussuchen** müssen. Die meisten Angaben werden jedoch in jedem Fall eine Bedeutung für die im Zusammenhang mit der Lösung des Falls auftretenden Rechtsfragen haben. Sie müssen stets genau prüfen, welche Tatsachen für die Lösung relevant sind. Wird ein großer Teil der Tatsachen im Sachverhalt für die Lösung nicht benötigt, sollten Sie den Lösungsweg noch einmal sehr kritisch überdenken.

Achten Sie im Sachverhalt auch **auf versteckte Hinweise,** die den Klausurbearbeiter veranlassen sollen, sich mit bestimmten Fragen zu beschäftigen. Versuchen Sie, sich bei der Bearbeitung der Klausur immer wieder einmal in die Lage des Entwerfers zu versetzen.

Was hat der Klausurverfasser wohl mit einer bestimmten Textpassage gewollt?

Oft möchte der Entwerfer, dass sich die Bearbeiter mit einem Problem auf alle Fälle beschäftigen. Häufig finden Sie dann in der Klausur Passagen, in denen der Steuerpflichtige oder das Finanzamt sich in bestimmter Weise verhalten hat bzw. eine Rechtsauffassung vertritt. Fast immer sind das Hinweise für Sie. Wenn Sie vom Klausurentwerfer auf diese Weise schon zu einem Problem hingeführt werden, sollten Sie darüber nicht einfach hinweggehen. Sie müssen **sich mit vorgetragenen Rechtsansichten auseinander setzen.** Anders als an Tatsachen, sind Sie an Meinungen und rechtliche Auffassungen, die im Sachverhalt geäußert werden, nicht gebunden. Nehmen Sie dazu aber auch dann Stellung, wenn Sie die Rechtsansicht, z.B. des Finanzamts, für falsch halten und einen anderen Lösungsweg gefunden haben.

Die im Klausurtext wiedergegebenen Ausführungen bestimmter Personen können neben Rechtsansichten aber auch Tatsachen enthalten, die bisher nicht bekannt waren. Es empfiehlt sich, sie sorgfältig zu prüfen, weil diese zusätzlichen Tatsachen für die Entscheidung des Falles von maßgebender Bedeutung sein können.

2.4 Unübersichtliche Sachverhalte

In manchen Klausuren ist der Sachverhalt bewusst unübersichtlich oder kompliziert gestaltet, die Kandidaten sollen unter Beweis stellen, dass sie auch damit fertig werden. Gelegentlich sind Sachverhalte auch unbeabsichtigterweise wenig überschaubar formuliert. Es gibt einige Hilfen, um Ordnung in das Ganze zu bringen:

- Bei Beteiligung mehrerer Personen, komplizierten Gesellschaftsverhältnissen und anderen verwickelten **Sachverhalten** erleichtert es den Durchblick sehr, wenn man sich eine **kleine Skizze** über die vorliegenden Verhältnisse macht.
- Spielen in dem Fall **eine Menge verschiedener Daten** eine Rolle, lässt sich schnell ein Überblick verschaffen, wenn man sie **auf einen Zeitstrahl aufträgt.** Sie vermeiden auf diese Weise auch, einzelne wichtige Daten zu übersehen oder durcheinander zu bringen.
- **Machen Sie** sich sofort eine **Notiz,** wenn Sie an einer Stelle des Sachverhalts eine **Information** finden, die in ganz anderem Zusammenhang von Bedeutung ist, also aus der Sicht der Klausurlösung **an der falschen Stelle** steht.

BEISPIEL

Im Zusammenhang mit der Gewinnermittlung des Gewerbebetriebes finden sich Informationen über ein privates Grundstück des Steuerpflichtigen, die für die Ermittlung der Einkünfte aus Vermietung und Verpachtung benötigt werden.

3 Fragestellung

3.1 Art der Fragestellung

Erst wenn Sie die Fragestellung erfasst haben, können Sie den Sachverhalt zielgerichtet auf seine steuerliche Relevanz durchsehen.

Die exakte Erfassung der Fragestellung ist ein wichtiger Schritt zur richtigen Lösung eines Falles. Achten Sie auf die Fragestellung besonders in zweierlei Hinsicht:

1. Ausführungen zu nicht gestellten Fragen kosten Zeit und bringen keine Punkte.
2. Übersehen Sie einzelne Fragen oder – was viel häufiger vorkommt – Teile von Fragen, so kostet Sie das ebenfalls Punkte.

Durch die Art der Fragestellung will der Klausurverfasser u. U. vermeiden, dass bestimmte Probleme bei der Lösung gar nicht angesprochen werden.

BEISPIEL

In einer AO-Klausur hat der Steuerpflichtige gegen den ESt-Bescheid Einspruch eingelegt, hinsichtlich der Zulässigkeit ergeben sich nach dem Sachverhalt Probleme.

Fragestellung:

a) Nehmen sie zu dem Einspruch Stellung.

b) Nehmen Sie zur Zulässigkeit und Begründetheit des Einspruchs Stellung.

LÖSUNG Kommen Sie zur Unzulässigkeit, so enden Ihre Ausführungen bei a) mit der Prüfung der Zulässigkeit. Wählt der Klausurverfasser die Fragestellung b), so will er auf alle Fälle vermeiden, dass Sie nicht auf die Begründetheit eingehen. Es lässt sich daraus aber nicht der Schluss ziehen, Unzulässigkeit des Einspruchs sei hier die richtige Lösung.

Häufig macht es der Klausurentwerfer dem Bearbeiter leicht, indem er **eine Reihe ganz präziser Fragen** aufführt, die **alle zu beantworten** sind, wenn nicht ausnahmsweise etwas anderes gesagt ist. Ohne zwingenden Grund sollten Sie von der Reihenfolge, in der die Fragen gestellt sind, nicht abweichen, oft bauen sie logisch aufeinander auf.

Achten Sie auf den Zusammenhang der Fragen. Es kann sein, dass das Ergebnis aus der ersten Frage Ausgangspunkt für Frage 2 ist. Grundsätzlich müssen Sie dann Ihre in Frage 1 gefundene Lösung konsequent fortsetzen. Nicht selten will der Verfasser Sie jedoch auch zwingen, unabhängig von Ihrer Lösung der ersten Frage bei der zweiten von einem bestimmten Resultat auszugehen, dann wird die Frage 2 dementsprechend formuliert sein.

BEISPIEL

Frage 1

Prüfen Sie, ob der Steuerpflichtige Steuerhinterziehung begangen hat.

Frage 2

Prüfen Sie, ob die Festsetzungsfrist für die Einkommensteuer des Jahres 05 abgelaufen ist.

LÖSUNG Nach § 169 Abs. 1 AO käme die 10-jährige Frist in Betracht, wenn sie in Frage 1 eine Steuerhinterziehung bejaht haben. Um dies zu vermeiden, gibt der Klausurverfasser Frage 2 den Zusatz:

»Gehen Sie davon aus, dass keine Steuerhinterziehung vorliegt.«

Es wäre falsch, daraus den Schluss ziehen zu wollen, Sie müssten nun bei Frage 1 dazu kommen, es liege keine Steuerhinterziehung vor. Auch das Gegenteil kann die richtige Lösung sein. Auf alle Fälle will der Klausurentwerfer sicherstellen, dass bei Frage 2 alle Bearbeiter von den gleichen Voraussetzungen ausgehen.

Auch bei einem Fall mit Varianten sollten Sie der Reihenfolge des Klausurentwerfers folgen und zunächst den Ausgangsfall lösen.

Manche Verfasser fragen in Klausuren des besonderen Steuerrechts, aber auch in AO-Klausuren, nur ganz allgemein **»wie ist die Rechtslage?«**. Den Klausurbearbeitern fallen Klausuren mit allgemeinen Fragestellungen, besonders im AO-Bereich, wesentlich schwerer. Das hat verschiedene Gründe:

- sie wissen nicht recht, wo sie mit der Darstellung anfangen sollen
- sie sind unsicher, welche Fragen relevant sind und befürchten, Wesentliches zu übersehen.

Ein allgemeines Rezept lässt sich für diese Fälle nicht geben. Was geprüft werden muss, hängt ganz vom Sachverhalt ab. Alle sich aus dem Sachverhalt ergebenden wesentlichen Rechtsprobleme sind anzusprechen. Um einen Überblick über die möglicherweise zu behandelnden Rechtsfragen zu bekommen, kann man aber jeden Fall zunächst einmal gedanklich für sich nach einem Grundmuster strukturieren:

- Welche Personen sind beteiligt?
- Was will das Finanzamt von diesen? Welche Rechtsgrundlagen gibt es dafür?
- Was wenden die Personen dagegen ein und mit welchen Rechtsgrundlagen?
- Was wollen die Beteiligten vom Finanzamt? Rechtsgrundlagen?
- Was haben die Beteiligten gegenüber dem Finanzamt erklärt? Ist das richtig?
- Was hat das Finanzamt getan? War das rechtmäßig?

Haben sie sich bei einer AO-Klausur nach diesem allgemeinen Schema einen Überblick über den Fall verschafft, so prüfen Sie anschließend an Hand der passenden Checkliste weiter (siehe dazu 7.5).

In Klausuren des besonderen Steuerrechts wird eine allgemeine Fragestellung in der Regel keine besonders großen Probleme machen, da die zu prüfenden Fragen durch den im Gesetz vorgegebenen Arbeitsablauf und den Sachverhalt vorgezeichnet sind. So wird z. B. in ESt-Fällen in aller Regel das zu versteuernde Einkommen zu ermitteln sein.

3.2 Strukturierung der Fragen

Für jeden Klausurfall lässt sich ein Fragefächer aufbauen. Das folgende Klausuraufbau-Schema verdeutlicht den Vorgang.

Klausuraufbau-Schema

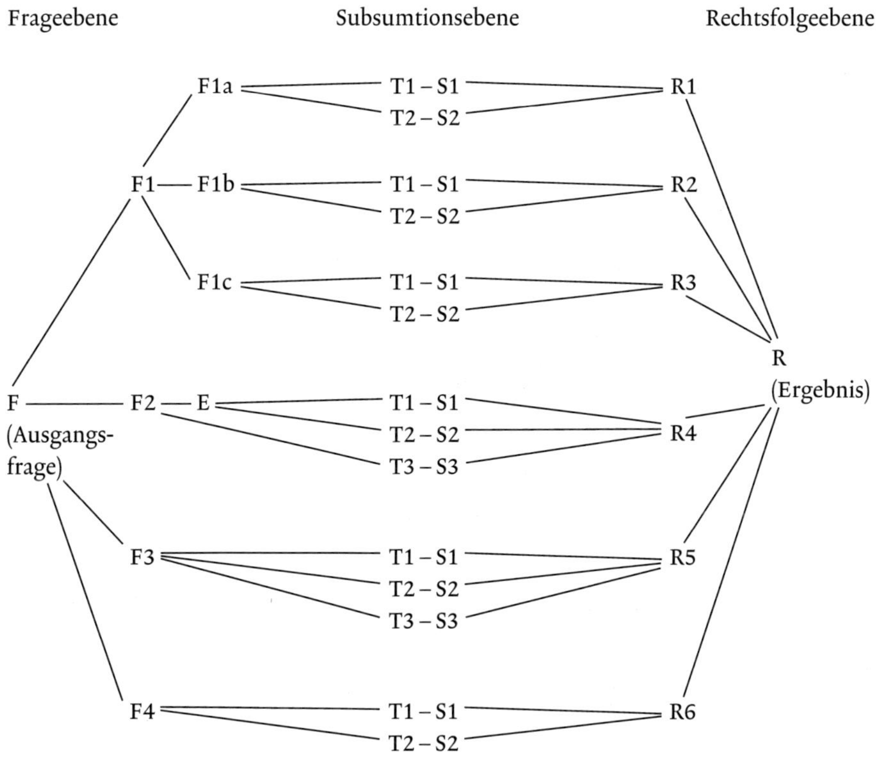

F	= Ausgangsfrage
F1 – F4	= Unterfragen (z. B. mehrere Einkunftsarten)
F1a – F1c	= Unterfragen zu F1 (z. B. mehrere Einkunftsquellen einer Einkunftsart)
E	= Ergänzungsnormen (z. B. § 9 EStG)
T1 – T3	= Tatbestandsmerkmale
R1 – R6	= Rechtsfolgen
S1 – S3	= Sachverhaltselemente
R	= Endergebnis der Klausurlösung

Die **Ausgangsfrage F** teilt sich in eine Reihe **Unterfragen F1–Fx** auf. Die richtigen Unterfragen zu stellen, setzt voraus, dass Sie sich mit dem zu lösenden Sachverhalt vertraut gemacht haben und Kenntnisse des betreffenden Steuerfachgebietes besitzen, um beurteilen zu können, welche Rechtsnormen auf den Sachverhalt zutreffen könnten. Bei der Suche nach den einschlägigen Rechtsvorschriften ist hier – wie bei jedem Gutachten – zunächst **von** den in Betracht kommenden **Grundnormen auszugehen.**

BEISPIEL

Für die Einkommensteuer wird die Ausgangsfrage F nach dem zu versteuernden Einkommen, insbesondere in folgende Unterfragen F 1–F x aufgelöst: unbeschränkte Steuerpflicht – Zusammenveranlagung – Einkünfte der sieben Einkunftsarten – Sonderausgaben – außergewöhnliche Belastungen – um nur die wesentlichsten zu nennen.

Diese **Unterfragen** F 1–F 5 sind ihrerseits weiter **unterteilbar.**

BEISPIEL

Der Steuerpflichtige hat drei Mietobjekte i. S. d. § 21 EStG. Für jedes Objekt müssen die Mieteinkünfte gesondert ermittelt werden, für die drei Mietobjekte stellt sich folglich je eine eigene Unterfrage **F 1 a, F 1 b, F 1 c** nach der Höhe der daraus erzielten Einkünfte.

Geht man noch einen Schritt weiter ins Detail, findet man als **nächste Differenzierung** der Fragen die **Tatbestandsmerkmale** der betreffenden Rechtsnorm. Die Tatbestandsmerkmale sind die **feinste Ebene von Fragen,** in die sich die Ausgangsfrage aufgliedert. Sie bedürfen der Interpretation. Teilweise geschieht das durch **Hinzuziehung von Ergänzungsnormen** (insbesondere gesetzlichen Definitionen), teils durch **Auslegung.** Zugleich ist nach eventuellen **Gegennormen** Ausschau zu halten, die die gefundenen Rechtsgrundlagen einschränken oder ausschließen könnten.

BEISPIEL

Die Einkünfte aus Vermietung und Verpachtung werden nach § 2 Abs. 2 Nr. 2 EStG als Überschuss der Einnahmen i. S. d. § 21 EStG über die Werbungskosten ermittelt.
Ob Vermietung oder Verpachtung eines Gebäudes oder Gebäudeteiles i. S. d. § 21 Abs. 1 Nr. 1 EStG vorliegt, muss durch Auslegung ermittelt werden.
Der Begriff der Werbungskosten ist in § 9 EStG definiert.

Soweit Ergänzungsnormen oder Gegennormen herangezogen werden, haben diese ihrerseits ebenfalls Tatbestandsmerkmale, deren Bedeutung durch Auslegung ermittelt werden muss.

BEISPIEL

Es muss geprüft werden, was § 9 EStG unter
a) Aufwendungen,
b) zur Erwerbung, Sicherung und Erhaltung der Einnahmen versteht.

Zusammenfassend sind bei der Anwendung von Rechtsnormen die folgenden **Arbeitsschritte** gedanklich vorzunehmen und gegebenenfalls schriftlich darzustellen, die durch die jeweilige Fragestellung eingeleitet werden:

a) Frage aufwerfen,
b) Rechtsgrundlage suchen und nennen,
c) Prüfen, ob der Sachverhalt die Tatbestandsmerkmale erfüllt = Subsumtion und
d) Rechtsfolge feststellen.

In einer klar strukturierten Klausur macht der Verfasser jeweils zu Beginn eines Klausurteiles deutlich, welche Frage er prüft. Auf die Fragestellung erfolgt ohne weitere Erörterung die Angabe der auf ihre Anwendbarkeit zu prüfenden Grundnorm. Verkürzt lässt sich die Grundnorm auch bereits mit in die Fragestellung aufnehmen. Der Leser der Klausur wird auf diese Weise zu der jeweiligen Subsumtionsfolge hingeführt.

BEISPIEL

»Fraglich ist, ob der Geschäftsführer X haftet. In Betracht kommt eine Haftung nach § 69 AO.«
Oder in kürzerer Form:
»Es ist zu prüfen, ob der Geschäftsführer X nach § 69 AO haftet.«

Meist sind in einer Klausur eine Fülle verschiedener Rechtsvorschriften zu prüfen. Es wäre verwirrend, sie alle zu Beginn der Lösung aufzuführen. Die Einleitung durch Frage und Rechtsnorm ist vielmehr bei jedem Teilkomplex der Klausur gesondert vorzunehmen.

4 Subsumtion

Hierzu arbeiten Sie zunächst auf alle Fälle die Ausführungen in Teil A unter 4.3 durch.

4.1 Der Subsumtionsvorgang

Ihre Klausurlösung muss begründet werden. Die Begründung erfolgt in erster Linie auf der Ebene der Subsumtion. Immer wieder findet man in Klausuren die Formulierung »meines Erachtens ...«. Fast immer verbirgt sich dahinter ein Begründungsmangel, an die Stelle rechtlicher Argumente – die er wohl nicht gegenwärtig hat – setzt der Bearbeiter seine Meinung. Begründungen dürfen nicht durch Behauptungen ersetzt werden, sie müssen außerdem logisch nachvollziehbar sein.

Auf der Ebene der Tatbestandsmerkmale erfolgt die als **Subsumtion** bekannte Prüfung, ob der entsprechende Teil des konkreten Sachverhalts den Tatbestand einer Norm erfüllt.

BEISPIEL

Die von dem Steuerpflichtigen an seinem Haus vorgenommenen Baumaßnahmen werden bei der Subsumtion unter § 9 EStG darauf untersucht, ob er
a) Aufwendungen gehabt hat,
b) zur Erzielung, Sicherung ... der Einnahmen.

Das Aufbau-Schema (vgl. 3.2) entfaltet sich, während Sie Ihre Klausur schreiben, Stück für Stück, im Laufe des Arbeitsprozesses. Es wäre zu zeitaufwendig, zunächst den gesamten Fragenfächer bis ins Detail in einer Lösungsskizze entwickeln zu wollen, um anschließend Frage für Frage abzuarbeiten. Sie werden vielmehr die einzelnen **Komplexe des Sachverhalts nacheinander bearbeiten** und jeweils die Lösung dieser Teilkomplexe darstellen.

Mit dem im Klausuraufbau-Schema entwickelten Fragenkatalog ist der weitere Arbeitsprozess vorgezeichnet. Die **Tatbestandsmerkmale** der anzuwendenden Rechtsnormen geben die **Leitlinie,** an der Sie entlangarbeiten und die Sie davor bewahrt, ins Schwimmen zu kommen.

Die Gesetzesnormen sind im Allgemeinen logisch strukturiert. Folgen Sie ihrem Aufbau, wird auch die Argumentation in Ihrer Klausur eine sinnvolle Struktur bekommen. In jeder Klausur geht es darum zu prüfen, welche rechtlichen Folgen sich für einen bestimmten Sachverhalt aus den Rechtsnormen ergeben. Es ist Ihre Aufgabe, die in Betracht kommenden Vorschriften auf den Sachverhalt anzuwenden.

Hinsichtlich jedes Tatbestandsmerkmals muss die Frage beantwortet werden, ob es von dem Klausursachverhalt erfüllt wird. Jedesmal muss eine Subsumtion erfolgen. Es gilt, den Fragenfächer Stück für Stück durchzuprüfen. Dabei ist **streng sachverhaltsbezogen zu arbeiten.** Alle Ausführungen, die Sie machen, müssen einerseits einen konkreten Bezug zum Sachverhalt haben und zugleich ihren Grund in den angewendeten Rechtsvorschriften finden.

In einer Klausur wird nicht nur Wissen abgefragt, sondern der Bearbeiter soll auch zeigen, dass er in der Lage ist, **methodisch sauber** zu **arbeiten.** Er soll seine Fähigkeit unter Beweis stellen, die im konkreten Sachverhalt relevanten Rechtsprobleme herauszuarbeiten, für die Lösung des Falles Unwesentliches von Wesentlichem zu trennen.

In der Regel bedürfen die **Tatbestandsmerkmale** der Interpretation. Soweit sie durch eine Ergänzungsnorm **definiert** sind, müssen sie auf alle Fälle die gesetzliche Definition anwenden und dürfen diese nicht durch eine eigene ersetzen. Soweit es keine gesetzliche Definition gibt, muss **ausgelegt** werden.

4.2 Umfang der Darstellung

Achten Sie hierzu zunächst auf die Aufgabenstellung. Aus der bzw. den gestellten Fragen ergibt sich, was angesprochen werden muss. Dementsprechend entfaltet sich bei unterschiedlicher Fragestellung auch ein verschiedener Fragenfächer.

Näher eingegangen werden soll an dieser Stelle auf den Umfang der Darstellung bei der Anwendung der einzelnen Rechtsnorm. Um sicher zu gehen, dass Sie nichts übersehen haben, müssen Sie zwar im Geiste alle Tatbestandsmerkmale der einschlägigen Normen kurz überprüfen. **Nicht jeden Subsumtionsprozess** werden Sie aber auch **schriftlich niederlegen.** Bei der schriftlichen Darstellung werden Sie vielmehr **Schwerpunkte bilden.** Auch die richtige Schwerpunktbildung zeigt, ob der Bearbeiter einerseits den Fall voll erfasst hat und andererseits die zu seiner Lösung erforderlichen Rechtsnormen beherrscht.

Sie müssen entscheiden, **in welcher Ausführlichkeit** Sie Fragen darstellen, problemlose sollten Sie nur kurz abhandeln.

Zu vielen Fragen gibt es seit langem eine **herrschende Meinung, ständige Rechtsprechung oder Verwaltungspraxis,** soweit sie Ihnen bekannt ist, sollten Sie ihr in der Klausur **in der Regel folgen.** Es bedarf schon guter Argumente, wenn auch die gegenteilige Lösung bei der Klausurbewertung anerkannt werden soll. Von Ihnen wird erwartet, dass Sie zu gängigen Rechtsfragen die herrschende Auslegung des Gesetzes kennen. Häufig ergibt sie sich auch aus den Richtlinien und Hinweisen des Bundesministers der Finanzen zu dem betreffenden Steuerrechtsgebiet.

Immer dort, **wo es problematisch oder streitig wird,** sollten Sie **in die Tiefe gehen,** es sind dann genauere Ausführungen nötig. Aus dem Gedankengang muss auch erkennbar werden, warum etwas eingehender erörtert wird. Es wird hier vor allem um die Auslegung eines Tatbestandsmerkmals und damit seine Anwendbarkeit im zu bearbeitenden Fall gehen. Sie schreiben keine Methodenlehre, sondern eine Klausur; machen Sie deshalb keine grundsätzlichen Ausführungen über die Auslegungsmethoden, sondern wenden Sie diese an. Das Gleiche gilt auch für die anderen Instrumente der Methodenlehre, wie z.B. den Analogieschluss. Beachten Sie, dass eine rechtsergänzende Rechtsfortbildung nur in Frage kommt, wenn die Auslegung nicht zum Ziel führt.

Wer exakt arbeitet, muss sowohl begründen, warum er einer bestimmten Ansicht folgt wie auch, warum er die Gegenmeinung verwirft. In bestimmten Fällen gibt es auch mehr als zwei verschiedene Ansichten. Verwenden Sie aber auf das einzelne Problem nicht zu viel Zeit.

Eine nähere **Begründung** ist auch dann **notwendig, wenn nicht** ohne weiteres **erkennbar** ist, dass der **Lebenssachverhalt** ein bestimmtes **Tatbestandsmerkmal erfüllt.**

Völlig **problemlos** und selbstverständlich **erfüllte Tatbestandsmerkmale** brauchen Sie nicht darzustellen. Anfänger sollten mit dem Weglassen jedoch nicht zu großzügig sein. Gerade in Anfängerklausuren wird meist auch insoweit eine genauere Subsumtion verlangt. Sie sollen als Anfänger zunächst einmal zeigen, dass Sie die Subsumtionstechnik begriffen haben.

BEISPIELE

a) Überflüssig ist es im Rahmen der ESt-Klausur, darauf einzugehen, dass der Steuerpflichtige eine natürliche Person ist.

b) Sie brauchen bei einem Steuerbescheid nicht die einzelnen Voraussetzungen des § 118 AO zu prüfen, um nachzuweisen, dass es sich um einen Verwaltungsakt handelt. Etwas anderes gilt nur, wenn es ausdrücklich in der Klausur verlangt ist.

c) Betreibt der Steuerpflichtige ein Großhandelsunternehmen, brauchen die Voraussetzungen für das Vorliegen eines Gewerbebetriebes nach § 15 Abs. 2 EStG nicht im Einzelnen geprüft zu werden, weil sie völlig unzweifelhaft gegeben sind.

Ist ein **Tatbestandsmerkmal eindeutig nicht erfüllt,** so können Sie darauf verzichten, noch auf die anderen Tatbestandsmerkmale der Norm einzugehen. Anders ist es dagegen, wenn das Vorliegen einzelner Tatbestandsmerkmale höchst zweifelhaft ist. Auch wenn Sie insoweit zu einem negativen Ergebnis kommen, sollten Sie auch auf die anderen Tatbestandsmerkmale eingehen.

Ist eine **Norm** bezüglich des zu prüfenden Sachverhalts **nicht anwendbar,** sollten Sie auf alle Fälle **überlegen, ob** für diesen Teil Ihres zu bearbeitenden Sachverhaltes noch eine **andere passende Rechtsvorschrift** zu finden ist. Andere, nicht völlig abwegige Vorschriften sollten auch dann kurz angesprochen werden, wenn sie letztlich ebenfalls nicht zum Zuge kommen.

4.3 Reihenfolge der Subsumtion

In den meisten Fällen können Sie die einzelnen Teile des Sachverhaltes in der im Klausurtext **vorgegebenen Reihenfolge** unter die einschlägigen Normen bzw. Normkomplexe subsumieren. Dabei ist zu beachten, dass Spezialgesetze gegenüber den allgemeinen Vorschriften Vorrang haben und deshalb vorrangig zu prüfen sind.

BEISPIELE

a) § 26 BewG ist gegenüber § 2 Abs. 2 BewG eine Spezialregelung, die die Zurechnung eines Wirtschaftsguts bei dem Steuerpflichtigen auch dann zulässt, wenn es nicht ihm, sondern dem Ehegatten gehört.

b) § 200 AO enthält für die Mitwirkungspflichten des Steuerpflichtigen im Besteuerungsverfahren Sonderregelungen, die gegenüber § 93 AO vorgehen.

c) Entnahmen aus dem Betriebsvermögen sind nach § 6 Abs. 1 Nr. 4 EStG mit dem Teilwert anzusetzen. Im Falle der Betriebseinstellung ins Privatvermögen überführte einzelne Wirtschaftsgüter werden dagegen aufgrund der Sonderregelung des § 16 Abs. 3 Satz 7 EStG mit dem gemeinsamen Wert im Zeitpunkt der Aufgabe angesetzt.

Gegennormen sind erst im Anschluss an die einschlägige Grundnorm zu prüfen; ist die Grundnorm gar nicht erfüllt, kann auch die Gegennorm nicht eingreifen.

BEISPIELE

a) Nach § 33 a Abs. 1 Satz 1 EStG kann der Steuerpflichtige Aufwendungen für den Unterhalt einer Person geltend machen, wenn ihm diese zwangsläufig erwachsen (Grundnorm).
§ 33 a Abs. 1 Satz 4 EStG schließt dies als Gegennorm aus, wenn die unterhaltene Person andere Einkünfte und Bezüge in gewisser Höhe hat.
Bevor auf die eigenen Einkünfte und Bezüge der unterhaltenen Person eingegangen wird, ist immer zunächst zu prüfen, ob überhaupt die Voraussetzungen des § 33 a Abs. 1 Satz 1 AO erfüllt sind.

b) Nach § 93 AO sind auch Dritte auskunftspflichtig, §§ 101 bis 103 AO schließen diese Verpflichtung jedoch aus, wenn ein Auskunftsverweigerungsrecht besteht.

In manchen Fällen erzwingen innere **Logik und Zweckmäßigkeit** eine gewisse Reihenfolge der Prüfung und Darstellung oder legen diese doch zumindest nahe.

BEISPIEL

Ein Steuerpflichtiger ist Eigentümer eines teils privat vermieteten, teils für seinen Gewerbebetrieb genutzten Hauses.

LÖSUNG Nur wenn Sie die steuerliche Behandlung des Hauses vor der Ermittlung der Einkünfte aus Gewerbebetrieb darstellen, können Sie diese sofort abschließend ermitteln. Wird das Haus dagegen erst nach Überprüfung der Einkünfte aus dem Gewerbebetrieb untersucht, müssen Sie diese anschließend noch um den betrieblichen Anteil der Gebäudekosten korrigieren.

4.4 Widerspruchsfreie Darstellung

Achten Sie darauf, dass Ihre Darstellung in sich schlüssig ist und sich nicht in Widersprüche verstrickt. Häufig müssen im Steuerrecht aus einer an einer Stelle getroffenen Entscheidung auch an anderen Stellen die logischen Folgen gezogen werden.

BEISPIEL

Wenn Sie in eine AO-Klausur zu dem Ergebnis kommen, dass für die ESt eines bestimmten Jahres die Festsetzungsfrist abgelaufen ist, ist es unlogisch, anschließend für dieses Jahr die Änderungsvorschriften zu prüfen, weil gemäß § 169 Abs. 1 Satz 1 AO nach Ablauf der Festsetzungsfrist eine Änderung gar nicht mehr zulässig ist.

5 Lösung der Klausur

Der Dritte Teil des Klausuraufbau-Schemas (vgl. 3.2) umfasst die Rechtsfolgen:

Die Prüfung jeder Norm führt zu einer Rechtsfolge. Die **Gesamtheit der Rechtsfolgen R1-Rx stellt das Ergebnis R dar,** das als Antwort auf die Ausgangsfrage F ermittelt worden ist.

BEISPIEL

Aus der Höhe der in den verschiedenen Einkunftsarten erzielten Einkünfte, vermindert um die als Sonderausgaben und außergewöhnliche Belastungen abzugsfähigen Aufwendungen, errechnet sich die Höhe des zu versteuernden Einkommens (R = Rechtsfolge).

Immer wieder diskutieren Klausurverfasser nach vollbrachter Arbeit darüber, welche Lösung denn nun richtig war. Viele Rechtsfragen sind im Gesetz eindeutig geregelt, es kann nur eine richtige Lösung geben. Auch in Bezug auf viele Auslegungsfragen hat sich seit langem eine herrschende Meinung, ständige Rechtsprechung oder Verwaltungspraxis gebildet. Klausuren – soweit es nicht reine Anfängerarbeiten sind – enthalten darüber hinaus aber fast immer Bereiche mit **streitigen,** ungelösten **Rechtsfragen.** Hier kommt es weniger auf das Ergebnis an, zu dem der Bearbeiter kommt, sondern auf die **überzeugende Begründung.**

5.1 Konkretes Ergebnis

Sie müssen die auftretenden Rechtsfragen entscheiden und dürfen die **Lösung nicht offen lassen.** Von Alternativlösungen ist dabei im Regelfall abzusehen. Sie sind nur in Ausnahmefällen erlaubt, und zwar insbesondere, wenn der Sachverhalt einen Fehler oder eine Unvollständigkeit enthält (vgl. dazu 2.2), das wird jedoch nur in ganz seltenen Ausnahmefällen in Betracht kommen.

Zu einem konkreten Ergebnis müssen Sie auch dann kommen, wenn Sie – wie oft in Steuerberaterklausuren – in der Aufgabenstellung aufgefordert werden, gutachtlich Stellung zu nehmen.

5.2 Teilergebnisse betragsmäßig festhalten

Aus der Prüfung der einzelnen Teilfragen ergeben sich Rechtsfolgen als Teilantworten. Bei einer ESt-Klausur wird das insbesondere die Höhe einzelner Einkünfte sein, bei einer USt-Klausur die sich aus bestimmten Geschäftsvorfällen ergebende Umsatzsteuer oder Vorsteuer. Es spart Zeit, wenn sie diese **Teilergebnisse** jeweils am Schluss des Teilabschnitts **rechts am Rand** deutlich markiert **auswerfen.** Haben Sie sich bis zum Ende der Klausur durchgearbeitet, ist es dann für Sie ein leichtes, die aufgeführten Beträge zusammenzustellen und damit die gestellte Frage, z. B. nach dem zu versteuernden Einkommen, zu beantworten.

Eine leicht zu vermeidende Fehlerquelle liegt darin, dass die Bearbeiter bei den einzelnen Posten nicht sofort deutlich vermerken, ob es sich um einen Positiv- oder Negativbetrag handelt und ihn bei Ermittlung des Endergebnisses **mit falschem Vorzeichen ansetzen.**

BEISPIEL

Bei den Einkünften aus Vermietung und Verpachtung ergibt sich ein Verlust von 13 000 €. Der Bearbeiter schreibt:
Verlust 13 000 €
und riskiert dabei, bei der Addition der einzelnen Einkünfte zu übersehen, dass es sich hier um einen abzuziehenden Betrag handelt.

5.3 Hilfsgutachten

Grundsätzlich sind Klausuren so angelegt, dass der Bearbeiter unter Auswertung der wesentlichen Teile des Sachverhalts zu einer Lösung kommen kann. Es mag jedoch einmal vorkommen, dass nach der von Ihnen als richtig gefundenen Lösung auf einen erheblichen Teil der Fragen, die sich nach der Sachverhaltsgestaltung anbieten würden, gar nicht einzugehen ist. Prüfen Sie dann zunächst noch einmal genau, ob Sie sich nicht bei Ihrem Lösungsweg geirrt haben. Es ist ein **seltener Ausnahmefall,** dass Sie den Weg eines Hilfsgutachtens beschreiten müssen.

6 Die Klausuren im Einzelnen

In der Zwischenprüfung der Finanzanwärter sind nach § 38 Abs. 1 Nr. 2 StBAPO fünf dreistündige Klausuren in folgenden Rechtsgebieten zu schreiben:

a) Abgabenordnung
b) Steuern vom Einkommen und Ertrag sowie Eigenheimzulage
c) Umsatzsteuer
d) Bilanzsteuerrecht, Betriebliches Rechnungswesen
e) Bewertungsrecht/Vermögensteuer [oder Privatrecht/Öffentliches Recht]

In der Laufbahnprüfung für die Steuerinspektoren sind nach § 38 Abs. 1 Nr. 3 StBAPO fünf fünfstündige Klausuren zu schreiben. Dazu gehören:

a) Abgabenrecht,
b) Steuern vom Einkommen und Ertrag sowie Eigenheimzulage,
c) Umsatzsteuerrecht,
d) Bilanzsteuerrecht, betriebliches Rechnungswesen und Außenprüfung,
e) Besteuerung der Gesellschaften.

Jedes Prüfungsgebiet soll mit Aufgaben aus anderen übergreifenden oder angrenzenden Fachgebieten verbunden werden.

Die Steuerberaterprüfung enthält nur drei immer bundeseinheitlich geschriebene Klausuren, die jeweils sechs Stunden umfassen:

1. Ertragsteuerrecht einschließlich Körperschaftsteuer und Internationales Steuerrecht
2. Bilanzsteuerrecht
3. Gemischte Klausur. Diese besteht aus einem AO-Teil, aus einem USt-Teil und, nach den Erfahrungen der letzten Jahre, einem Teil Erbschaftsteuer mit Bewertungsrecht. Die Teile können etwa gleich gewichtet sein. In einigen Jahren hatte der AO-Teil aber auch schon eine höhere Gewichtung von bis zu 40%.

6.1 Einkommensteuerrechtsklausur

6.1.1 Allgemeines

Für die Zwischenprüfung der Finanzanwärter sieht § 38 Abs. 1 Nr. 2b StBAPO, wie bereits erwähnt, eine dreistündige ESt-Klausur vor. In der Laufbahnprüfung ist nach § 38 Abs. 1 Nr. 3b StBAPO eine fünfstündige Klausur mit dem Inhalt »Steuern vom Einkommen und Ertrag« zu schreiben. Das Schwergewicht liegt dabei im Bereich des Einkommensteuerrechts. Es können aber auch Fragen zum Gewerbesteuerrecht, internationalen Steuerrecht oder Körperschaftsteuerrecht in der Klausur mit enthalten sein.

Die »klassische« Einkommensteuerklausur bestand aus einem einzigen großen Fall, in dem von der Steuerpflicht bis zum zu versteuernden Einkommen zu zahlreichen Problemen und Fragen Stellung zu nehmen ist. Insbesondere bei mehr als dreistündigen Klausuren werden derartige Fälle leicht so komplex und unübersichtlich, dass schon daran meist einige Bearbeiter scheitern. Mehr und mehr Klausurverfasser gehen deshalb dazu über, mehrere kleine, von einander unabhängige Fälle zu entwerfen. Allerdings hat dies für die Bearbeiter auch den Nachteil, dass sie sich in verschiedene Sachverhalte eindenken müssen. Soweit die Klausur aus mehreren Fällen besteht, muss auch damit gerechnet werden, dass einzelne Fälle sich ganz auf Körperschaftsteuerrecht oder internationales Steuerrecht beziehen. Sie können es sich aber nicht aussuchen, welchen Inhalt die von Ihnen zu bearbeitende Klausur hat. Der Stil der ESt-Klausuren der Laufbahnprüfung ist in den einzelnen Bundesländern nicht einheitlich. In diesem, wie auch in allen anderen Fächern, sollten Sie sich Klausuren vergangener Jahrgänge beschaffen, um eine gewisse Orientierung zu haben, wie Ihre Klausur wohl aussehen könnte.

In der Steuerberaterprüfung besteht die Klausur zum Ertragsteuerrecht gewöhnlich aus mehreren selbstständigen Fällen zu den verschiedenen Rechtsbereichen, also neben dem Einkommensteuerrecht zum Körperschaftsteuerrecht und Gewerbesteuerrecht sowie internationalen Steuerrecht. Die Klausuren enthielten in den letzten Jahren zwei bis vier Fälle. 1993 bestand die Beraterklausur ausnahmsweise aus einem einheitlichen großen Fall, in dessen Rahmen die verschiedenen Rechtsbereiche angesprochen wurden. Im Regelfall entfallen etwa 25% der Punkte auf einen Körperschaftsteuerfall. In den letzten Jahren enthielt jede der Prüfungsklausuren mindestens einen Sachverhalt zur Körperschaftsteuer.

6.1.2 Aufbau

Der **Aufbau** eines normalen ESt-Falles ist **durch § 2 EStG vorstrukturiert**, der den Arbeitsablauf von der Ermittlung der Einkünfte in den einzelnen Einkunftsarten bis zur festzusetzenden Einkommensteuer festlegt. R 3 und 4 EStR konkretisieren diesen Arbeitsgang im Einzelnen. Gewöhnlich ergeben sich damit keine besonderen Aufbauschwierigkeiten.

In sehr vielen ESt-Fällen sind **Kinder** zu berücksichtigen. Da diese an verschiedenen Stellen für die Besteuerung von Bedeutung werden können (z. B. in §§ 32, 33; 33 a; 34 f. EStG), wird öfter die Berücksichtigung der Kinder gleich am Anfang der Lösung abgefragt. Sie sollten dem folgen. Auch wenn es die Aufgabenstellung nicht ausdrücklich vorsieht, ist es in den Fällen, in denen Sie die Zahl der zu berücksichtigenden Kinder im konkreten Fall an verschiedenen Stellen benötigen, recht zweckmäßig, die Berücksichtigung der Kinder **am Anfang** bei den persönlichen Verhältnissen des Steuerpflichtigen **darzustellen.**

Im Regelfall sollten Sie die Sachverhalte in der im Klausurtext vorgegebenen Reihenfolge prüfen. Gelegentlich, allerdings selten, gibt es aber auch Klausuren, in denen Sie aus einem Wirrwarr von zusammenhanglosen Einzelfakten zunächst einmal die zusammengehörigen Tatsachenkomplexe zueinander ordnen sollen. Ausnahmsweise kann ein Abweichen von der Reihenfolge des Klausurtextes auch sinnvoll sein, wenn z. B. bestimmte Werte für mehrere Einkunftsarten von Bedeutung sind. Zu denken ist etwa an ein teils betrieblich, teils privat genutztes Gebäude, das zum Teil bei den Einkünften aus Gewerbebetrieb und zum anderen Teil bei den Einkünften aus Vermietung und Verpachtung berücksichtigt werden muss. Hier ist es zeitsparend und übersichtlicher, die Werte für beide Gebäudeteile vorweg zusammen zu ermitteln und dann bei den betreffenden Einkunftsarten mit anzusetzen.

6.1.3 Begründung

Anfänger neigen auch in der ESt-Klausur dazu, zu Fragen, die völlig unproblematisch sind, lange Ausführungen zu machen. Gerade der Beginn der Klausur verführt dazu leicht. Soweit danach gefragt ist, nehmen Sie zu Steuerpflicht, Veranlagungsart und Tarif jeweils nur mit einem Satz Stellung, wenn sich insoweit keine besonderen Zweifelsfragen ergeben. Wer hier unnötig lange Ausführungen macht, kommt nachher bei den entscheidenden Problemen in Zeitnot.

Es versteht sich von selbst, dass in der ESt-Klausur das **Zahlenwerk** im Einzelnen **entwickelt werden muss.** Die Berechnung allein genügt jedoch nicht. Selbst wenn sie vollkommen richtig sein sollte, werden Sie damit nicht die erhoffte gute Note erzielen, denn auch in der ESt-Klausur müssen Sie **begründen.** Bei Unproblematischem reichen kurze Erläuterungen. Auch wenn Sie in einer Klausur aufgefordert sein sollten, gutachtlich Stellung zu nehmen – was besonders in Klausuren für die Steuerberaterprüfung vorkommt – müssen Sie zu einer konkreten Entscheidung kommen, welchen Rat sie z. B. Ihrem Mandanten geben würden.

Soweit sich eine Regelung im Gesetz findet, ist die entsprechende **Fundstelle** aus dem Gesetz selbst und nicht nur ein diesbezüglicher Abschnitt der ESt-Richlinien anzugeben. Soweit es sich um die Auslegung des Gesetzes handelt und ihnen die ESt-Richtlinien zur Verfügung stehen, sollten Sie auf diese zurückgreifen, wenn sie eine passende Fundstelle enthalten. Manche Bearbeiter verschwenden jedoch im Umgang mit ESt-Richtlinien in der Klausur gefährlich viel Zeit. Suchen Sie nicht endlos, wenn Sie keine einschlägige Regelung finden können, sondern arbeiten sie erst einmal weiter. Es ist wichtiger, **fertig** zu **werden,** als alle von Ihnen getroffenen Entscheidungen zu belegen. Sollten Sie am Ende noch Zeit haben, so können Sie Ihre Begründungen noch nachbessern.

6.1.4 Typische Fehlerquellen

Wie in allen Bereichen ist auch in der ESt-Klausur die Palette der möglichen Fehler riesengroß. Es soll hier nur auf einige, immer wiederkehrende Fehler hingewiesen werden:

a) **Zurechnung**
Einnahmen können bei dem Steuerpflichtigen nur berücksichtigt werden, wenn sie ihm zuzurechnen sind, das Gleiche gilt für Aufwendungen. In Zweifelsfällen müssen Sie dies genauer prüfen, dabei ist das wirtschaftliche Eigentum i. S. d. § 39 AO zu berücksichtigen. Können dem Stpfl. keine Einnahmen zugerechnet werden, so kann er grundsätzlich auch keine damit im Zusammenhang stehenden Aufwendungen als Werbungskosten bzw. Betriebsausgaben geltend machen.

b) **AfA bei beweglichen Wirtschaftsgütern**
Soll nach der Aufgabenstellung das steuerlich günstigste Ergebnis ermittelt werden, vergessen Sie nicht zu prüfen, ob die degressive AfA nach § 7 Abs. 2 EStG in Betracht kommt.

c) **Grund und Boden bei Gebäude-AfA**
Häufig wird vergessen, den Wert eines Grundstücks um den Wert des Grund und Bodens zu kürzen, um die Bemessungsgrundlage für die Gebäude-AfA zu erhalten.

d) **Zufluss-Abflussprinzip**
Teilweise wird übersehen, es anzuwenden. Teils wird es jedoch auch in Fällen angewendet, in denen es gar nicht zum Zuge kommt (z. B. Gewinneinkunftsarten, soweit nicht Gewinnermittlung nach § 4 Abs. 3 EStG).

e) **Korrekturen bei Einnahme-Überschussrechnung**
Aufgaben, in denen eine Gewinnermittlung nach § 4 Abs. 3 EStG zu überprüfen ist, laufen im Ergebnis immer darauf hinaus, dass der vom Steuerpflichtigen ermittelte Gewinn zu korrigieren ist. Bei der Gewinnauswirkung einer Korrektur irren sich Bearbeiter leicht. Werfen Sie die Ergebnisse bei jedem Posten gleich rechts am Rand aus, so müssen Sie sich bewusst bleiben, was die Ausgangsgröße ist. Gehen Sie von der Summe der Betriebsausgaben aus, so wirkt sich die Minderung eines Betriebsausgabepostens auch mindernd auf die Summe der Betriebsausgaben aus. Gehen Sie dagegen vom Gewinn aus, so muss dieser entsprechend erhöht werden, wenn ein Posten der Betriebsausgaben vermindert oder gar nicht anerkannt wird.

f) **Wechsel der Gewinnermittlungsart**
Da die Gewinnermittlung nach § 4 Abs. 3 EStG nicht alle Geschäftsvorgänge periodengerecht erfasst, sind beim Übergang zum Betriebsvermögensvergleich entsprechende Korrekturen nötig. Das gilt auch in jedem Fall der Einstellung eines Betriebes, der seinen Gewinn nach § 4 Abs. 3 EStG ermittelt hat. Ob eine Korrektur notwendig ist, lässt sich am besten an einem Zeitstrahl verdeutlichen.

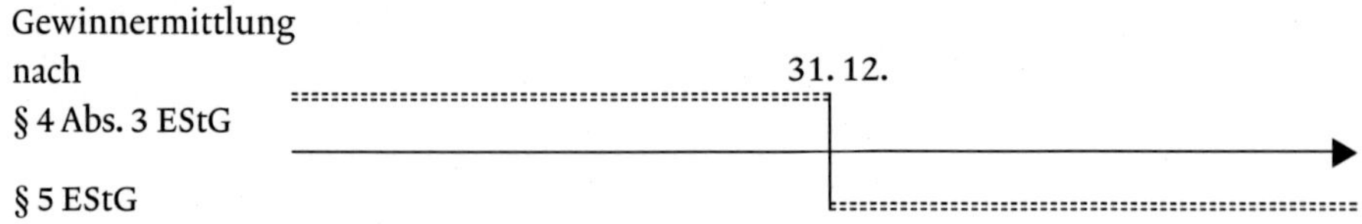

Unterstellt wird der Wechsel der Gewinnermittlungsart zum 31. 12..
Machen Sie sich klar:

- ob sich der betreffende Geschäftsvorfall vor dem 31. 12., d. h. im Zeitraum der Gewinnermittlung nach § 4 Abs. 3 EStG ausgewirkt hat oder nicht
- wie sich der gleiche Geschäftsvorfall beim Betriebsvermögensvergleich auswirkt

- zu einer Korrektur kommt es, wenn er
- sich sowohl im Zeitraum der Gewinnermittlung nach § 4 Abs. 3 EStG (vor dem 31. 12.) wie auch der Gewinnermittlung nach § 5 EStG (also nach dem 31. 12.) auswirkt oder
- sich in beiden Zeiträumen bei der jeweils maßgebenden Gewinnermittlungsart nicht auswirkt.

Forderungen aus Warenlieferungen, die im neuen Jahr eingehen, werden z. B. in der Gewinnermittlung nach § 4 Abs. 3 EStG bis zum 31. 12. nicht berücksichtigt, weil der Zufluss im neuen Jahr liegt. Bei Eingang im neuen Jahr liegt bei Bilanzierung nur ein Aktivtausch vor, so dass der Eingang hier ebenfalls den Gewinn nicht beeinflusst. Da sich weder im Zeitraum der Gewinnermittlung nach § 4 Abs. 3 EStG noch während des Betriebsvermögensvergleichs eine Gewinnauswirkung ergeben würde, muss eine Hinzurechnung zum Gewinn erfolgen (vgl. hierzu R 17 EStR).

g) **Betriebsveräußerung bzw. -aufgabe bei Gewinnermittlung nach § 4 Abs. 3 EStG**

Damit alle Geschäftsvorfälle erfasst werden, muss auch in diesem Falle der Übergang zum Betriebsvermögensvergleich vollzogen werden. Halten Sie dabei die dadurch bedingten Gewinnkorrekturen und den Veräußerungsgewinn sauber auseinander. Die Hinzu- und Abrechnungen korrigieren bei Betriebsveräußerung bzw. -aufgabe den laufenden Gewinn des letzten Wirtschaftsjahres, nur der Veräußerungsgewinn ist steuerbegünstigt. Meist muss bei derartigen Klausurfällen auch noch die Einnahmeüberschussrechnung des letzten Wirtschaftsjahres auf ihre Richtigkeit überprüft werden. Am besten gehen Sie dann nach folgendem Arbeitsablauf vor:

- Überprüfung und gegebenenfalls Korrektur Gewinnermittlung nach § 4 Abs. 3 EStG
- Aufstellung der Übergangsbilanz
- Ermittlung der durch den Übergang bedingten Korrekturen, die Hinzurechnung erfolgt zum laufenden Gewinn des letzten Wirtschaftsjahres
  (beachten Sie: in Fällen, in denen es sich nicht um eine Betriebsaufgabe oder -veräußerung handelt, erfolgt die Korrektur dagegen beim Gewinn des ersten Jahres nach dem Übergang)
- Berechnung des Veräußerungs- bzw. Aufgabegewinns

h) **Ermittlung des Veräußerungsgewinns nach § 16 EStG**

In dieser Berechnung stecken mehrere typische Fehlerquellen. Der folgende Arbeitsablauf hilft Ihnen, diese möglichst zu umschiffen:

Veräußerungserlös
\+ in das Privatvermögen überführte aktivierte WG
(Ansatz mit gemeinem Wert)
./. in das Privatvermögen überführte passivierte WG

Kapitalkonto
./. in einen anderen Betrieb des Stpfl. überführte aktivierte WG
(Ansatz mit dem Buchwert)

berichtigtes Kapitalkonto

+/./. berichtigtes Kapitalkonto
./. Veräußerungskosten
= Veräußerungsgewinn
(i. S. d. § 16 Abs. 2 EStG)
./. u. U. Freibetrag (§ 16 Abs. 4)

= zu versteuernder Veräußerungsgewinn

Der Veräußerungsgewinn ist um den Buchwert des übertragenen Betriebsvermögens zu mindern. Da das Kapitalkonto der Saldo aus Aktiv- und Passivposten der Bilanz ist, können Sie bei der Berechnung von diesem ausgehen.
Die Umsätze im Rahmen der Geschäftsveräußerung unterliegen nach § 1 Abs. 1 a UStG nicht der USt.

i) **Veräußerung von Anteilen an einer Personengesellschaft**
Nach § 16 Abs. 1 Nr. 2 EStG i. V. m. § 34 Abs. 2 Nr. 1 EStG ist der Veräußerungsgewinn begünstigt. Häufig hat der ausscheidende Gesellschafter darüber hinaus Sonderbetriebsvermögen. Achten Sie darauf, ob es mitverkauft wird und damit in ihm enthaltende stille Reserven im Veräußerungsgewinn erfasst werden oder ob der Gesellschafter das Sonderbetriebsvermögen behält und nach § 16 Abs. 3 EStG zum gemeinen Wert ins Privatvermögen überführen muss.

j) **Dividenden**
Heißt es im Sachverhalt, »dem Steuerpflichtigen sind x € überwiesen worden, so müssen Sie – wenn nichts anderes gesagt ist – davon ausgehen, dass die Gesellschaft die Kapitalertragsteuer ordnungsmäßig einbehalten hat. Der überwiesene Betrag ist also um 20 % KapESt zu erhöhen, um die Einnahmen i. S. d. § 20 Abs. 1 Nr. 1 EStG zu erhalten. Anders ist es dagegen, wen im Sachverhalt gesagt wird, die »Gesellschaft hat y € an den Gesellschafter ausgeschüttet«. In diesem ist die Kapitalertragsteuer ist in dem Betrag enthalten

6.1.5 Gewinnfeststellungsbescheide

Häufiger kommen in fortgeschrittenen ESt-Klausuren auch Gewinnfeststellungen für mehrere Beteiligte vor. Die Aufgabe besteht meist darin, die Erklärung der Steuerpflichtigen zur einheitlich und gesonderten Gewinnfeststellung zu überprüfen, die richtige Höhe des Gewinns zu ermitteln und ihn auf die Gesellschafter zu verteilen. Bei der Gewinnverteilung wird von Bearbeitern **leicht vergessen,** die Regelung des § 15 Abs. 1 Nr. 2 EStG auch tatsächlich anzuwenden, nach der Vergütungen, die der Gesellschafter von der Gesellschaft für eine Tätigkeit im Dienste der Gesellschaft erhält, als **Vorweggewinn** zu behandeln sind. Denken Sie auch daran, **Sonderbetriebseinnahmen bzw. -ausgaben** einzelner Gesellschafter **zu berücksichtigen.**

Da der Gewinnanteil eines oder mehrerer Beteiligter für deren in der Klausur durchzuführende ESt-Veranlagung benötigt wird, empfiehlt es sich **zunächst, die Gewinnfeststellung zu bearbeiten** und erst anschließend die ESt-Veranlagung zu entwickeln.

6.2 Körperschaftsteuerrecht

Das Körperschaftsteuerrecht kommt in aller Regel als eigener Fall in der Ertragsteuerklausur in der Steuerberaterprüfung vor. Auch in der ESt-Klausur der Laufbahnprüfung war bisher häufig ein KSt-Fall enthalten.

6.2.1 Allgemeines

Nach der Unternehmenssteuerreform ist die Gliederungsrechnung des verwendbaren Eigenkapitals weggefallen und ein genereller KSt-Satz von 25 % vorgesehen. Das komplizierte Anrechnungsverfahren der KSt auf die ESt entfällt. Bei dem KSt-Satz von 25 % handelt es sich um eine Definitivsteuer, die sich bei Ausschüttung des versteuerten Gewinns nicht verändert.

Weder in der Steuerberaterprüfung noch in den Prüfungen der Steuerbeamten ist eine eigene KSt-Klausur vorgesehen, KSt-rechtliche Teile können aber in der Laufbahnprüfung und auch in den während der Studienzeit geschriebenen Klausuren sowohl in der die Steuern vom Einkommen und Ertrag betreffenden Arbeiten wie auch im Bilanzsteuerrecht auftreten.

In der Steuerberaterprüfung enthält die ertragsteuerliche Klausur bisher in den meisten Jahren jeweils einen 25–40% der gesamten Punkte umfassenden Fall zum KSt-Recht. Sie müssen außerdem damit rechnen, dass sich in der Klausur zum Bilanzsteuerrecht u. U. wesentliche Teile finden, die sich auf das KSt-Recht beziehen. Diese können sich auch in der Frage nach der KSt-Rückstellung verstecken.

Der Inhalt der KSt-Fälle hat sich in den letzten Jahren wesentlich geändert. Durch den Wegfall der Gliederungsrechnung des verwendbaren Eigenkapitals mit all ihren in Klausuren so wunderbar abfragbaren Problemen mussten die Verfasser auf andere Themenbereiche ausweichen. Nach den Klausuren der letzten Jahre müssen Sie mit Fragen rechnen, die in das Einkommensteuerrecht greifen. Als Beispiele wären hier zu nennen

- Abzugsfähigkeit von Bewirtungskosten,
- Verlustvortrag nach § 10 d EStG,
- die GmbH als typisch stille Gesellschafterin.

Natürlich sind daneben weiter die »klassischen« Themen des KSt-Rechts von Bedeutung. Zu denken ist dabei in erster Linie an die körperschaftsteuerliche Einkommensermittlung: Was sind Betriebsausgaben, was gehört nicht dazu, welche Betriebsausgaben sind abzugsfähig, Anschaffungskosten von Wirtschaftsgütern, Zulässigkeit von Teilwertabschreibungen. Auch die Dauerbrenner Verdeckte Gewinnausschüttungen und Organschaft sind weiterhin relevant und die Klausurbearbeiter sollten darüber Bescheid wissen. Die Vorschriften der §§ 8 a und 8 b KStG bieten sich dem Verfasser einer Klausur ebenfalls für Aufgabenstellungen an. Auch Spendenabzug und Aufwendungen für Sponsoring waren schon Thema in einer der letzten Steuerberater-Klausuren. Die Regelungen hinsichtlich des Körperschaftsteuerguthabens gemäß § 37 Abs. 2 und 3 KStG sollten Ihnen ebenfalls geläufig sein. Beachten Sie dabei, dass durch das Steuervergünstigungsabbaugesetz § 37 Abs. 2 a Nr. 1 KStG neu gefasst worden ist. Danach ist die KSt-Minderung für Gewinnausschüttungen, die nach dem 11. 04. 2003 und vor dem 01. 01. 2006 erfolgen (d. h. abfließen) ausgeschlossen. Diese Regelung ist allerdings nicht auf Gewinnausschüttungen anzuwenden, die vor dem 22. 11. 2002 beschlossen wurden und die nach dem 11. 04. 2003 erfolgen (§ 34 Abs. 13 KStG). Es könnte auch sein, dass Sie im Rahmen des KSt-Falles auf die Besteuerung der Gesellschafter mit eingehen müssen, hier kommt das Halbeinkünfteverfahren nach § 3 Nr. 40 EStG zum Zuge. Der Gesellschafter kann gegebenenfalls auch eine Kapitalgesellschaft sein. Berücksichtigen Sie auch den eingeschränkten Abzug der Aufwendungen nach § 3 c Abs. 2 EStG.

Zu beobachten ist außerdem eine zunehmende Tendenz, in den KSt-Fall Probleme des internationalen Steuerrechts mit einzubauen. Der Fall ist dann meist so gelagert, dass die inländische – und damit unbeschränkt steuerpflichtige – Kapitalgesellschaft Einkünfte aus dem Ausland erzielt hat. Um deren Besteuerung im Inland beurteilen zu können, ist das betreffende DBA heranzuziehen, das weitgehend dem OECD-Musterabkommen entsprechen wird und ihnen in Auszügen beigegeben wird. Bei dem Besteuerungsrecht für ausländische Kapitalerträge ist hier § 10 einschlägig. Grundsätzlich besteht danach neben dem Besteuerungsrecht des Quellstaates, d. h. des ausländischen Staates, auch ein Besteuerungsrecht des Ansässigkeitsstaates, d. h. Deutschlands. Je nach Staat und nach den Verhältnissen des Einzelfalls ist dieses jedoch oft auf einen bestimmten Prozentsatz z. B. 5 oder 15% limitiert. U. U. kommen § 34 c und § 34 d EStG zum Zuge.

Die Notwendigkeit, in der Praxis die Fälle fachübergreifend zu bearbeiten, schlägt sich mehr und mehr auch in den Klausuren nieder. So müssen Sie damit rechnen, dass mit einem ESt- oder KSt-Fall zugleich eine Umwandlung und damit die Anwendung des UmwStG gefragt ist.

6.2.2 Arbeitsablauf

In der Regel bestehen die KSt-Klausurfälle heute aus einer Reihe verschiedener Vorgänge, die steuerrechtlich zu würdigen sind. Die dargestellte steuerliche Behandlung des Unternehmens ist auf ihre Richtigkeit zu überprüfen und gegebenenfalls zu korrigieren. Zum Schluss ist das korrigierte zu versteuernde Einkommen zu ermitteln und die Höhe der KSt zu errechnen. Beachten Sie, dass steuerfreie – z. B. ausländische – Einkommensteile hier natürlich nicht mit einzubeziehen sind.

Bei einer **Organschaft** ist zu beachten, dass das zu versteuernde Einkommen von Organgesellschaft und Organträger getrennt ermittelt werden muss. Soweit das Einkommen dem Organträger zugerechnet wird, darf der Betrag nicht bereits in seinem Handelsbilanzgewinn enthalten sein. Beachten Sie außerdem, dass eventuelle Ausgleichszahlungen an Minderheitsgesellschafter gemäß § 16 KStG bei der Organgesellschaft versteuert werden, und zwar auch dann, wenn die Zahlungen an die Minderheitsgesellschafter vom Organträger geleistet werden.

6.2.3 Umfang der Begründung

Auch hier gilt wieder, dass es einer ausführlichen **Begründung** nur bedarf, wo etwas vom Sachverhalt oder von der Rechtslage her problematisch ist, im Übrigen können Sie die Erläuterung **zu einem Rechenwerk** auch **in Stichworten** geben.

BEISPIEL

Jahresüberschuss		70 000 €
./. Investitionszulage steuerfrei nach § 10 InvZG	./.	10 000 €
+ KSt-Rückstellung nicht abzugsfähig nach § 10 Nr. 2 KStG		20 000 €
+ Spenden		9 000 €
+ verdeckte Gewinnausschüttung (diese muss näher erläutert werden!)		40 000 €
./. Spenden nach § 9 Nr. 3 KStG (ein Abzug kommt nur in Höhe der nachgewiesenen 3 000 € in Betracht)	./.	3 000 €
zu versteuerndes Einkommen		126 000 €

Enthält der Sachverhalt zu einem bestimmten Problem Detailangaben, so wird von Ihnen auch erwartet, dass Sie darauf eingehen. In Organschaftsfällen wird z. B. von Ihnen erwartet, dass Sie die einzelnen Voraussetzungen der Organschaft prüfen, wenn dazu entsprechende Angaben im Sachverhalt enthalten sind.

Auch in einer Kurzbegründung müssen Sie aber zu einer konkreten Entscheidung kommen.

BEISPIEL

Falsch:
In § 9 Nr. 3 KStG ist die Abzugsfähigkeit von Spenden genannt.
Richtig:
Eine Spendenbescheinigung liegt vor, die Spende ist damit nach § 9 Nr. 3 KStG abzugsfähig.

6.3 Bilanzsteuerrechtsklausur

6.3.1 Allgemeines

In der Zwischenprüfung des gehobenen Dienstes ist nach § 38 Abs. 1 Nr. 2d StBAPO eine dreistündige, in der Laufbahnprüfung gemäß § 38 Abs. 1 Nr. 3d StBAPO eine fünfstündige Klausur zu schreiben. In der Steuerberaterprüfung bezieht sich eine der sechsstündigen Klausuren auf das Bilanzsteuerrecht.

6.3.2 Darstellungsweise

In den Klausuren dieses Faches ist ein zweigleisiges Arbeiten notwendig. Einerseits muss eine **bilanzsteuerrechtliche Lösung entwickelt** werden, andererseits sollen die Bearbeiter aber auch das dazugehörige **Rechenwerk darstellen.**

Besonders Anfängern macht es häufig Schwierigkeiten, die rechtlichen Ausführungen und Erläuterungen in ihrer Arbeit unterzubringen. Werden diese erst am Schluss nach dem buchhalterischen Rechenwerk gebracht, so zwingt dies den Bearbeiter, nochmals gedanklich in die Lösung der einzelnen Punkte einzusteigen. Das kostet Zeit. Bewährt hat sich vor allem bei Klausuren in der Zwischenprüfung die Darstellung in Form einer parallelen Darstellung der rechtlichen und der buchungstechnischen Lösung, bei der die notwendigen Erläuterungen gleich im Zusammenhang mit den jeweiligen Buchungssätzen und nicht erst in einem ganz anderen Teil der Arbeit entwickelt werden. Bei den komplexeren Klausuren der Laufbahnprüfung und der Beraterprüfung, die eine ausführliche Begründung erfordern, wird man diese vom Rechenwerk trennen müssen.

Bemühen Sie sich um ein sauber geführtes Rechenwerk. Auch der äußere Eindruck ist für die Bewertung eine Klausur – wie bereits oben ausgeführt – von Bedeutung. Vor allem vermeiden Sie aber durch ein **übersichtliches, sauberes Rechenwerk** unnötige Fehler. Sollten Sie nachträglich etwas in Ihren Berechnungen berichtigen müssen, so streichen Sie den Betrag sauber durch. Sie sollten es dagegen unterlassen, zu radieren und zu weißen.

Die rechnerische **Lösung muss aufgehen,** sonst haben Sie einen Fehler gemacht. Es muss nicht unbedingt ein rechtlicher Fehler sein, die Ursache für die Abweichung kann auch im technischen Bereich liegen.

6.3.3 Klausurinhalte

Neben der Entwicklung des Rechenwerks müssen sich die Bearbeiter bilanzsteuerrechtlicher Klausuren immer zugleich in zwei verschiedenen Rechtsgebieten bewegen. Soweit Sie im Bereich der Handelsbilanz sind, ist **handelsbilanzrechtliches** Denken von Ihnen gefordert, Sie müssen aber auch in der Lage sein, **steuerbilanzrechtlich zu denken.** Bei Ihren Überlegungen müssen Sie sich deshalb immer wieder fragen: Wo bin ich gerade? Im Handelsrecht oder im Steuerrecht? Die Verknüpfung beider Bereiche ergibt sich durch die Grundsätze der Maßgeblichkeit der Handelsbilanz für die Steuerbilanz und der umgekehrten Maßgeblichkeit gemäß § 5 EStG. Zu beachten ist dabei, dass der Gesetzgeber die Geltung des Maßgeblichkeitsgrundsatzes stark eingeschränkt hat (vgl. § 5 Abs. 3 bis 5 EStG; § 6 Abs. 1 Nr. 1 Satz 2 und 4 sowie Nr. 3 EStG).

6.3.3.1 Zwischenprüfung

Es wird von Ihnen erwartet, dass Sie die Technik der **Buchführung** beherrschen und die zentralen bilanzsteuerlichen Begriffe und Strukturen kennen und anwenden können.

Um die Klausur lösen zu können, benötigen Sie das buchhalterische Know-how, Sie müssen also die Buchungssätze darstellen und einen Abschluss fertigen können. Ziel der Arbeit wird die Erstellung einer Bilanz sein.

Sie werden einen durchgehenden Fall bearbeiten müssen. Üblich sind drei verschiedene Typen von Klausuren, die auch in Kombination miteinader vorkommen:

1. Die Klausur enthält eine Reihe von Geschäftsvorfällen, die Sie buchen müssen, anschließend ist der Abschluss zu erstellen.
2. Die Buchungen sind bereits vorgegeben. Sie müssen sie auf Richtigkeit überprüfen und die falschen Buchungen korrigieren, um anschließend den Abschluss machen zu können.
3. Eine fertige Bilanz und Gewinn- und Verlustrechnung ist auf ihre Richtigkeit zu überprüfen.

6.3.3.2 Laufbahnprüfung

Es wird in der Regel eine Kapitalgesellschaft oder eine Personengesellschaft, seltener ein Einzelunternehmen zu prüfen sein. Erwartet wurden vertiefte bilanzsteuerliche Kenntnisse insbesondere zur bilanziellen Behandlung von (bebauten) Grundstücken, Rückstellungen, Sonderposten mit Rücklagenanteil.

Buchführungskenntnisse werden als selbstverständlich vorausgesetzt. Neben **Kenntnissen des Bilanzsteuerrechts** ist die **Bp-Technik der Mehr- und Weniger-Rechnung** entscheidend.

In vielen Fällen werden Sie einen zusammenhängenden Fall zu lösen haben, der sich auf einen Zeitraum von drei Jahren erstreckt. Um ihn bewältigen zu können, müssen Sie sich mit dem Bilanzenzusammenhang und der Zweischneidigkeit von Bilanzen auskennen. Erwartet wird von Ihnen, die Gewinnermittlung über mehrere Jahre zu überprüfen und die berichtigten Werte zu entwickeln. Im Allgemeinen wird vorgegeben, ob Sie dabei die Bilanzpostenmethode benutzen und berichtigte Prüferbilanzen erstellen oder von der Gewinn- und Verlustrechnung ausgehen sollen.

Über mehrere Jahre laufende Fälle sind wegen der Folgefehler oft nur mühsam zu korrigieren. In letzter Zeit wurden deshalb auch Klausuren mit mehreren kleineren, für Bearbeiter und Korrektoren überschaubaren Fällen gestellt.

6.3.3.2.1 Klausurentypen

Die Klausuren lassen sich in drei verschiedene Typen gruppieren:

1. **Bp-Fälle:**
   Ein fertiger Jahresabschluss wird Ihnen zur Überprüfung und Korrektur vorgelegt. Ein generelles Aufbauschema lässt sich kaum geben. Zum Arbeitsablauf kann man jedoch allgemein Folgendes sagen:

a) **Ausgangspunkt** wird eine **Handels- oder Steuerbilanz** sein
   (in den allermeisten Fällen sind beide identisch)
b) die einzelnen **Bilanzposten** sind auf ihre Richtigkeit zu **überprüfen;** hierbei müssen Sie auf die auftretenden bilanzsteuerrechtlichen Probleme eingehen
c) **Korrektur** der falschen Bilanzposten
d) die Gewinnauswirkungen der Korrektur sind in einer **Mehr- und Weniger-Rechnung darzustellen**
e) Ziel ist es, die berichtige Schlussbilanz aufzustellen

2. **HÜ-Fälle:**
   Sie kommen relativ selten vor.
   Die Hauptabschlussübersicht muss erstellt werden. Umbuchungen in der HÜ müssen nach den bilanzsteuerrechtlichen Erkenntnissen ausgeführt werden. Bilanz und Gewinn- und Verlustrechnung sind abzuleiten.
3. **Fälle ohne geschlossenes Buchführungswerk**
   Zu bearbeiten sind einzelne bilanzsteuerrechtliche Probleme, es sollen z. B.

a) die Buchungssätze angegeben oder
b) die Bilanzansätze entwickelt oder
c) die Herstellungskosten ermittelt werden.

6.3.3.2.2 Bearbeitungsreihenfolge bei Kapitalgesellschaften – soweit die Bilanzpostenmethode zur Anrechnung kommt

1. Ermittlung der zulässigen steuerlichen Bilanzansätze,
2. Ermittlung der Auswirkungen, die sich aus Punkt a) für die gewinnabhängigen Bilanzpositionen (z. B. Steuerrückstellungen) ergeben.

- **Gewerbesteuerrückstellung**
  - Ermittlung des vorläufigen Steuermessbetrages nach dem Gewerbeertrag
  - Hebesatz
  - Divisor- oder 5/6-Methode nach R 20 Abs. 2 EStR
  - Proberechnung
- **KSt-Rückstellung**
  - Ermittlung der Tarifbelastung
- **Rückstellung für Solidaritätszuschlag (dazu § 3 Abs. 1 Nr. 1 SolZG)**

3. Ermittlung des steuerlichen Ausgleichspostens
4. Aufstellung der Steuerbilanzen

6.3.3.2.3 Bearbeitungsreihenfolge bei Personengesellschaften

1. Ermittlung des steuerlichen Gewinns der Personengesellschaft

Vorbemerkung: Auch in diesem Fall gilt, dass Sie sich in erster Linie die Aufgabenstellung genau anschauen sollten und sich dabei klarmachen, was im konkreten Fall überhaupt verlangt wird. Es ist durchaus möglich, dass Sie nur Teile des nachfolgend Dargestellten zu fertigen haben. Prüfen Sie bitte auch, ob Sie die berichtigte GewSt-Rückstellung überhaupt berechnen sollen, häufig wird darauf vom Klausurentwerfer verzichtet. Dann muss sich das aber klar aus der Aufgabenstellung oder einem entsprechenden Hinweis ergeben.

Das Betriebsvermögen, das der steuerlichen Gewinnermittlung nach § 4 Abs. 1 EStG zugrundeliegt, kann bei Personengesellschaften in verschiedenen Steuerbilanzen (Gesamthandsbilanz, Sonder- und Ergänzungsbilanzen) enthalten sein. Für diesen Fall ist die Mehr-und-Weniger-Rechnung nach Bilanzpostenmethode für jede der Bilanzen gesondert zu entwickeln. In der Regel werden eine Reihe verschiedener geschäftlicher Vorgänge auf ihre richtige steuerliche Behandlung zu prüfen sein.

Prüfungsreihenfolge für die einzelnen Vorgänge:

- Bilanzrechtliche Beurteilung des Sachverhalts unter Angabe der einschlägigen Rechtsvorschriften.
- Feststellung, welche Bilanzposten, Entnahmen/Einlagen und außerbilanziellen Korrekturen in den jeweiligen Steuerbilanzen in welcher Höhe zu verändern sind.

Beachten Sie dabei:
Soweit dieselben Bilanzposten durch mehrere Sachverhalte betroffen sind, kann der korrigierte Bilanzansatz erst nach Bearbeitung aller Sachverhalte in die Mehr-und-Weniger-Rechnung einbezogen werden. Entsprechendes gilt für Entnahmen, Einlagen und außerbilanzielle Korrekturen.
Entnahmen und Einlagen, die das Gesamthandsvermögen betreffen, müssen für die Kapitalkontenentwicklung den einzelnen Gesellschaftern zugeordnet werden.

- Sind die aus der bilanziellen Behandlung eines Sachverhalts resultierenden Gewinne bzw. außerbilanziellen Korrekturen abweichend vom allgemeinen Gewinnverteilungsschlüssel auf die Gesellschafter zu verteilen, sollte dies sofort festgehalten werden, weil es für die später durchzuführende Gewinnverteilung benötigt wird.

Für jede Steuerbilanz der Personengesellschaft (also Haupt-, Sonder- und Ergänzungsbilanzen) ist die Mehr-und-Weniger-Rechnung nach Bilanzpostenmethode zu entwickeln. Dabei sind Entnahmen, Einlagen und – für Gesamthands- und Sonderbilanzen – außerbilanzielle Korrekturen einzubeziehen.

Für die Gesamthandsbilanz muss anschließend noch die richtige **GewSt-Rückstellung** ermittelt werden. Dafür gilt folgendes:

- Die Summe der Ergebnisse aller Mehr-und-Weniger-Rechnungen führt zum steuerlichen Gewinn der Personengesellschaft vor Gewerbesteuer.
- Die Gewebesteuer ist nach Divisor- bzw. 5/6-Methode zu errechnen. Unter Berücksichtigung der Vorauszahlungen ergibt sich die GewSt-Rückstellung nach Bp. Die Mehr-und-Weniger-Rechnung für die Gesamthandsbilanz ist um den Bilanzposten »GewSt-Rückstellung« zu ergänzen.
- Der endgültige steuerliche Gewinn ist aus der Summe der Ergebnisse aller Mehr-und-Weniger-Rechnungen zu ermitteln.

2. Gewinnverteilung

Bei der Verteilung ist zu beachten, dass die folgenden Posten dem jeweils betroffenen Gesellschafter zugeordnet werden:

- Vergütungen gem. § 15 Abs. 1 Nr. 2 EStG wie Tätigkeitsvergütungen, Zinsen für Gesellschafterdarlehen und Vergütungen für die Überlassung von Wirtschaftsgütern
- Gewinne und Verluste aus Sonder- und Ergänzungsbilanzen
- Entnahmen und Einlagen

3. Aufstellung der Bilanzen

Die korrigierten Bilanzposten sind aus der Mehr- und Weniger-Rechnung zu übernehmen. Unveränderte Bilanzposten sind aus vorliegenden Bilanzen zu übertragen.

Für die Kapitalkonten ist zu beachten, dass außerbilanzielle Korrekturen zwar den steuerlichen Gewinn beeinflussen, nicht aber die Kapitalkonten, da es sich eben um außerbilanzielle Korrekturen handelt.

Bei der Kapitalkontenentwicklung sind auch die ermittelten Entnahmen und Einlagen zu berücksichtigen, die sich aus den einzelnen Sachverhalten ergeben.

6.3.3.3 Steuerberaterprüfung

Es wird in der Regel nur die Gewinnermittlung eines Jahres verlangt. Die Entwicklung des buchhalterischen Zahlenmaterials tritt in den Hintergrund, der Schwerpunkt liegt auf der Ermittlung des richtigen Ansatzes einzelner Bilanzpositionen.

Die Art der Klausuren variiert in der Steuerberaterprüfung stark.

Seit einer Reihe von Jahren ist in den Ertragsteuerklausuren regelmäßig ein KSt-Teil zu finden. Schwerpunkt der Bilanzsteuerklausuren sind seither eher Personengesellschaften (auch in der Form der GmbH & Co. KG). Dabei sind z. B. Fragen des Umfangs des Betriebsvermögens der Personengesellschaft und die Abgrenzung zu Sonderbetriebsvermögen, Ergänzungsbilanzen, Ausscheiden von Gesellschaftern, Gründung und Umwandlung der Gesellschaft Gegenstand der Klausuren gewesen.

Fast in jeder Klausur kommen Fragen im Zusammenhang mit Grundstücken sowie Rücklagen (insbesondere nach § 6 b EStG) vor.

Es muss aber auch mit einem reinen Bp-Sachverhalt gerechnet werden, in dem ein Bilanzpostenvergleich vorzunehmen und eine Mehr- und Weniger-Rechnung zu erstellen ist. Als Klausurfall ist auch schon die Überprüfung einer Hauptabschlussübersicht gegeben worden mit Entwicklung von Bilanz und Gewinn- und Verlustrechnung. Zu den einzelnen Problemen wird auf die Ausführungen zur Laufbahnprüfung verwiesen.

6.4 Umsatzsteuerrechtsklausur

6.4.1 Allgemeines

In der Zwischenprüfung des gehobenen Dienstes wird nach § 38 Abs. 1 Nr. 2 c StBAPO eine dreistündige Klausur geschrieben. In der Laufbahnprüfung ist nach der StBAPO eine eigene USt-Klausur vorgesehen.

In der Steuerberaterprüfung wird das USt-Recht immer in der gemischten Klausur geprüft. Der USt-Teil umfasst mindestens 1/3 der Gesamtpunktzahl, seit Wegfall der VSt teilweise jedoch auch mehr.

Die USt-Klausur besteht aus einer Reihe verschiedener Geschäfts- und anderer Vorfälle, deren umsatzsteuerliche Behandlung die Bearbeiter prüfen sollen. Achten Sie dabei genau darauf, welche Personen beteiligt sind und wessen USt-Pflicht bzw. Berechtigung zum Vorsteuerabzug nach der Aufgabenstellung geprüft werden soll. USt-Klausuren werden von zwei Hauptfragen beherrscht:

1. **Ermittlung der Höhe der USt für die zu beurteilenden Personen bzw. Personengesellschaften**
2. **Bestimmung der Höhe der abziehbaren Vorsteuer**

Dabei ist es durchweg sinnvoll, innerhalb eines Sachverhalts zunächst sämtliche Ausgangsumsätze zu behandeln. Damit klären sich meist auch viele Probleme des Vorsteuerabzugs, insbesondere die Frage des Vorsteuerabzugsverbots nach § 15 Abs. 2 UStG.

Sind mehrere Personen beteiligt, prüfen Sie zunächst Steuerbarkeit und Steuerpflicht sämtlicher Aktivitäten aller Personen, die laut Aufgabenstellung abgeprüft werden sollen. So bekommen Ihre Ausführungen eine klare Struktur. Sie vermeiden die Vermengung der Umsätze verschiedener Personen und kommen nicht in die Gefahr, die umsatzsteuerliche Relevanz von Personen und Sachverhalten zu prüfen, nach denen gar nicht gefragt ist.

6.4.2 Höhe der Umsatzsteuer

Bei der Prüfung jedes einzelnen umsatzsteuerrechtlich zu würdigenden Vorgangs ist die nachstehende Prüfungsfolge einzuhalten, die sich aus den Gesetzen der Logik ergibt:

a) **Steuerbarkeit des Vorgangs**
b) **Steuerbefreiung/Steuerpflicht**

c) **Bemessungsgrundlage**

d) **Steuer**

Ein Umsatz, der überhaupt nicht steuerbar ist, kann z.B. auch nicht von der Umsatzsteuer befreit werden, die Steuerbarkeit ist deshalb als erstes zu prüfen.

6.4.2.1 Steuerbarkeit nach § 1 UStG

Die **Grundnormen** für die Prüfung der Steuerbarkeit finden Sie in § 1 Abs. 1 Nr. 1 UStG. Bei Einfuhren aus einem Drittlandsgebiet werden diese Normen ergänzt durch die Regelungen in § 1 Abs. 1 Nr. 4 (regelmäßig nicht Prüfungsgegenstand) und § 1 Abs. 1 Nr. 5 UStG.

a) **Lieferungen und sonstige Leistungen gegen Entgelt**, § 1 Abs. 1 Nr. 1 UStG
Sie müssen die fünf Tatbestandsmerkmale der Norm prüfen:

1. Unternehmer
   Bei mehreren Umsätzen des gleichen Unternehmens braucht die Unternehmereigenschaft selbstverständlich nur einmal geprüft zu werden.
   Ergänzungsnorm ist § 2 UStG, der den Begriff des Unternehmens definiert. Um festzustellen, ob jemand Unternehmer ist, müssen die Tatbestandsmerkmale des § 2 Abs. 1 Satz 1 UStG geprüft werden. Es handelt sich dabei um eine Definitionsnorm. Sind ihre Tatbestandsmerkmale erfüllt, so ergibt sich als Rechtsfolge, dass der Steuerpflichtige Unternehmer ist.
2. Lieferung oder ,4>sonstige Leistung
   Alle Tatbestandsmerkmale müssen von der gleichen Person verwirklicht worden sein. Sie müssen also prüfen, ob die Person, deren Unternehmereigenschaft Sie gerade festgestellt haben, eine Lieferung oder sonstige Leistung ausgeführt hat.
   Ergänzungsnormen stellen insoweit die Regelungen in § 3 Abs. 1 bis 5 für Lieferungen sowie in § 3 Abs. 9 UStG für sonstige Lieferungen dar; auch hier müssen die jeweils einschlägigen Tatbestandsmerkmale geprüft werden.
   Wird kein Entgelt gezahlt, ist weiter zu prüfen, ob einer der Hilfstatbestände des § 3 Abs. 1 b oder § 3 Abs. 9 a UStG erfüllt ist, die fiktiv die dort genannten Geschäftsvorgänge als entgeltliche Leistung behandeln.
3. im Inland
   Ergänzungsnormen finden sich in § 1 Abs. 2 und 3, § 3 Abs. 5 a ff. und § 3 a bis c UStG.
4. gegen Entgelt
   Entgeltlich ist nur eine Leistung, der eine Gegenleistung gegenübersteht.
   Ein Entgelt ist danach gegeben, wenn der Leistungsempfänger etwas für die Leistung aufwendet. Einen Sonderfall bildet insoweit § 1 Abs. 1 Nr. 1 Satz 2 Buchst. b UStG.
   Wird ein Entgelt vom Empfänger gezahlt, so liegt auch dann ein Fall des § 1 Abs. 1 Nr. 1 UStG vor, wenn das Entgelt unangemessen niedrig ist.
5. im Rahmen seines Unternehmens

Rechtsfolge:
Sind alle Tatbestandsmerkmale erfüllt, ist der Umsatz steuerbar nach § 1 Abs. 1 Nr. 1 UStG.
Fehlt ein Tatbestandsmerkmal, ist er nicht steuerbar.

b) Innergemeinschaftlicher Erwerb § 1 Abs. 1 Nr. 5 UStG

Die tatbestandlichen Voraussetzungen des innergemeinschaftlichen Erwerbs finden Sie in der Ergänzungsnorm des § 1 a UStG. Bei der anschließenden Prüfung, ob der Erwerbsort – wie es § 1 Abs. 1 Nr. 5 UStG verlangt – im Inland liegt, haben Sie § 3 d UStG heranzuziehen.

Deutet der Sachverhalt darauf hin, dass ein innergemeinschaftlicher Erwerb verwirklicht ist, empfiehlt es sich, mit der Prüfung dieses Tatbestands zu beginnen.

c) Unentgeltliche Wertabgaben

Unter den in § 3 Abs. 1 b bzw. § 3 Abs. 9 a UStG beschriebenen Voraussetzungen können auch unentgeltliche Wertabgaben eine Steuerbarkeit nach § 1 Abs. 1 Nr. 1 UStG auslösen. Folgende Paragraphen sind zu prüfen:

1. **Steuerbarkeit nach § 1 Abs. 1 Nr. 1 UStG**
   Unternehmereigenschaft ist auch hier erforderlich.
2. **Fiktiv entgeltliche Lieferung nach § 3 Abs. 1 b UStG**
   Fiktiv als entgeltliche Lieferungen können nach § 3 Abs. 1 b Nr. 1 bis 3 UStG die folgenden Sachverhalte zu behandeln sein:

- die Entnahme eines Gegenstandes des Unternehmens für außerunternehmerische Zwecke (§ 3 Abs. 1 b Satz 1 Nr. 1 UStG),
- die unentgeltliche Zuwendung eines Gegenstandes des Unternehmens an das Personal für dessen privaten Bedarf (§ 3 Abs. 1 b Satz 1 Nr. 2 UStG) sowie
- andere unentgeltliche Zuwendungen, mögen diese auch unternehmerisch veranlasst sein (§ 3 Abs. 1 b Satz 1 Nr. 3 UStG).

   Zu beachten ist, dass nach § 3 Abs. 1 b Satz 2 UStG eine fiktive Behandlung als entgeltliche Lieferung stets voraussetzt, dass der Gegenstand oder seine Bestandteile zu einem vollen oder teilweisen Vorsteuerabzug berechtigt haben.

3. **Fiktiv entgeltliche sonstige Leistung nach § 3 Abs. 9 a UStG**
   Fiktiv als entgeltliche sonstige Leistungen werden nach § 3 Abs. 9 a UStG außerdem die folgenden Sachverhalte behandelt:

- Verwendung eines Unternehmensgegenstands – sofern dieser zum zumindest teilweisen Vorsteuerabzug berechtigt hatte – für außerunternehmerische Zwecke oder für den privaten Bedarf des Personals (§ 3 Abs. 9 a Nr. 1 UStG) und
- Unentgeltliches Erbringen anderer sonstiger Leistungen für außerunternehmerische Zwecke, oder für den privaten Bedarf des Personals (§ 3 Abs. 9 a Nr. 2 UStG).

Für unentgeltliche Wertabgaben im Sinne des § 3 Abs. 1 b UStG und des § 3 Abs. 9 a UStG gilt nach § 3 f UStG ein einheitlicher Leistungsort. Danach ist grundsätzlich der Ort maßgebend, von dem aus der Unternehmer sein Unternehmen betreibt (Unternehmensortprinzip).

6.4.2.2 Steuerbefreiungen der §§ 4, 4 b UStG

Nur wenn eine der Normen des § 1 Abs. 1 UStG erfüllt ist, d. h. ein steuerbarer Umsatz vorliegt, können die Bestimmungen der §§ 4, 4 b UStG überhaupt zur Anwendung kommen. Es wäre falsch, die §§ 4, 4 b UStG zu prüfen, ohne zuvor festgestellt zu haben, ob § 1 Abs. 1 UStG erfüllt ist. Trifft eine der Nummern der §§ 4, 4 b UStG zu und ist auch nicht optiert worden nach § 9 UStG, ist der **Umsatz nicht steuerpflichtig.**

Wie bei tatsächlich entgeltlichen Leistungen löst auch die nach § 1 Abs. 1 Nr. 1 UStG steuerbare unentgeltliche Wertabgabe nur dann eine Steuerpflicht aus, wenn keine Steuerbefreiung nach § 4 UStG greift. Der innergemeinschaftliche Erwerb hat eigene Steuerbefreiungen in § 4 b Nr. 1 bis 4 UStG.

Ist einer der Befreiungstatbestände erfüllt, ist bei entsprechender Gestaltung des Sachverhalts noch zu prüfen, ob der Stpfl. nach § 9 UStG auf die Befreiung verzichtet hat. Prüfen Sie, ob bei der konkreten Befreiung überhaupt ein Verzicht nach § 9 UStG möglich ist. Nähere Ausführungen über einen Verzicht sind insbesondere nötig, wenn der Stpfl. lt. Sachverhalt für den Umsatz unter Ausweis von USt abgerechnet hat.

6.4.2.3 Bemessungsgrundlage § 10 UStG

Bemessungsgrundlage ist bei Umsätzen nach § 1 Abs. 1 UStG das Entgelt, das der Leistungsempfänger oder ein Dritter aufgewendet hat. In Tauschfällen gilt nach § 10 Abs. 2 Satz 2 UStG der gemeine Wert des empfangenen Umsatzes abzüglich USt als Entgelt.

Für steuerfreie Umsätze gibt es keine Bemessungsgrundlage. Auch ihr Wert ist jedoch in den USt-Voranmeldungen anzugeben und entsprechend in den Klausuren auszuweisen. Bei der Ermittlung ist darauf zu achten, dass die USt nicht zur Bemessungsgrundlage gehört (vgl. § 10 Abs. 1 Satz 2; Abs. 2 Satz 3; Abs. 4 Satz 2 UStG).

Um den Bearbeitern die durch ihre Verweisungen wenig transparente Vorschrift des § 10 UStG näherzubringen, wird sie im Folgenden in anderer Darstellungsweise wiedergegeben. Bemessungsgrundlage ist:

a) **Entgelt**
Entgelt ist alles, was der Leistungsempfänger oder ein Dritter aufgewendet hat, abzüglich der USt (§ 10 Abs. 1 Sätze 2 und 3 UStG).
Anwendungsfälle:
- Lieferungen und sonstige Leistungen i. S. d. § 1 Abs. 1 Nr. 1 Satz 1 UStG sowie
- innergemeinschaftliche Erwerbe nach § 1 Abs. 1 Nr. 5 UStG.

Im Falle des **Tausches** gilt der Wert des empfangenen Umsatzes, abzüglich USt nach § 10 Abs. 2 Sätze 2 und e UStG als Entgelt.

b) **Einkaufspreis und Nebenkosten bzw. Selbstkosten** (§ 10 Abs. 4 Nr. 1 UStG)
Anwendungsfälle:
- Entnahme von Gegenständen für Zwecke außerhalb des Unternehmens i. S. d. § 3 Abs. 1 b Nr. 1 UStG,
- unentgeltliche Zuwendungen an Arbeitnehmer nach § 3 Abs. 1b Nr. 2 UStG
- unentgeltliche Zuwendungen nach § 3 Abs. 1 b Nr. 3 UStG,
- Verbringen eines Gegenstands in das Inland nach § 1 a Abs. 2 UStG und
- Verbringen eines Gegenstandes aus dem Inland in das Gemeinschaftsgebiet nach § 3 Abs. 1 a UStG

c) **Entstandene Kosten** (§ 10 Abs. 4 Nr. 2 UStG)
Anwendungsfälle:
- Verwendung eines Gegenstandes für außerhalb des Unternehmens liegende Zwecke nach § 3 Abs. 9 a Nr. 1 UStG und
- unentgeltliche Erbringung sonstiger Leistungen für außerhalb des Unternehmens liegende Zwecke nach § 3 Abs. 9 a Nr. 2 UStG

d) **Mindestbemessungsgrundlage** (§ 10 Abs. 5 UStG)
Sie kommt in bestimmten Fällen in Betracht, wenn zwar ein Entgelt gezahlt wird, dieses aber niedriger ist als die Bemessungsgrundlage, die sich nach § 10 Abs. 4 UStG ergibt.
Anwendungsfälle:
- verbilligte Lieferungen und sonstige Leistungen von Unternehmen i. S. d. § 1 Abs. 1 Nr. 1–5 KStG an Anteilseigner, Gesellschafter, Mitglieder etc. (§ 10 Abs. 5 Nr. 1 UStG),

- verbilligte Lieferungen und sonstige Leistungen von Einzelunternehmern an ihnen nahestehende Personen (§ 10 Abs. 5 Nr. 1 UStG) und
- verbilligte Lieferungen und sonstige Leistungen an Arbeitnehmer (§ 10 Abs. 5 Nr. 2 UStG).

e) Eine im Einzelfall zu beachtende Sonderregelung zur Bemessungsgrundlage stellt die **Differenzbesteuerung** nach § 25 a Abs. 3 UStG dar.

6.4.2.4 Steuer

Bei den einzelnen Umsätzen ist zu prüfen, ob der Regelsteuersatz oder der ermäßigte Steuersatz nach § 12 Abs. 2 UStG anzuwenden ist.

Haben Sie die geschuldete USt ermittelt, ist ergänzend zu prüfen, ob zusätzlich eine Steuer nach § 14 c Abs. 1 UStG (z. B. Ausweis steuerfreier Umsätze als steuerpflichtig) oder § 14 Abs. 2 (z. B. Steuerausweis durch Kleinunternehmer oder Privatpersonen) ausgelöst wird.

Außerdem ist auf den Zeitpunkt der Steuerentstehung nach § 13 UStG einzugehen, ggf. Änderung der Bemessungsgrundlage nach § 17 UStG. Die Steuer entsteht grundsätzlich mit Ablauf des Voranmeldungszeitraums, in dem die Leistung ausgeführt wurde. Beachten Sie jedoch Sonderregelungen für innergemeinschaftliche Erwerbe gemäß § 13 Abs. 1 Nr. 6 UStG und Fälle der Steuerschuldnerschaft des Leistungsempfängers nach § 13 b UStG Abs. 1.

6.4.3 Vorsteuer

Die zweite Hauptaufgabe besteht darin, die abziehbare Vorsteuer zu bestimmen.
Grundnormen bilden:

a) **§ 15 Abs. 1 Nr. 1 UStG**
Folgende Tatbestandsmerkmale bedürfen der Erörterung

- Unternehmer i. S. d. § 2 Abs. 1 UStG
- dieser ist Leistungsempfänger einer
- Leistung eines anderen Unternehmers
- für sein Unternehmen
- Rechnung i. S. d. §§ 14, 14 a UStG
- Ausweis gesetzlich geduldeter USt

b) **§ 15 Abs. 1 Nr. 2 UStG**
Abzugsfähigkeit der entrichteten Einfuhrumsatzsteuer (EUSt)

c) **§ 15 Abs. 1 Nr. 3 UStG**
Abzugsfähigkeit der Erwerbsteuer für den innergemeinschaftlichen Erwerb

d) **§ 15 Abs. 1 Nr. 4 UStG**
Abzugsfähigkeit für Leistungen i. S. d. § 13 b UStG

Gegennorm: § 15 Abs. 2 UStG
Ausschluss des Vorsteuerabzugs in den dort genannten Fällen.
Gegennorm hierzu: § 15 Abs. 3 UStG, der den Ausschluss des Vorsteuerabzugs wieder aufhebt.

Im Bereich der Vorsteuer sind außerdem zu beachten:

- **Aufteilung nach § 15 Abs. 4 UStG**
- **Berichtigung des Vorsteuerabzugs nach § 15 a UStG**
- **Berichtigung des Vorsteuerabzugs nach § 17 UStG**

6.4.4 Schuldnerschaft des Leistungsempfängers § 13 b UStG

Nachdem alle vorstehend aufgeführten Fragen erörtert sind, haben Sie ggf. noch die Frage einer Steuerschuldnerschaft des Leistungsempfängers anzusprechen. Dies ist immer dann zu prüfen, wenn ein nicht im Inland ansässiger Unternehmer eine steuerpflichtige sonstige Leistung oder Werklieferung **gegenüber** einem **zu beurteilenden Unternehmer** erbracht hat.

6.5 Erbschaftsteuerrecht/Bewertungsrecht

6.5.1 Allgemeines

Seit Wegfall der VSt war in der gemischten Klausur der Steuerberaterprüfung jährlich ein ErbSt-Teil enthalten, der jeweils aus mehreren Einzelfällen bestand und etwa 1/4 bis 1/3 der Gesamtpunktzahl von 100 Punkten umfasste. Das ErbSt-Recht kann auch in einen Schenkungsfall verpackt sein, da das Gesetz nach § 1 Abs. 1 Nr. 2 ErbStG auch auf Schenkungen unter Lebenden anzuwenden ist.

Um ErbSt-Fälle richtig lösen zu können, müssen Ihnen zunächst die zivilrechtlichen Grundlagen des Erbrechts klar sein. Mit dem Tode einer Person geht nach § 1922 BGB ihr Vermögen als Ganzes auf eine oder mehrere andere Personen über, die die Erben sind. Wer Erbe wird, ergibt sich entweder aus dem Testament oder, wenn kein Testament vorhanden ist, aus §§ 1924 ff. BGB. Nicht Miterbe wird dagegen ein Vermächtnisnehmer (§§ 2147 ff. BGB). Ein Vermächtnis wird dadurch begründet, dass eine bestimmte Person aus dem Nachlass einzelne in der Regel testamentarisch bezeichnete Gegenstände erhalten soll. Sie ist dann Vermächtnisnehmer und hat gegen die Erben mit Erbfall eine Forderung (vgl. § 2176 BGB). Auch die Pflichtteilsberechtigten sind nicht Miterben.

Häufig werden in ErbSt-Fälle bewertungsrechtliche Problemstellungen eingewoben, so dass diese mit bearbeitet werden müssen. Damit kommen zwei Arten von Fällen vor:

1. Fälle mit erbst-lichem Schwerpunkt
2. Fälle mit wesentlicher bewertungsrechtlicher Komponente.

Hinsichtlich der Bewertung von Grundstücken ist grundsätzlich zu unterscheiden zwischen der Bewertung des Grundvermögens nach §§ 68 ff. BewG, die gemäß § 17 Abs. 2 BewG nur noch für die GrundSt gelten, und der vereinfachten Bewertung nach §§ 145 ff. BewG, die für die ErbSt Anwendung finden. Bisher enthielt die gemischte Klausur in der Berater-Prüfung lediglich ErbSt-Fälle. Es ist jedoch nicht auszuschließen, dass sich zukünftig darin auch einmal ein GrundSt-Fall wiederfindet, um in diesem Rahmen die §§ 68 ff. BewG mit abprüfen zu können.

Begründung der Lösung

Der Sachverhalt von Klausuren auf diesem Gebiet besteht in der Regel aus einer Reihe verschiedener Vermögensgegenstände, zu deren bewertungsrechtlicher oder erbschaftsteuerlicher Behandlung Sie Stellung nehmen sollen.

Wie bei jeder Klausur müssen Sie auch hier zur Begründung die einschlägigen Rechtsvorschriften in Ihrer Lösung nennen. Soweit sich die Regelung aus dem Gesetz ergibt, ist diese Fundstelle anzugeben. Häufiger als in anderen Rechtsbereichen werden Sie jedoch im Bewertungsrecht auf die Richtlinien zurückgreifen müssen, weil die gesetzliche Regelung so allgemein ist, dass sie der Konkretisierung durch die Verwaltung bedurfte, um bei dem Massenverfahren der Besteuerung überhaupt zu praktikablen Lösungen zu kommen. Aus den Begriffen »gemeiner Wert« in § 9 BewG und »Teilwert« in § 10 BewG lässt sich nicht immer ein konkreter Wert ableiten.

Diese Situation haben Sie z. B. bei der Bewertung nicht notierter Anteile an Kapitalgesellschaften nach dem sog. Stuttgarter Verfahren in R 96 ff. ErbStR 2004. Gemäß § 11 Abs. 2 BewG sind sie mit dem gemeinen Wert anzusetzen. Soweit dieser nicht aus Vergleichsverkäufen ermittelt werden kann, ist er nach § 11 Abs. 2 Satz 2 BewG unter Berücksichtigung des Vermögens und der Ertragsaussichten der Kapitalgesellschaft zu schätzen. Auch insoweit müssen Sie neben der gesetzlichen Grundlage des § 11 BewG auf die Einzelregelungen der Richtlinien Bezug nehmen, die Sie bei Ihrer Lösung anwenden.

6.5.2 Fälle mit erbschaftsteuerlichem Schwerpunkt

Auf die einzelnen in der folgenden Prüfungsreihenfolge aufgeführten Punkte ist nur näher einzugehen, wenn sich dazu aus dem Sachverhalt konkreter Anlass ergibt. Prüfen Sie zunächst, welchen Personen erbschaftsteuerpflichtige Erwerbe zuzurechnen sind. Folgende Fallkonstellationen sind denkbar:

- mehrere Personen haben steuerpflichtig erworben oder
- mehrere steuerpflichtige Vorgänge sind zu beurteilen.

  Falls sich aus dem Sachverhalt etwas hierzu ergibt, sind im Rahmen der steuerpflichtigen Vorgänge auch folgende Fälle zu überprüfen:

- Erwerb aufgrund Vermächtnis, Auflage oder ähnlicher Rechtsverhältnisse gem. § 3 Abs. 2 ErbStG
- Vorerwerbe innerhalb der letzten zehn Jahre sind mit zu berücksichtigen gem. § 14 ErbStG.

Beachten Sie bitte stets die Fragestellung. Bauen Sie Ihre Fall-Lösung anhand des nachstehend abgedruckten Prüfschemas auf und klären sie bereits zu Anfang die grundsätzlichen Fragen wie persönliche Steuerpflicht und ob steuerpflichtige Erwerbe vorliegen.

Prüfungsfolge:

a) **Persönliche Steuerpflicht gemäß § 2 ErbStG**
War der Erblasser bzw. Erbe Inländer? Grundsätzlich besteht ErbSt-Pflicht, wenn Erblasser oder Erbe Inländer ist.

b) **Liegt ein steuerpflichtiger Vorgang gemäß § 1 ErbStG i. V. m. §§ 3 ff. ErbStG vor?**

- Zeitpunkt des Erbfalls
- Entstehung der Steuer gemäß § 9 ErbStG
- Bewertungsstichtag gemäß § 11 ErbStG

c) **Berechnungsschema zur Ermittlung der Bemessungsgrundlage für die ErbSt (§ 10 Abs. 1, § 12 ErbStG)**

Wert des gesamten Vermögensanfalls
./. abzugsfähige Verbindlichkeiten und Belastungen (§ 10 Absätze 5 bis 9 ErbStG)

= Bereicherung des Erwerbers
./. sachliche Steuerbefreiungen (§§ 5, 13, 13 a, 18 ErbStG)
./. persönliche Freibeträge (§§ 16, 17 ErbStG)

= steuerpflichtiger Erwerb (§ 10 Abs. 1 Satz 1 ErbStG)
./. Abrundung auf volle 100 € (§ 10 Abs. 1 Satz 5 ErbStG)

= Bemessungsgrundlage

Im Einzelnen ist Folgendes zu prüfen:

1. Welche Gegenstände sind erworben worden?
   Beachten Sie § 10 Abs. 3 ErbStG: Rechte und Verbindlichkeiten, die durch den Erbfall erlöschen, gelten als nicht erloschen.
2. Welche dieser Gegenstände sind steuerbefreit nach § 13 ErbStG?
3. Mit welchem Wert sind die Gegenstände anzusetzen?
   Maßgebend sind in der Regel die Verhältnisse im Zeitpunkt der Entstehung der Steuer, d. h. zum Zeitpunkt des Todesfalles (§ 9 ErbStG).
   Geklärt werden muss für den bewertungsmäßigen Ansatz, zu welcher Vermögensart die Gegenstände gehören.
4. Bewertungsansatz
   grundsätzlich Ansatz nach BewG mit dem gemeinen Wert (§ 12 Abs. 1 ErbStG, § 9 ff. BewG)

- Geldvermögen mit dem Nennwert, soweit nicht aufgrund unüblicher Verzinsung ein höherer oder niedrigerer Wert in Betracht kommt (§ 12 Abs. 1 bis 3 BewG)
- Wertpapiere mit dem Börsen- oder Kurswert (§ 11 Abs. 1 bis 3 BewG)
- nicht notierte Anteile an Kapitalgesellschaften nach dem Stuttgarter Verfahren (R 95 ff. ErbStR 2004 zu § 11 BewG)
- Investmentfonds-Anteile mit dem Rücknahmepreis (§ 11 Abs. 4 BewG)
- Lebensversicherungsansprüche, die noch nicht fällig sind, mit dem Rückkaufswert (§ 12 Abs. 4 BewG)
- Renten und Nutzungsrechte mit dem Kapitalwert (§§ 13 bis 16 BewG)
- inländischer Grundbesitz mit dem Grundbesitzwert (§ 12 Abs. 3 ErbStG)
  Berechnung nach 138 ff. BewG (siehe unten)
- ausländischer Grundbesitz mit dem gemeinen Wert (§ 12 Abs. 6 ErbStG, § 31 BewG)
- Betriebsvermögen mit den Steuerbilanzwerten (§ 12 Abs. 5 ErbStG, § 109 BewG)
  Ausnahme: Betriebsgrundstücke, Wertpapiere, Anteile an Kapitalgesellschaften (§ 12 Abs. 5 ErbStG)
  Beachten Sie die Freibetragsregelung gemäß § 13 a Absätze 1 und 4 ErbStG bei der Bewertung von

– land- und forstwirtschaftlichem Vermögen (§ 13 a Abs. 4 Nr. 2 ErbStG)
– Anteile an inländischen Kapitalgesellschaften bei mehr als 25 % unmittelbarer Beteiligung des Erblassers
– Anteile an Kapitalgesellschaften
  Die Regelungen in Kürze:
– Abzug des Freibetrages in Höhe von 256 000 € nach § 13 a Abs. 1 ErbStG (bei mehreren Erben Aufteilung auf diese)
– Ansatz des Restwertes mit 60 % nach § 13 a Abs. 2 ErbStG
  Beachten Sie, dass die Einschränkung des § 13 a Abs. 3 ErbStG nicht anwendbar ist bei Erbteilungsanordnung durch den Erblasser. Etwas anderes gilt dagegen bei Vermögensübertragungen an Vermächtnisnehmer.
  Prüfen Sie außerdem den nachträglichen Wegfall der Vergünstigungen des § 13 a ErbStG anhand der Kriterien in § 13 a Abs. 5 ErbStG.
  Steuerfrei bleibt auch der fiktive zivilrechtliche Anspruch auf Zugewinnausgleich gem. § 5 ErbStG. Die Berechnung erfolgt nach folgendem Schema:

Endvermögen Erblasser
./. Anfangsvermögen Erblasser

= Zugewinn
./. Zugewinn des überlebenden Ehegatten

= Unterschiedsbetrag
× 1/2
= steuerfreie Ausgleichsforderung

5. Abzug der Nachlassverbindlichkeiten gem. § 10 Abs. 5 ErbStG. Dazu gehören:
- vom Erblasser herrührende Schulden (Erblasserschulden),
- Verbindlichkeiten aus Vermächtnissen, Auflagen, Pflichtteilen etc. (Erbfallschulden),
- Bestattungskosten des Erblassers,
  Abzug pauschal ohne Nachweis 10300 €,
- **nicht** abzugsfähig sind dagegen Schulden, die in Zusammenhang mit Gegenständen stehen, die nicht der ErbSt unterliegen
  Die Bewertung erfolgt gem. § 12 ErbStG
6. Berücksichtigung früherer Erwerbe § 14 ErbStG
7. Ermittlung der Bemessungsgrundlage
8. Feststellung der in Betracht kommenden Steuerklasse gem. § 15 ErbStG
9. persönliche Freibeträge gem. §§ 16, 17 ErbStG
10. Ermittlung der Höhe der Steuer unter Berücksichtigung der Steuersätze nach § 19 ErbStG
    Beachten Sie den Härteausgleich gem. § 19 Abs. 3 ErbStG
11. Kommt ein Entlastungsbetrag nach § 19a ErbStG zur Anwendung?
    Voraussetzungen hierfür sind:
- Besteuerung des Erbanfalls nach Steuerklasse II oder III **und**
- Betriebsvermögen, land- und forstwirtschaftlichem Vermögen oder Anteilen an Kapitalgesellschaften
12. Anrechnung ausländischer ErbSt gem. § 21 ErbStG

6.5.3 Fälle mit wesentlicher bewertungsrechtlicher Komponente

6.5.3.1 Bedarfsbewertung nach §§ 138ff. BewG

Es kann sein, dass die erbschaftsteuerliche Fragestellung vom Klausurentwerfer nur dazu dient, Bewertungsrecht abzufragen. Im Rahmen der ErbSt-Berechnung kann eine Bedarfsbewertung gem. §§ 138ff. BewG durchzuführen sein.

a) **land- und forstwirtschaftliches Vermögen §§ 140ff. BewG**
- Berechnung des Betriebswertes gem. § 142 BewG
- Bewertung von Betriebswohnungen gem. § 143 BewG
- Bewertung des Wohnteils gem. § 141 Abs. 4, § 143 BewG

b) **Grundvermögen §§ 145ff. BewG**
- Bewertung unbebauter Grundstücke gem. § 145 Abs. 3 BewG

Bodenrichtwert
./. Abschlag 20%

= Zwischenwert
× Grundstücksfläche

= Grundbesitzwert

- Bewertung bebauter Grundstücke gem. § 146 BewG

durchschnittliche Jahresmiete (ohne Betriebskosten)
× 12,5

= Zwischenwert
./. Abschlag für Wertminderung wegen Alters § 146 Abs. 4 BewG
(0,5 % pro Jahr vom Zwischenwert, höchstens 25 %)

= Grundbesitzwert

Beachten Sie bitte:

- Bei teilweiser Eigennutzung ist insoweit die übliche Miete anzusetzen (§ 146 Abs. 3 BewG)
- Bei Ein- und Zweifamilienhäusern ist ein Zuschlag von 20 % zum Zwischenwert vorzunehmen (§ 146 Abs. 5 BewG)
- Kontrollieren Sie bitte, ob bei der Berechnung der Wert des Grund und Bodens nicht unterschritten wird. In diesem Fall ist nämlich mindestens dieser Wert anzusetzen
- Prüfen Sie außerdem gem. § 146 Abs. 7 BewG, ob ein niedrigerer gemeiner Wert gegeben ist

c) **Sonderfälle bei der Bewertung des Grundvermögens**

- Grundstücke im Zustand der Bebauung (§ 149 BewG)
  Die Wertermittlung erfolgt entsprechend § 146 BewG
- Wert nach Fertigstellung:

Jahresmiete für vermietete Wohnungen (§ 146 Abs. 2 Satz 2 BewG)
+ übliche Miete für eigengenutzte Wohnung (§ 146 Abs. 3 BewG)
bei teilweiser Eigennutzung

= gesamte Jahresmiete
× 12,5

= Mindestwert gem. § 146 Abs. 6 BewG i. V. m. § 145 Abs. 3 BewG,
dieser Wert darf nicht unterschritten werden

- Wert für das Gebäude im Zustand der Bebauung

Gebäudewert:	80 % des Wertes nach Fertigstellung (§ 149 Abs. 1 Satz 2 BewG)
Grad der Fertigstellung:	Berechnung aus dem Verhältnis der Gesamtherstellungskosten zu den im Zeitpunkt der Bewertung aufgewendeten Herstellungskosten

- Erbbaurecht (§ 148 BewG)
  Die Wertermittlung erfolgt entsprechend §§ 146, 147 BewG

- jährlicher Erbbauzins
  × 18,6

  = Wert des belasteten Grundstücks

- Jahresmiete
  × 12,5
  ./. Alterswertminderung
  ./. Wert des belasteten Grundstücks

  = Wert des Erbbaurechts

6.5.3.2 Betriebsvermögen

a) Vorbemerkungen

Nach § 12 Abs. 5 Satz 2 ErbStG sind für die Bewertung des Betriebsvermögens die §§ 95 ff. BewG entsprechend anzusetzen.

Bei der Bewertung des Betriebsvermögens werden Sie einige kurze Vorbemerkungen voranstellen müssen. Zunächst sollten Sie darin klarstellen, was gemäß § 95 BewG (bei Einzelunternehmen) bzw. § 97 BewG (bei Personengesellschaften oder Kapitalgesellschaften) vom Betriebsvermögen umfasst wird.

Hier am Anfang können Sie auch gleich erwähnen, dass die Wirtschaftsgüter des Betriebsvermögens nach § 109 Abs. 1 BewG grundsätzlich **mit dem Bilanzwert bewertet** werden, soweit nicht in der folgenden Darstellung ausdrücklich etwas anderes gesagt wird. Auch auf § 98 a BewG, der als Spezialregelung gegenüber § 2 BewG die **Bewertung der einzelnen Wirtschaftsgüter** des Betriebsvermögens vorsieht, sollten Sie kurz hinweisen.

b) Bewertung von Einzelunternehmen

Sie handeln die einzelnen Wirtschaftsgüter nacheinander ab und prüfen, ob die Voraussetzungen einer Berücksichtigung beim Betriebsvermögen erfüllt sind. Die Wertansätze werden heute in der Regel kaum große Probleme bieten, da nach § 109 BewG die Steuerbilanzwerte zu übernehmen sind.

§ 95 BewG knüpft an das Betriebsvermögen nach ESt-Recht an, das nach Steuerbilanz und Aufstellung des Betriebsvermögens (Fälle von § 4 Abs. 1 und § 5 EStG) ermittelt bzw. bei Gewinnermittlung nach ertragsteuerlichen Grundsätzen nach § 4 Abs. 3 EStG (R 114 Abs. 3 ErbStR) angesetzt wird.

- Ergänzungsnorm für Betriebsgrundstücke: § 99 Abs. 2 BewG.
- Beachten Sie, dass § 26 BewG bei der ErbSt nicht anzuwenden ist (R 117 Abs. 2 Satz 3 ErbStR).

Muss im Rahmen des Betriebsvermögens auch ein Betriebsgrundstück bewertet werden, so empfiehlt es sich, dieses vor der Prüfung der anderen Wirtschaftsgüter des Betriebsvermögens anzusprechen. Es wird sich dabei meist um eine etwas umfangreichere Berechnung handeln, die mitten in der Bewertung des Betriebsvermögens schlecht plaziert ist.

c) Bewertung von Personengesellschaften

Da das Betriebsvermögen grundsätzlich nach § 12 Abs. 4 ErbStG i. V. m. § 109 BewG mit den Ansätzen der Steuerbilanz zu übernehmen ist, steckt hier in den meisten Fällen keine große Problematik. Anders wird das jedoch, wenn kein Einzelunternehmen, sondern ein Anteil an einer Personengesellschaft vererbt wird. Hier ist nach dem folgenden Schema vorzugehen:

1. Ermittlung des erbSt-lichen Wertes des Betriebsvermögens
   Das Betriebsvermögen besteht aus:

- Gesamthandsvermögen: alle Wirtschaftsgüter im Eigentum der Gesellschaft (§ 97 Abs. 1 Satz 1 BewG)
- Sonderbetriebsvermögen (§ 97 Abs. 1 Satz 1 Nr. 5 BewG)
  - Sonder-BV I
    (betrieblichen Zwecken dienende WG im Eigentum einzelner Gesellschafter)
  - Sonder-BV II
    (Posten im Zusammenhang mit der Beteiligung des Gesellschafters)
- Werte aus Ergänzungsbilanzen
  Beachte: § 12 Abs. 5 ErbStG verweist nicht auf § 26 BewG, d. h. WG im Eigentum des Ehegatten sind nicht zu berücksichtigen.

Für die **Berechnung** gilt:

- Ansatz der Aktiva mit Steuerbilanzwert (§ 12 Abs. 5 ErbStG, §§ 97, 109 BewG)
  Ausnahmen:
  - Betriebsgrundstücke mit Grundbesitzwert
  - Wertpapiere mit Börsen- oder Kurswert (§ 11 BewG)
  - Anteile an Kapitalgesellschaften (§ 12 BewG, siehe dort)
- Abzug der betrieblichen Verbindlichkeiten (§ 103 BewG)
  Dazu gehören nicht die Kapitalkonten der Gesellschaft (auch nicht, soweit sie als Verrechnungs- oder Darlehenskonten bezeichnet werden).

2. Aufteilung des Wertes des Betriebsvermögens auf die Gesellschafter (§ 97 Abs. 1 a BewG)

- Zunächst die WG und Schulden berücksichtigen, die einzelnen Gesellschaftern vorweg zuzurechnen sind z. B. aus Sonderbilanzen etc. (§ 97 Abs. 1 a Nr. 1 BewG)
- Ermittlung der bereinigten Kapitalkonten (§ 97 Abs. 1 a Nr. 1 Satz 2 BewG)
- Zurechnung des bereinigten Kapitalkontos beim jeweiligen Gesellschafter
- Aufteilung des verbleibenden Betrages nach dem Gewinnverteilungsschlüssel (§ 97 Abs. 1 a Nr. 3 BewG)

6.5.4 Bewertung des Grundvermögens für Zwecke der Grundsteuer

Nachdem die VSt zum 01. 01. 1997 entfallen ist, gelten die Vorschriften über die Bewertung des Grundvermögens gemäß § 17 Abs. 2 BewG noch für die GrundSt. Für die ErbSt und GrESt müssen dagegen nach § 138 BewG neue Grundbesitzwerte in einem vereinfachten Verfahren ermittelt werden (siehe dazu Thiel, Die neue Erbschaft- u. Schenkungsteuer, DB 1997, 64).

1. Frage: Unbebautes Grundstück?
In der Klausur wird es sich in aller Regel um die Bewertung eines bebauten Grundstücks handeln. Wenn das zweifelhaft ist, müssen aber die Tatbestandsmerkmale der §§ 72, 74 BewG geprüft werden.

2. Frage: Grundstücksart?
Sie müssen das Grundstück in eine der sechs Grundstücksarten des § 75 BewG einordnen.

3. Frage: Bewertung im Ertragswert- oder Sachwertverfahren?
Grundsatz: Ertragswertverfahren nach § 76 Abs. 1 BewG
In der Regel bei allen Grundstücksarten mit Ausnahme der sonstigen bebauten Grundstücke
Ausnahme: Sachwertverfahren in den Fällen des § 76 Abs. 2 u. 3 BewG
Beachten Sie:
Mindestwert nach § 77 BewG: Der Wert des bebauten Grundstücks darf nicht niedriger sein als der Wert, mit dem der Grund und Boden allein als unbebautes Grundstück zu bewerten wäre.

a) **Ertragswertverfahren**
Grundnorm: § 78 BewG
Ertragswert = Jahresrohmiete mal Vervielfältiger

- Jahresrohmiete
  Ergänzungsnorm: § 79 Abs. 1 BewG
  Prüfen Sie, was dazu gehört und was nicht, § 79 Abs. 2 BewG

übliche Miete bei

- Eigennutzung
- unentgeltlicher Überlassung
- verbilligter Vermietung (mehr als 20 % unter üblicher Miete)
- Vervielfältiger

Ergänzungsnorm: § 80 BewG i.V. m. Anlagen 3 bis 8

Anschließend prüfen, ob Zu- oder Abschläge nach § 81 bzw. 82 BewG in Betracht kommen.

b) **Sachwertverfahren**

Grundnorm: § 83 BewG: getrennte Ermittlung von

- Bodenwert
  Ergänzungsnorm § 84 BewG. In der Klausur wird Ihnen der Wert vorgegeben werden
- Gebäudewert
  Ergänzungsnorm § 85 BewG. Ermittlung des Gebäudenormalherstellungswertes im Hauptfeststellungszeitpunkt (= 01. 01. 64)
  Berechnung Abschn. 36 bis 38 BewR GrundV:
  Umbauter Raum in Kubikmetern mal Raummeterpreis nach Nutzungsart.
  Bauart und Bauweise nach den Tabellen, Anl. 14 bis 16. (Die Werte sind bereits auf den 01. 01. 64 umgerechnet).
- Wertkorrektur durch

- Wertminderung wegen Alters § 86 BewG
  Auslegung durch Abschn. 41 BewR GrundV mit Angabe der Prozentsätze
  Achtung Fehlerquelle: Bewertungsstichtag ist der 01. 01. 64. Wertminderungen können also nur bis zu diesem Zeitpunkt berücksichtigt werden. Für nach dem 01. 01. 64 errichtete Gebäude kommt folglich überhaupt kein Ansatz einer Wertminderung in Betracht.
- Minderung wegen baulicher Mängel § 87 BewG
- Ermäßigung und Erhöhung in Sonderfällen § 88 BewG
- Wert der Außenanlagen § 89 BewG und Abschn. 45 BewG GrundV
- Angleichung an den gemeinen Wert § 90 BewG

6.5.4.1 Sonderfälle

a) **Grundstücke im Zustand der Bebauung § 91 BewG**

Grundsatz: § 91 Abs. 1 BewG unfertige Gebäude bleiben außer Ansatz

b) **Erbbaurecht § 92 BewG**

Das Erbbaurecht bildet eine eigene wirtschaftliche Einheit, für die neben dem Einheitswert für das Grundstück ein eigener Einheitswert festzustellen ist.

1. Laufzeit des Erbbaurechts noch mehr als 50 Jahre
   Nach § 92 Abs. 2 BewG entfällt der Gesamtwert auf das Erbbaurecht.
2. Kürzere Laufzeit

- Gebäude geht bei Ablauf des Erbbaurechts gegen Entschädigung aufgrundeigentum über
  Auf Erbbaurecht entfällt nach § 92 Abs. 3 BewG

- Gebäudewert und
- Anteil an Grund und Boden nach § 92 Abs. 3 Nr. 1 BewG

- entschädigungsloser Übergang

- Gebäudewert ist nach gleichem Verhältnis wie Grund und Boden zu verteilen.

7 Spezialprobleme im Zusammenhang mit AO-Klausuren

7.1 Allgemeines

In der Zwischenprüfung ist nach § 38 Abs. 1 Nr. 2 a StBAPO eine dreistündige Klausur zur Abgabenordnung zu schreiben. In der Laufbahnprüfung kann nach § 38 Abs. 1 Nr. 3 a StBAPO die fünfstündige Klausur zum Abgabenrecht auch in Verbindung mit anderen in den Fachstudien behandelten Stoffgebieten stehen. Bedingt durch die Verweisungen der AO, tauchen in AO-Klausuren häufig Fragen des BGB oder HGB auf.

In der Steuerberaterprüfung besteht die gemischte Klausur in der Regel zu ca. 25 bis 40 % aus AO -Problemen, die gewöhnlich in einem eigenen Klausurteil enthalten sind. Nach dem Wegfall der VSt ab 1997 enthält diese Klausur nun neben einem USt- und einem AO-Teil auch einen Teil, der sich auf die ErbSt bezieht.

Erfahrungsgemäß machen den Bearbeitern die AO-Klausuren ganz besondere Schwierigkeiten. Es soll deshalb hierauf etwas ausführlicher eingegangen werden. Vorweg muss jedoch klargestellt werden, dass es ein **generelles Rezept,** das für die Lösung jeder AO-Klausur passen würde, **nicht gibt.** Der Klausuraufbau muss sich nach dem konkreten Fall und den gestellten Fragen richten. Gerade durch die Fragestellungen wird dem Bearbeiter häufig der Aufbau in einem Grobraster schon vorgegeben. Hierin liegt eine Hilfestellung durch den Klausurentwerfer. Sie sollten davon nicht ohne zwingende Gründe abweichen.

Im Nachfolgenden wird in vielen Punkten auf einzelne Rechtsfragen aus dem AO-Bereich eingegangen werden. Es wäre jedoch ein Fehler zu meinen, man könne sich dadurch das Studium eines Lehrbuchs zur AO ersparen, denn im Rahmen der Darstellung der Klausurtechnik kann hinsichtlich der Rechtsprobleme nur exemplarisch gearbeitet werden.

Bei AO-Klausuren sind eine Reihe von Besonderheiten zu beachten, die im Folgenden dargestellt werden. Außerdem gibt es für verschiedene Gruppen von Fällen einen ihnen jeweils charakteristischen Prüfungsablauf, der in einer Reihe von Prüfungsschemata entwickelt wird.

7.2 Darstellungsstil

In AO-Klausuren werden von Ihnen **zusammenhängende Ausführungen in ganzen Sätzen** erwartet. Darstellungen im Telegrammstil sollten Sie unterlassen bzw. nur in der allergrößten Zeitnot verwenden. Der logische Aufbau folgt dem **Gutachtenstil,** soweit nicht ausnahmsweise von Ihnen der Entwurf einer Einspruchsentscheidung verlangt wird, die immer im Urteilsstil zu fertigen ist (vgl. dazu 8.3.5.2).

7.3 Begründungen

Bei AO-Klausuren gewinnt eine gute Lösung durch die Art der Begründung. Gerade bei diesen Klausuren sind meist besonders viele Punkte für die Begründung vorgesehen. Es kommt also darauf an, den Weg zu der von Ihnen gefundenen Lösung nicht nur im Kopf zu haben, sondern auch darzustellen. Was Sie nur gedacht, aber nicht geschrieben haben, kann nicht bewertet werden.

BEISPIEL

In einem Haftungsfall haben die Kommanditisten A und B ihre Einlagen voll erbracht, B ist jedoch später ein Teil zurückgezahlt worden.

Unzureichend:

Der Klausurbearbeiter schreibt: »die Kommanditisten A und B haften in Höhe der Haftsumme abzüglich der tatsächlich erbrachten Einlagen«

Richtig:
»Die Haftung der Kommanditisten ist nach § 171 Abs. 1 HGB beschränkt. A hat seine Einlage voll erbracht und haftet damit nicht weiter. B hat zwar seine Einlage voll eingezahlt, er hat jedoch ... € zurückgezahlt bekommen, nach § 171 Abs. 4 HGB lebt die Haftung insoweit wieder auf.«

Selbstverständlichkeiten bedürfen keiner weiteren Begründung, hier würden Sie Ihre Zeit verschwenden. Es ist z. B. überflüssig, ausführlich darzulegen, dass ein Steuerbescheid ein Verwaltungsakt ist. Hüten Sie sich davor, nur problemorientiert darzustellen. Achten Sie bei der Begründung besonders auf das folgende:

7.3.1 Subsumtion

Auf saubere Subsumtion wird in AO-Klausuren besonderer Wert gelegt. Sie sollten die einzelnen Tatbestandsmerkmale auch dann kurz durchdenken und, soweit sie entscheidungsrelevant sind, auf alle Fälle ansprechen, wenn sie nicht streitig sind. Viele Punkte gehen verloren, weil nicht richtig subsumiert wird. Nicht selten wird dadurch auch das Ergebnis falsch.

7.3.2 Grundsatz der Einzelprüfung

Besonders in AO-Klausuren kommen häufig recht **komplizierte Sachverhalte** vor. **Zerlegen** Sie diese – erforderlichenfalls mit Hilfe einer Skizze in Ihrem Konzept – **in Einzelteile.**

BEISPIELE

a) Bei einer KG mit mehreren Gesellschaftern muss geprüft werden, wer in welchem Umfang haftet bzw. wer rechtsbehelfsbefugt ist. Betrachten Sie jeden Gesellschafter getrennt.

b) Im Zusammenhang mit einer durchgeführten Außenprüfung oder aus anderem Anlass geht es häufig um die Änderung der Feststellungs- und/oder Steuerbescheide für mehrere Veranlagungszeiträume. Nehmen Sie sich jeden Veranlagungszeitraum einzeln vor.

c) In einem Haftungsfall sind in Bezug auf einen bestimmten Haftenden mehrere Haftungsvorschriften zu prüfen. Gehen Sie auch hier systematisch vor und untersuchen Sie die in Betracht kommenden Normen nacheinander.

Versetzen Sie sich bitte wieder einmal in die Denkweise des Klausurentwerfers. Warum hat er wohl mehrere Gesellschafter, Veranlagungszeiträume usw. ins Spiel gebracht? Es wäre recht wenig ergiebig, wenn mehrmals dieselben Rechtsprobleme dargestellt werden müssten. Mit sehr großer Wahrscheinlichkeit werden Sie hinsichtlich der verschiedenen Gesellschafter usw. auch zu unterschiedlichen Begründungen und damit meist auch abweichenden Lösungen kommen.

Wenn Sie nach dem Grundsatz der Einzelprüfung vorgehen, behalten Sie selbst den Überblick und können auch eine für den Leser durchschaubare Lösung zu Papier bringen. Soweit einzelne Tatbestandsmerkmale in den verschiedenen Alternativen gleich sind, brauchen sie natürlich nicht mehrfach dargestellt zu werden. Sie helfen sich dann dadurch, dass Sie z. B. auf das bereits bei Gesellschafter A Gesagte verweisen.

7.3.3 Logischer Begründungsablauf

Vielen Bearbeitern fällt es bei AO-Klausuren besonders schwer, ihre Begründungen logisch aufeinander aufzubauen und auch bei den weiteren **Ausführungen logisch schlüssig zu bleiben,** sich also nicht gegenüber den vorherigen Ausführungen in Widersprüche zu verstricken. Besonders bei komplizierteren Sachverhalten kann das zum Problem werden.

BEISPIELE

a) Die Begründetheit eines Rechtsbehelfs darf nur geprüft werden, wenn zuvor seine Zulässigkeit festgestellt worden ist. Die Zulässigkeitsvoraussetzungen sind Sachentscheidungsvoraussetzungen für jeden Rechtsbehelf. Es ist jedoch ein weit verbreiteter Fehler, dass Bearbeiter sich zunächst ausführlichst mit den materiellen Erfolgsaussichten eines Rechtsbehelfs (also mit der Begründetheit) befassen und ganz zum Schluss auf die Zulässigkeit kommen.
Liegt auch die Zulässigkeit vor, so haben Sie einen Aufbaufehler begangen, der Sie wahrscheinlich nur einen Punkt kostet. Fatal wird der Fehler jedoch, wenn sich am Ende herausstellt, dass der Rechtsbehelf gar nicht zulässig ist, dann sind alle vorherigen Ausführungen zur Begründetheit Makulatur.

b) In allen Fällen, in denen Sie mit einer Frist arbeiten, ist die Fristberechnung logisch vorrangig vor etwaigen Vorschriften, die zu einer Fristverlängerung im weitesten Sinne führen.
Nur wenn die betreffende Frist abgelaufen ist, kommt eine Wiedereinsetzung bzw. Ablaufhemmung überhaupt zum Zuge. Immer wieder übersehen Bearbeiter, dass eine Frist noch gar nicht verstrichen ist, weil sie nicht zunächst eine Fristberechnung durchführen, sondern sich z. B. sofort mit der Frage der Wiedereinsetzung beschäftigen.
Das gilt zwischen gesetzlichen Fristen und der Wiedereinsetzung nach § 110 AO, es gilt im Verhältnis der Festsetzungsfrist zu den verschiedenen Tatbeständen der Ablaufhemmung nach § 171 AO und es ist auch in Bezug auf die Zahlungsverjährung und ihre Unterbrechung nach § 231 AO anzuwenden.

c) Der Klausurbearbeiter kommt zu dem Ergebnis, dass eine Prüfungsanordnung nichtig ist, weil sie an eine nicht existierende Person gerichtet ist. Anschließend prüft er, ob die Ablaufhemmung für die Festsetzungsfrist nach § 171 Abs. 4 AO eingreift und bejaht dies. Eine nichtige Prüfungsanordnung kann jedoch keine Rechtswirkungen entfalten und damit auch nicht zu einer Ablaufhemmung führen.

d) In der Lösung wird ausgeführt, dass für ein bestimmtes Jahr die Festsetzungsfrist abgelaufen ist. Später prüft der Verfasser, welche Änderungsvorschriften anzuwenden sind. Nach § 169 Abs. 1 AO ist nach Ablauf der Festsetzungsfrist eine Änderung nicht mehr zulässig, so dass die Prüfung der Änderungsvorschriften überflüssig ist.

7.3.4 Rechtsfragen beantworten

Steuerliche Rechtsfragen dürfen Sie bei Ihrer Lösung nicht unentschieden lassen. Sie müssen **zu einer klaren Lösung kommen.**

BEISPIEL

Bezüglich der Haftung des Geschäftsführers einer GmbH schreibt der Bearbeiter, es komme eine Haftung nach § 69 AO i.Vm. §§ 34, 35 AO in Betracht.
Hier muss der Verfasser klar Stellung nehmen, ob es sich um einen Verfügungsberechtigten i. S. d. § 35 AO oder um einen gesetzlichen Vertreter nach § 34 AO handelt.

Auch wenn eine Frage, die zur Lösung des Falles beantwortet werden muss, streitig ist, müssen Sie sich klar entscheiden. Wählen Sie die für Sie besser begründbare Lösung. Achten Sie jedoch darauf, dass Sie damit nicht einen erheblichen Teil des Klausurfalles als überflüssig abschneiden.

BEISPIEL

Angenommen, es ergibt sich hinsichtlich der Zulässigkeit eines Einspruchs eine Zweifelsfrage. Es kann sein, dass eine weitere sinnvolle Bearbeitung des ganzen Falles kaum noch möglich ist, wenn Sie sich dafür entscheiden, dass der Einspruch unzulässig ist. Dann sollten Sie sich für eine Zulässigkeit des Rechtsbehelfs entscheiden. Es gilt jedoch in einer solchen Situation, sorgfältig zu prüfen, ob es nicht vielleicht trotz Unzulässigkeit des Einspruchs noch einen anderen Weg –

insbesondere unter Berücksichtigung der Korrekturvorschriften – gibt, um zu einer sinnvollen Falllösung zu kommen.

7.3.5 Berechnung des Ergebnisses

Enthält der Sachverhalt Zahlenangaben – was insbesondere bei Haftungs- und Korrekturfällen häufig ist – so wird vom Bearbeiter nicht nur eine verbale Darstellung der Lösung erwartet, sondern auch die Berechnung der geänderten Steuer, die sich aufgrund der angewendeten Änderungsvorschriften ergibt.

7.4 Einzelfragen, die laufend falsch gemacht werden

Bestimmte Fehler kehren bei der Lösung von AO-Klausuren immer wieder. Es werden deshalb im Folgenden eine Reihe typischer Fehler aufgelistet, um den Bearbeitern bewusst zu machen, dass hier besondere Fehlerquellen liegen. Es kann sich auch hier nur um eine Auswahl handeln, anderen Korrektoren mögen noch viele andere Fehlerursachen einfallen. Die folgende Auflistung soll für die Bearbeiter eine kleine Hilfestellung sein.

- **Auf die Fragestellung achten**
  Häufig **beachten** Anfänger **die Fragestellung** der Aufgabe **nicht genau.** Dieser Fehler kommt aber auch in Examensklausuren noch vor. Gerade bei Klausuren im Abgabenrecht kann die Fragestellung jedoch sehr unterschiedlich sein. Achten Sie nicht auf den genauen Wortlaut der Frage, gehen Sie u. U. gerade auf die Probleme der Aufgabenstellung nicht ein oder schreiben lange Ausführungen zu Rechtsproblemen, die gar nicht gefragt sind. Natürlich bekommen Sie dafür auch keine Punkte, und die Zeit fehlt Ihnen für die Bearbeitung des Restes der Klausur. Wahrscheinlich stimmen Sie dann in den Chor der Bearbeiter ein, die stöhnen, die Klausur sei ja viel zu lang gewesen.
  Ein kleines Beispiel aus dem Bereich der Zuständigkeit soll das illustrieren. In der Aufgabenstellung einer Klausur wird gefragt. »Welches Finanzamt ist für die Einkommensteuerveranlagung 1999 der Eheleute Maier zuständig?« Angenommen, es handelt sich um einen Fall, der in einer Großgemeinde mit mehreren Finanzämtern spielt. Die Eheleute haben im Zuständigkeitsbereich mehrerer verschiedener Finanzämter innerhalb und auch außerhalb der Gemeinde Einkünfte aus verschiedenen Gewerbebetrieben und der Beteiligung an mehreren Personengesellschaften bezogen.
  Die Bearbeiter entwickeln die richtige Lösung. § 19 Abs. 3 AO soll danach nicht greifen, so dass das Wohnsitzfinanzamt nach § 19 Abs. 1 AO zuständig ist. Damit ist die durch die Fragestellung verlangte Lösung abgeschlossen. Nicht selten meinen Bearbeiter, ihre Arbeit nun dadurch noch vervollständigen zu müssen, dass sie detaillierte Ausführungen machen, welches Finanzamt welche Feststellungsbescheide nach § 180 i.V.m. § 18 AO erteilen wird. Es ist danach nicht gefragt, die Zeit können Sie sich sparen!
  Die Fragestellung im gleichen Fall könnte aber auch lauten: Welche Finanzämter sind für die Bearbeitung zuständig? Dann wäre es wiederum nicht ausreichend, sich nur mit der Zuständigkeit für die Einkommensteuerveranlagung zu befassen, jetzt müssten Sie auch auf die zu erteilenden Feststellungsbescheide und die dafür zuständigen Finanzämter eingehen. Bei dieser Fragestellung dürften Sie außerdem auch die Zuständigkeit der Finanzämter für die anderen Steuerarten, d.h. vor allem die Umsatzsteuer und die Gewerbesteuer nicht vergessen. Es wäre bei dieser zweiten Fragestellung also ein viel breiteres Spektrum von Problemen abzudecken. Würden Sie es nur teilweise beantworten, wäre unweigerlich ein Punktverlust die Folge.

- **Örtliche Zuständigkeit, § 19 Abs. 3 AO**
  In Fällen der örtlichen Zuständigkeit in Großgemeinden mit mehreren Finanzämtern ist § 19 Abs. 3 AO zu berücksichtigen. Dieser enthält mehrere typische Fehlerquellen. Meist empfiehlt es sich, hier zunächst eine kleine Skizze zu machen, um über die vorhandenen Einkünfte und die eventuell beteiligten Finanzämter einen Überblick zu bekommen. Beachten Sie, dass § 19 Abs. 3 AO nur anwendbar ist, wenn der Steuerpflichtige Einkünfte aus Land- und Forstwirtschaft, Gewerbebetrieb oder freiberuflicher Tätigkeit hat. Einkünfte aus anderen Einkunftsarten bleiben für die Anwendung dieser Vorschrift also außer Betracht. § 19 Abs. 3 Satz 2 AO bezieht sich auf § 19 Abs. 3 Satz 1 AO und kommt deshalb nur zum Zuge, wenn die Einkünfte aus Gewinnanteilen zu Einkünften aus einer der drei genannten Einkunftsarten führen. Ein häufiger Fehler ist es, zu den Einkünften aus Gewinnanteilen hier auch Einkünfte aus der Beteiligung an einer GmbH oder AG zu rechnen, die zu den Einkünften aus § 20 EStG gehören und damit von der Vorschrift nicht erfasst sind.
- **Pfändung und Abtretung, §§ 46 AO**
  Wird ein Anspruch gegen das Finanzamt sowohl abgetreten wie auch gepfändet, so richtet sich, wie man häufig liest, die Rangfolge nach der zeitlichen Folge des Eingangs beim Finanzamt. Für den Fall, dass zuerst die Pfändung eingeht, ist dies richtig, aufgrund der späteren Abtretung erwirbt der Abtretungsempfänger nur eine mit dem Pfändungspfandrecht belastete Forderung. Wird jedoch die Abtretung vor der Pfändung wirksam angezeigt, so ist die Forderung auf den Abtretungsempfänger übergegangen, der Abtretende hat gar keine Forderung mehr, die Pfändung geht ins Leere.
  Häufig werden in dieser Vorschrift auch die Begriffe »Pfändung« und »Verpfändung« nicht auseinandergehalten. Die Verpfändung ist die freiwillige Begründung eines Pfandrechts an der Forderung, sie kommt sehr selten vor. Bei der Pfändung wird dagegen im Vollstreckungswege zwangsweise auf die Forderung zugegriffen. § 46 Abs. 6 Satz 3 AO bezieht sich nur auf die Verpfändung und nicht auf die Pfändung.
- **Fristberechnungen nach § 108 AO**
  Gleich, ob Rechtsbehelfs-, Verjährungs- oder sonstige Fristen, immer wieder verrechnen sich Bearbeiter um ein Jahr bzw. einen Tag. Die Fehlerquote ist bei denjenigen sehr viel höher, die mit 0.00 Uhr beim Beginn der Frist rechnen. Bei ihren Fristberechnungen erliegen sie allzu oft dem Fehler, schließlich den Tag (bzw. bei Verjährungsfristen das Jahr) des Fristbeginns nicht mitzurechnen. Die Fehlerquote sinkt, wenn Sie sich zur Regel machen, immer mit dem Ablauf des Tages (bzw. Jahres) zu rechnen. Also z.B. die Einspruchsfrist beginnt »mit dem Ablauf des dritten Tages nach Aufgabe zur Post am 22. 02. um 24.00 Uhr« (und nicht 23. 02. um 0.00 Uhr).
- **Monatsfrist für den Antrag auf Wiedereinsetzung, § 110 AO**
  Übersehen wird leicht, dass die Wiedereinsetzung in den vorigen Stand nach § 110 AO nur innerhalb eines Monats nach Wegfall des Hindernisses beantragt werden kann bzw. innerhalb dieser Frist die versäumte Rechtshandlung nachgeholt werden muss.
- **Wiedereinsetzung bei fehlender Begründung, § 126 Abs. 3 AO**
  Fehlt einem Verwaltungsakt die erforderliche Begründung, gilt bei verspäteter Einlegung des Rechtsbehelfs die Fristversäumnis als nicht schuldhaft. Voraussetzung dafür ist aber, dass die fehlende Begründung ursächlich dafür war, dass der Rechtsbehelf verspätet eingelegt worden ist.

- **Zusammengefasste Bescheide, § 155 Abs. 3 AO**
  Die Frage, ob zusammengefasste Bescheide ergehen können, ist davon zu trennen, an wen sie bekannt zu geben sind. Die vereinfachte Bekanntgabe nach § 122 Abs. 7 AO setzt voraus, dass die Betreffenden **im Zeitpunkt der Bekanntgabe** noch unter gemeinsamer Anschrift wohnen.
- **Vorbehalt bei Änderung eines Bescheides nach § 164 AO**
  Wird ein Vorbehaltsbescheid geändert, so bleibt der Vorbehalt auch bei Erteilung eines Änderungsbescheides bestehen, wenn er nicht ausdrücklich aufgehoben wird. Eine davon zu trennende Frage ist, ob der Vorbehalt zu Recht weiterbesteht oder aufgehoben werden müsste. Ergeht aufgrund einer Außenprüfung ein Änderungsbescheid, so ist in der Regel abschließend geprüft i.S.d. § 164 Abs. 1 AO. Das Finanzamt muss den Vorbehalt aufheben. § 164 Abs. 3 AO stellt dies nur für Fälle klar, in denen es nicht zu einem Änderungsbescheid kommt, er ist für diese Fälle eine Spezialvorschrift.
- **Keine Vorläufigkeit bei Unklarheit über Steuerrechtsfragen, § 165 AO**
  Die Vorschrift verlangt, dass Ungewissheit über die Voraussetzungen der Entstehung einer Steuer besteht. Es kann sich dabei auch um außersteuerliche Rechtsfragen handeln (z.B. wer ist Erbe geworden), nicht aber um das Steuerrecht betreffende Rechtsfragen. Deswegen ist auch bei Schweben eines Musterprozesses beim BFH in einer vergleichbaren Sache ein Vorläufigkeitsvermerk nicht statthaft. Etwas anderes gilt dagegen, wenn die Vereinbarkeit eines Steuergesetzes mit höherrangigem Recht (insbesondere mit der Verfassung) Gegenstand eines Verfahrens vor dem BVerfG ist. § 165 Abs. 1 Satz 2 AO lässt dann die Vorläufigkeit zu.
- **Festsetzungsverjährung, §§ 169, 171 AO**
  Bei der verlängerten Festsetzungsfrist aufgrund einer Steuerhinterziehung nach § 169 Abs. 1 AO heißt es »soweit«. Nur in Höhe des hinterzogenen Betrages gilt die 10jährige Festsetzungsfrist, im Übrigen bleibt es bei den normalen vier Jahren. Sie müssen deshalb auch die gewöhnliche Festsetzungsfrist von vier Jahren berechnen; soweit keine Steuerhinterziehung vorliegt, läuft die Festsetzungsfrist nach vier Jahren ab, nur die hinterzogenen Beträge können auch noch später festgesetzt werden.
  Entsprechend ist der Ablauf der Festsetzungsfrist auch in den Fällen des § 171 AO jeweils nur »soweit« gehemmt, wie es der jeweilige Hemmungstatbestand vorsieht.
- **Bekanntgabe an ausgeschiedene Gesellschafter, § 183 Abs. 2 u. 3 AO**
  In diesem Zusammenhang ist § 183 Abs. 3 AO wenig bekannt. Wenn ein Empfangsbevollmächtigter bestellt ist, kann danach an diesen auch mit Wirkung für den Ausgeschiedenen bekannt gegeben werden, solange dieser oder der Empfangsbevollmächtigte nicht widersprochen hat.
- **Unterbrechung der Verjährung, § 231 AO**
  Unterbrochen werden kann begrifflich nur eine Verjährung, die bereits begonnen hat. Ursache für Fehler ist dabei das bereits angesprochene Fehlen einer exakten Fristberechnung. Gemäß § 231 Abs. 2 AO kann die Unterbrechungshandlung eine Dauerwirkung haben. Läuft die Verjährung also z.B. während einer Stundung ab, so beginnt die Unterbrechung im Zeitpunkt des Verjährungsablaufs.
- **Vorsatz bei § 370 AO**
  Nach ihrem Wortlaut verlangt die Vorschrift keinen Vorsatz, § 15 StGB bestimmt jedoch, dass für alle Straftatbestände, in denen nichts anderes vorgesehen ist, Vorsatz erforderlich ist.

7.5 Prüfungsschemata

Für bestimmte typische Fallgruppen lassen sich Prüfungsschemata aufstellen, die es dem Bearbeiter erleichtern sollen, nichts Wesentliches zu übersehen.

Es muss ausdrücklich betont werden, dass die Prüfungsschemata keine Mustergliederungen für den Aufbau eines Falles sind, sondern **Checklisten,** die der Bearbeiter durchgeht, **um zu prüfen, welche Vorschriften in seinem konkreten Fall anwendbar sein könnten** und **wo sich u.U. Probleme ergeben,** bei denen er mit seiner Fallösung einsetzen muss. Die Reihenfolge der Checklisten folgt nicht dem Aufbau der AO, sondern der in Klausuren sinnvollen logischen Abfolge.

7.5.1 Wirksame Verwaltungsakte

Gelegentlich kommt es vor, dass ein Verwaltungsakt überhaupt nicht zustande gekommen oder nicht wirksam geworden ist. Zu Beginn Ihrer Prüfung sollten Sie dies in Gedanken stets kurz überprüfen. Ergeben sich dazu keine Probleme, brauchen Sie in Ihrer Klausurlösung darüber kein Wort zu verlieren. Fälle, in denen gar kein Verwaltungsakt zustande gekommen ist, sind relativ selten. Das Gleiche gilt für nichtige Verwaltungsakte. Besonders Anfänger sind häufig viel zu schnell geneigt, einen Verwaltungsakt für nichtig zu erklären. Nach § 125 Abs. 1 AO ist ein Verwaltungsakt nur nichtig, wenn er an einem besonders schwerwiegenden Fehler leidet, der offenkundig ist. Es genügt nicht, dass der Fehler schwerwiegend ist, sondern er muss es auch noch in besonderem Maße sein. Häufiger kommen dagegen Fälle vor, in denen ein Verwaltungsakt aufgrund eines Bekanntgabefehlers nicht wirksam geworden ist.

CHECKLISTE 1

Wirksame Verwaltungsakte (VA)

1. Ist überhaupt ein VA zustande gekommen (hatte der betreffende Bedienstete den Willen, einen VA zu erteilen?)
2. Ist er wirksam?
2.1 **Ist der VA nicht nichtig (§ 125 AO)**
2.2 Wirksame Bekanntgabe
- an den Steuerpflichtigen selbst
- an gesetzlichen Vertreter (§ 34 AO)
- an Bevollmächtigten (§ 80, § 122 Abs. 1 Satz 3 AO)

Entsprechende Ausführungen sind nur erforderlich, wenn der Sachverhalt dazu Anlass gibt.

BEISPIELE

a) Ein Steuerbescheid ist vom unzuständigen Finanzamt erteilt worden.
Die Frage der Nichtigkeit ist anzusprechen, § 125 Abs. 3 Nr. 1 AO stellt dazu ausdrücklich klar, dass der Verwaltungsakt nicht nichtig ist.

b) Der Steuerpflichtige hat seinem Steuerberater eine Vollmacht erteilt. Das Finanzamt schickt die Bescheide an den Steuerpflichtigen selbst.
Es muss näher geprüft werden, ob wirksam bekannt gegeben worden ist. Beinhaltete die Vollmacht auch eine Empfangsvollmacht, so hätte an den Berater bekannt gegeben werden müssen, aber der Fehler wird durch Weitergabe der Bescheide vom Steuerpflichtigen an den Berater geheilt.

7.5.2 Festsetzungsfrist

Wann muss die Festsetzungsverjährung geprüft werden und wann kann man darauf verzichten, dazu Ausführungen zu machen? Diese Frage beschäftigt die Klausurbearbeiter immer wieder. In Fällen, in denen es **völlig ausgeschlossen** ist, **daß** die Festsetzungsfrist **abgelaufen** sein könnte, **brauchen Sie darauf nicht einzugehen.** Je näher die Erteilung eines Bescheides an den Verjährungszeitpunkt heranrückt, desto eher müssen Sie dazu ein paar Worte verlieren. Ist die Festsetzungsfrist überschritten und darf der Bescheid nur noch aufgrund einer Ablaufhemmung ergehen, so müssen Sie sich auf alle Fälle in Ihren Ausführungen mit der Festsetzungsfrist näher auseinander setzen.

BEISPIELE

a) Für das Jahr 05 ergeht 07 ein ESt-Bescheid. Die Festsetzungsfrist ist noch lange nicht abgelaufen, es braucht darauf überhaupt nicht eingegangen zu werden, die Probleme Ihres Falles dürften an anderen Stellen liegen.

b) Für das Jahr 05 wird im Dezember 10 ein geänderter ESt-Bescheid erteilt. Bei dieser Lage des Falles muss zum Ende der Festsetzungsfrist etwas gesagt werden. Da die ESt-Erklärung für 05 frühestens 06 abgegeben sein kann, beginnt die Frist dann Ende 06 und läuft Ende 10 ab.

Die Prüfung der Festsetzungsfrist ist gegenüber der Frage, ob eine Korrekturvorschrift anwendbar ist, logisch vorrangig, denn auch eine Änderung eines Verwaltungsaktes darf gemäß § 169 Abs. 1 AO nach Ablauf der Festsetzungsfrist nicht mehr erfolgen. In bestimmten Fällen kann der Ablauf der Festsetzungsfrist jedoch nicht geprüft werden, ohne dass die einschlägige Änderungsvorschrift vorher gefunden worden ist. Das gilt z. B. für § 174 Abs. 4 und 5 sowie § 175 Abs. 1 Nr. 2 AO, weil diese Vorschriften hinsichtlich der Festsetzungsfrist Sonderregelungen enthalten.

CHECKLISTE 2

Festsetzungsfrist

1. Beginn

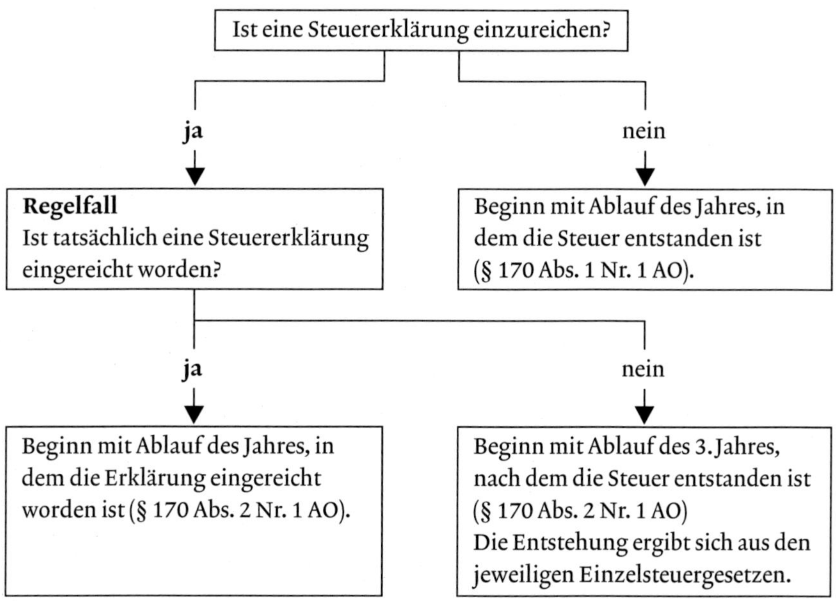

2. **Dauer**
   - Grundsätzlich vier Jahre
   - leichtfertige Steuerverkürzung fünf Jahre
     Steuerhinterziehung 10 Jahre
     Beachte: Längere Frist nur, »soweit« leichtfertig verkürzt oder hinterzogen wurde. Unter gewissen Voraussetzungen keine Verlängerung der Frist (vgl. § 169 Abs. 2 S. 3 AO).
3. **Ablauf**
   Zeitpunkt des Fristablaufs in der Lösung festhalten.
4. **Ablaufhemmung**
   Der in Betracht kommende Absatz des § 171 AO ist näher zu prüfen.
   Ablaufhemmung nur, »soweit« der Hemmungstatbestand eingreift.
   Rechtsfolge des Hemmungstatbestandes feststellen.

7.5.3 Korrektur von Verwaltungsakten

Bei der Korrektur von Verwaltungsakten gilt es zunächst, die **richtige Korrekturvorschrift aufzufinden.** Dem Gebot der Rechtssicherheit würde es entsprechen, Verwaltungsakte, die einmal wirksam geworden sind, später überhaupt nicht mehr zu ändern. Folgt man dem Grundsatz der Gerechtigkeit im Einzelfall, müsste dagegen jeder Fehler in einem Verwaltungsakt noch beseitigt werden. Die beiden Grundsätze stehen im Gegensatz zueinander. Die AO versucht mit den Korrekturvorschriften in einem Slalom zwischen den beiden Prinzipien, jeweils eine für bestimmte Fallgruppen sachgerechte Lösung zu finden. So erklärt sich die für den Anfänger verwirrende Vielfalt der Korrekturvorschriften.

Auf offensichtlich nicht erfüllte Korrekturvorschriften brauchen Sie bei der Lösung Ihrer Klausur nicht einzugehen. Arbeiten Sie vielmehr zielgerichtet mit der Vorschrift, die nach Ihrer Meinung passt, und überprüfen Sie deren Tatbestandsmerkmale. Im Regelfall schließen sich die Korrekturvorschriften gegenseitig aus. Eine bestimmte Änderung, Berichtigung usw. ist also nur nach einer ganz bestimmten Rechtsnorm durchführbar. Haben Sie eine Vorschrift gefunden, deren Tatbestandsmerkmale erfüllt sind, so brauchen Sie nicht auf weitere Normen einzugehen, um darzulegen, warum diese nicht anwendbar sind. Anders ist es dagegen, wenn sich für eine Korrektur überhaupt keine Norm ergibt, die erfüllt wäre. Dann empfiehlt es sich, auf diejenigen Gesetzesvorschriften kurz einzugehen, die vom Sachverhalt her am ehesten in Betracht kämen, um darzustellen, warum sie im konkreten Fall nicht einschlägig sind, d. h. welche Tatbestandsmerkmale also nicht erfüllt sind. Das setzt voraus, dass Sie überhaupt eine Orientierung haben, welche Vorschrift in Frage kommen könnte. Dabei soll Ihnen die folgende Übersicht helfen.

CHECKLISTE 3

Korrektur von Verwaltungsakten

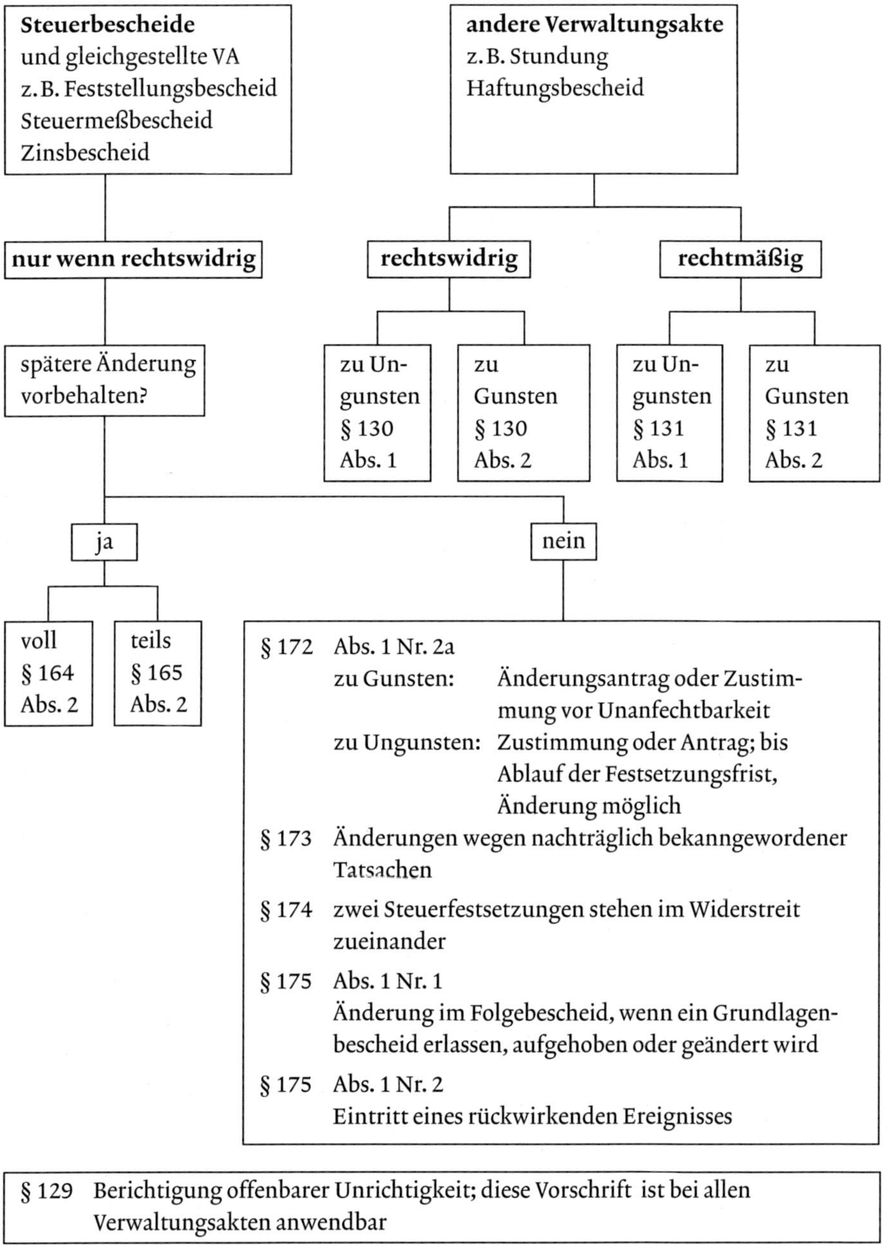

Korrektur bei Steueranmeldungen

Insoweit sind einige Besonderheiten zu beachten:

- Die Festsetzung von **Vorauszahlungen** steht nach § 164 Abs. 1 Satz 2 AO von **Gesetzes wegen unter Vorbehalt der Nachprüfung.** Das Finanzamt braucht einen Vorauszahlungsbescheid also nicht ausdrücklich unter Vorbehalt zu stellen. Sie müssen bei Bescheiden über Vorauszahlungen deshalb immer davon ausgehen, dass sie unter Vorbehalt der Nachprüfung stehen.
- Eine Steueranmeldung, die zu einer **Vergütung** führt, **bedarf der formlosen Zustimmung** des Finanzamts, erst dann steht sie nach § 168 AO einer Festsetzung unter Vorbehalt der Nachprüfung gleich. Ist nach dem Sachverhalt ein Betrag ausgezahlt worden, können Sie davon ausgehen, dass die Zustimmung vorliegt.
- Korrigiert werden kann nur ein bestehender Verwaltungsakt. Ist der fragliche Verwaltungsakt nie wirksam geworden, so wird das Finanzamt jetzt erstmals einen Verwaltungsakt erteilen. Das gilt auch in Bezug auf die Steueranmeldungen, die nach § 168 AO Steuerfestsetzungen unter Vorbehalt der Nachprüfung gleichstehen. Hat das Finanzamt bisher die erforderliche Zustimmung nicht erteilt, liegt noch keine Steueranmeldung vor, die als Vorbehaltsfestsetzung gelten könnte.

CHECKLISTE 4

Korrektur bei Steueranmeldungen

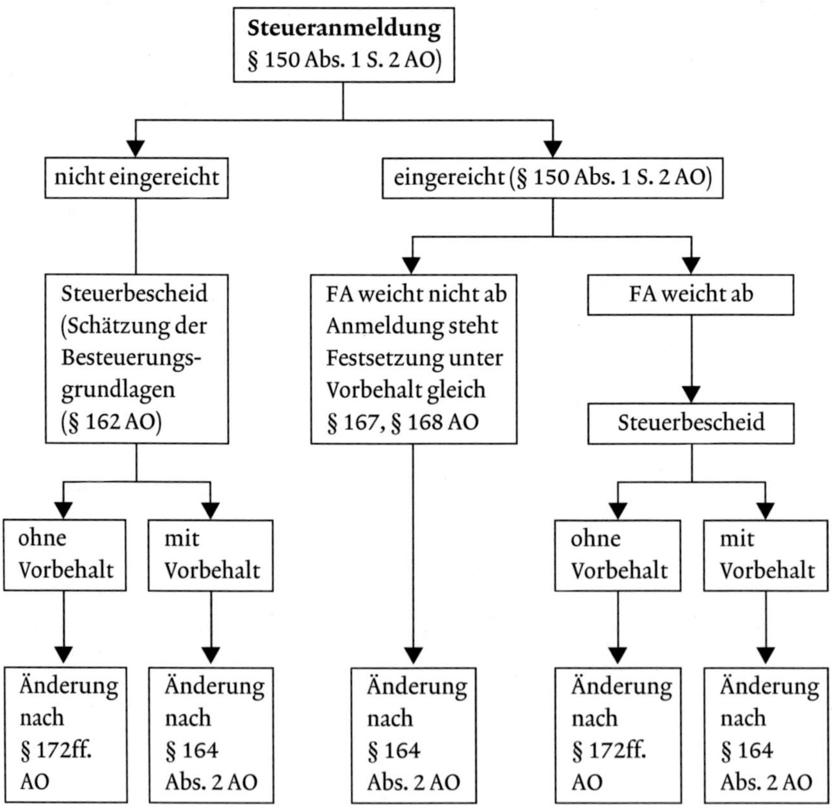

BEISPIEL

Der Steuerpflichtige reicht eine Steueranmeldung ein, die zu einer Vergütung führt. Bevor diese vom Finanzamt bearbeitet wird, geht eine berichtigte Anmeldung mit einem höheren Vergütungsbetrag ein.

Nach § 168 Satz 2 AO gilt die Steueranmeldung erst mit Zustimmung durch das Finanzamt als Steuerfestsetzung unter Vorbehalt der Nachprüfung. Da die Anmeldung noch nicht bearbeitet war, hatte das Finanzamt auch noch nicht zugestimmt. Es wird jetzt – sofern sich keine Zweifel ergeben – der berichtigten Anmeldung zustimmen. Eine Änderung nach § 164 Abs. 2 i.V.m. § 168 AO kommt hier also nicht zum Zuge.

In Korrekturfällen genügt es nicht, die zutreffende Norm herauszufinden und anzuwenden. Zumindest gedanklich müssen Sie vorher überprüfen, ob eine Korrektur bereits aus anderen Gründen gar nicht in Betracht kommt. Den größeren Zusammenhang soll Ihnen die Checkliste 5 vermitteln.

CHECKLISTE 5

Prüfungsablauf für die Korrektur von Verwaltungsakten

Geprüft werden soll, ob die Korrektur eines bestimmten Verwaltungsaktes erfolgen darf oder vom Finanzamt zu Recht durchgeführt worden ist.

1. Liegt überhaupt ein wirksamer VA vor?
   Prüfung nach Checkliste 1

1.1 soweit ein geänderter VA bereits erteilt ist:
   Liegt ein wirksamer geänderter VA vor?
   Prüfung nach Checkliste 1

2. Ist die Festsetzungsfrist noch nicht abgelaufen?
   Prüfung nach Checkliste 2

3. Ist ein Korrekturtatbestand erfüllt?
   Aufsuchen der in Betracht kommenden Vorschrift an Hand der Checkliste 3
   Subsumtion hinsichtlich der ausgewählten Norm. Erfüllt der Sachverhalt alle Tatbestandsmerkmale dieser Vorschrift?

4. Ermessen oder gebundene Entscheidung hinsichtlich der Korrektur?
   Ermessen in §§ 130, 131 AO
   Ermessen grundsätzlich auch in § 129 AO, bei berechtigtem Interesse des Beteiligten muss hier jedoch berichtigt werden.
   Bei den anderen Korrekturvorschriften besteht kein Ermessen des Finanzamts.

5. Rechtsfolge: Umfang der Korrektur?
   Insoweit kommt es auf die jeweilige Korrekturvorschrift an.

6. Ausschluss durch Vertrauensschutz?
   Beachte hierzu § 176 AO

7. Vortrag des Steuerpflichtigen

7.1 Einwände gegen eine bereits erfolgte Korrektur
   Achtung: Bearbeiter versäumen es oft, hierauf einzugehen

7.2 Neue Gründe, die zu einer Änderung zu seinen Gunsten führen sollen

8. Berücksichtigung von materiellen Fehlern nach § 177 AO
8.1 Ermittlung des Berichtigungsrahmens
Änderungen zugunsten und zuungunsten sind dabei **nicht** zu saldieren.
8.2 Berücksichtigung der materiellen Fehler, soweit die Änderung reicht. Fehler zugunsten und zuungunsten sind dabei zu saldieren.
9. Errechnung der geänderten Beträge,
soweit nach den Vorgaben des Sachverhalts möglich.

7.5.4 Rechtsbehelfsverfahren

Rechtsbehelfe kommen in AO-Klausuren recht häufig vor. Gegen Verwaltungsakte ist nach § 347 AO der Einspruch gegeben. Weder in der späteren Praxis noch in Klausurfällen ist in Schreiben des Steuerpflichtigen immer klar zum Ausdruck gebracht, welchen rechtlichen Charakter sie verfahrensmäßig haben sollen. Die Bezeichnung als Einspruch ist nicht nötig, wenn sich aus dem Inhalt ergibt, dass Einspruch eingelegt werden sollte. Der **Abgrenzung** bedarf es dabei insbesondere zwischen einem Einspruch und einem **Änderungsantrag nach § 172 Abs. 1 Nr. 2a AO** oder nach einer anderen Änderungsvorschrift. Mit dem Änderungsantrag wird nur die Korrektur eines oder mehrerer beanstandeter Punkte begeht, jedoch keine Überprüfung des ganzen Bescheides. Durch den Änderungsantrag tritt keine Rechtshängigkeit ein, d.h. der Bescheid wird nach Ablauf eines Monats unanfechtbar, es kann auch keine Aussetzung der Vollziehung gewährt werden. Im Zweifel ist anzunehmen, dass der Steuerpflichtige eine Überprüfung des ganzen Bescheides begeht, und das Schreiben deshalb als Einspruch auszulegen.

Bei jedem Rechtsbehelf sind zwei Fragenkomplexe zu unterscheiden

1. Zulässigkeit
2. Begründetheit

Theoretisch mag den Bearbeitern das völlig klar sein, in Klausuren haben sie dennoch damit immer wieder Schwierigkeiten. Die **Zulässigkeitsvoraussetzungen sind Sachentscheidungsvoraussetzungen.** Mit der Prüfung der **Begründetheit** wird dagegen die Frage bearbeitet, **ob der Rechtsbehelf** in der Sache selbst, d.h. **inhaltlich Erfolg hat.** Dazu kann es nur kommen, wenn die Voraussetzungen für eine Entscheidung in der Sache selbst erfüllt sind, der Rechtsbehelf also zulässig ist. Besonders Anfängern macht die Zulässigkeit meist erhebliche Schwierigkeiten. Wie gehen Sie damit richtig um?

- Aus dem Gesagten ergibt sich logisch **zwingend,** dass die **Zulässigkeit vor der Begründetheit zu prüfen** ist.
- Ein Anfängerfehler ist es, die einzelnen Voraussetzungen der Zulässigkeit im Bestreben nach Vollständigkeit auch dann lang und breit zu prüfen, wenn der Fall in diesem Bereich überhaupt keine Probleme birgt. Gerade hier haben wir ein typisches Beispiel dafür, dass Sie nur dort nähere Ausführungen machen sollten, wo der Sachverhalt dazu Anlass bietet. Da die Zulässigkeit ein entscheidender Faktor für den Erfolg eines Rechtsbehelfs ist, sollten Sie in problemlosen Fällen aber auch nicht ganz auf Ausführungen dazu verzichten. Meist gibt es dafür doch einen Bewertungspunkt. Sie können sich aber auf einen kurzen Satz beschränken, der etwa lauten kann:
»Der Einspruch ist zulässig, er ist insbesondere form- und fristgerecht eingelegt.«
- Sind **einzelne Zulässigkeitsvoraussetzungen zweifelhaft,** so müssen Sie mit Ihren **Ausführungen an dieser Stelle ausführlicher werden.**

BEISPIEL

Der Gewinnfeststellungsbescheid für die Kurz KG ist an den Komplementär Kurz bekannt gegeben worden. Der Bescheid ist vom Finanzamt am 13. 03. 05 zur Post gegeben worden. Am Montag, dem 18. 04. 05, legt der zum 01. 04. 05 ausgeschiedene Kommanditist Lang mit der Begründung Einspruch ein, der Gewinn sei zu hoch festgestellt und außerdem auch falsch auf die Gesellschafter verteilt. Er führt aus, den Bescheid erst am 18. 04. 05 von Kurz gezeigt bekommen zu haben.
Der Fall gibt Anlass, auf mehrere Zulässigkeitsvoraussetzungen näher einzugehen.

1. Ist Lang überhaupt beschwert i. S. d. § 350 AO oder wirkt der Bescheid ihm gegenüber gar nicht, weil er ausgeschieden ist?
Nach § 183 Abs. 1 AO erfolgt die Bekanntgabe an einen Gesellschafter mit Wirkung für alle. Lang war im Zeitpunkt der Bekanntgabe noch Gesellschafter.
Rechtsfolge: Der Gewinnfeststellungsbescheid hat auch Lang gegenüber Wirkung, Lang ist durch ihn beschwert.

2. Ist der Einspruch fristgerecht eingelegt i. S. d. § 355 Abs. 1 AO?
Fristberechnung § 122 Abs. 2 AO: Der Bescheid gilt als mit Ablauf des 16. 03. 05 bekannt gegeben. Die Einspruchsfrist beträgt 1 Monat nach § 355 Abs. 1 AO. Der 16. 04. 05 ist jedoch ein Samstag, die Frist verlängert sich nach § 108 Abs. 3 AO bis zum Ablauf des 18. 04. 05.
Rechtsfolge: Einspruch rechtzeitig eingelegt.

3. Rechtsbehelfsbefugnis?
Hinsichtlich der Gewinnverteilung kann nach § 352 Abs. 1 Nr. 4 AO auch der nicht zur Geschäftsführung befugte Kommanditist Einspruch einlegen, im Übrigen nach § 352 Abs. 1 Nr. 1 AO grundsätzlich nur der Komplementär. Das kann jedoch nicht für den Ausgeschiedenen gelten (vgl. § 352 Abs. 1 Nr. 3 AO), weil er nicht mehr vom Komplementär vertreten wird.
Rechtsfolge: Lang ist rechtsbehelfsbefugt.
ERGEBNIS Der Einspruch ist zulässig.

- Nach Prüfung der Zulässigkeit und gegebenenfalls Begründetheit müssen Sie **zu einem konkreten Ergebnis kommen** und dieses auch **zu Papier bringen,** sonst verlieren Sie u. U. wieder einen Punkt. Es gibt nur vier Möglichkeiten:

1. Der Einspruch wird nach § 358 AO als unzulässig verworfen.
2. Der Einspruch wird nach § 367 AO durch Einspruchsentscheidung als unbegründet zurückgewiesen.
3. Dem Einspruch wird in vollem Umfang stattgegeben. In diesem Falle bedarf es keiner Einspruchsentscheidung, es kann eine Änderung nach § 172 Abs. 1 Nr. 2a AO erfolgen.
4. Dem Einspruch kann nur teilweise stattgegeben werden. Auch in diesem Falle muss das Finanzamt eine Einspruchsentscheidung erteilen.

Das Verständnis des § 351 Abs. 1 AO macht den Bearbeitern erfahrungsgemäß Schwierigkeiten. Die Vorschrift trägt dem durch die Bestandskraft begründeten Gedanken der Rechtssicherheit Rechnung. Sie ist deshalb nur anwendbar, wenn ein unanfechtbarer Verwaltungsakt geändert wird. Da Bescheide, die unter Vorbehalt der Nachprüfung nach § 164 AO stehen, bis zum Ablauf der Festsetzungsfrist jederzeit noch änderbar sind und damit nicht materiell bestandskräftig werden, ist auf diese § 351 Abs. 1 AO nicht anwendbar. Die Wirkung der Vorschrift soll an einem kleinen Beispiel verdeutlicht werden:

BEISPIEL

	1. Alternative		2. Alternative
– Steuerbescheid bestandskräftig	10 200 €		10 200 €
– Änderungsbescheid	10 900 €		10 900 €
– hiergegen Einspruch	./. 1 100 €	§ 177	1 100 €
Begründung: § 173 Abs. 1 Nr. 2			
– Steuer aufgrund des Einspruchs	9 800 €		10 200 €

In der 1. Alternative hätte auch ohne den Einspruch geändert werden können, die ursprüngliche Steuer darf deshalb unterschritten werden. In der 2. Alternative darf der materielle Fehler dagegen nur bis zur Höhe von 10 200 € berücksichtigt werden, weil eine Berichtigung allein nach § 177 AO nicht möglich wäre. der restliche Fehler kann aber bei einer erneuten Änderung mit in die Berechnung einbezogen werden.

- Führt Ihre Prüfung zur **Unzulässigkeit des Rechtsbehelfs,** so sollten Sie **als nächstes** in Gedanken die **Änderungsvorschriften durchgehen** und prüfen, ob der mit dem Einspruch erstrebte Erfolg auf diesem Wege ganz oder zumindest teilweise erreicht werden kann.

CHECKLISTE 6

Einspruch gegen einen geänderten Bescheid

1. Zulässigkeit

1.1 Statthaftigkeit

- Ist das Schreiben des Stpfl. ein Rechtsbehelf?
- Sind darin u. U. mehrere verschiedene Rechtsbehelfe enthalten?
- Ist der eingelegte Rechtsbehelf nach §§ 347, 348 AO statthaft?
- Bei Einlegung des Rechtsbehelfs mit falscher Bezeichnung oder gegen den falschen Verwaltungsakt: Ist Umdeutung nach § 357 Abs. 1 Satz 4 AO möglich?

1.2 Form (§ 357 AO)

1.3 Frist (§ 355 AO)

- Fristbeginn mit wirksamer Bekanntgabe bzw. Bekanntgabefiktion des § 122 Abs. 2 AO, Feiertagsregelung § 108 Abs. 3 AO anwendbar
- Dauer normalerweise 1 Monat (§ 355 Abs. 1 AO)
  beachte aber: bei fehlender Rechtsbehelfsbelehrung 1 Jahr (§ 356 Abs. 2 AO)
- Fristablauf
  Feiertagsregelung nach § 108 Abs. 3 AO berücksichtigen
- **Ist bei Fristversäumnis Wiedereinsetzung nach § 110 AO möglich?**
  Voraussetzungen:
  - Einspruchsfrist ist gesetzliche Frist (§ 355 AO)
  - Frist versäumt
  - ohne Verschulden
    (beachte dazu § 126 Abs. 3 AO)
  - Tatsachen glaubhaft machen
  - Antrag oder Nachholung der versäumten Rechtshandlung (hier Einspruch einlegen)
  - innerhalb eines Monats nach Wegfall des Hindernisses
  - beachte § 110 Abs. 3 AO

1.4 **Beschwer** (§ 350)

- Es genügt, dass sie geltend gemacht wird,
  ob tatsächlich gegeben, ist eine Frage der Begründetheit
- Beschwer muss sich im Regelfall aus Entscheidung selbst (also nicht nur aus den Gründen) ergeben
  - bei Steuerbescheiden muss Höhe der Steuer angegriffen werden
    (also nicht nur falsche Besteuerungsgrundlagen ohne steuerliche Auswirkung)
    Ausnahme: Besteuerungsgrundlagen sind für Verwaltungsakte anderer Behörden bindende Bemessungsfaktoren oder haben Auswirkung auf andere Jahre (Bilanzzusammenhang)
  - bei Feststellungsbescheiden Beschwer nicht nur, wenn Gewinn zu hoch, sondern auch Verlust zu niedrig sowie bei allen anderen verbindlichen Feststellungen (z. B. Zurechnung).

1.5 Eingeschränkte Anfechtbarkeit § 351

1.5.1 Änderung unanfechtbarer Verwaltungsakte

Voraussetzungen:

- VA unanfechtbar (und nicht unter Vorbehalt nach § 164 AO)
- Es ergeht VA, der den ursprünglichen VA ändert
- dieser wird angefochten

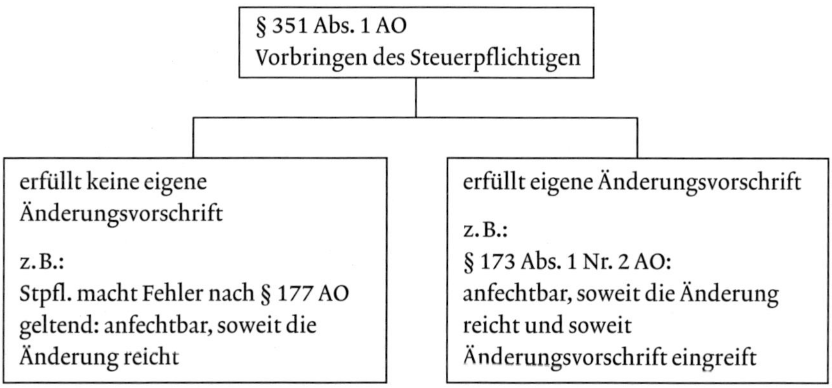

1.5.2 Entscheidungen in Grundlagenbescheiden § 351 Abs. 2 AO

Einspruch nur gegen den Grundlagenbescheid

1.6 Rechtsbehelfsbefugnis

1.6.1 bei Personenmehrheit § 352 AO

- grundsätzlich nur zur Geschäftsführung und Vertretung berechtigte Gesellschafter, § 352 Abs. 1 Nr. 1 AO
- ausnahmsweise auch die anderen
  - Ausgeschiedene § 352 Abs. 1 Nr. 3 AO
  - Gewinnverteilung § 352 Abs. 1 Nr. 4 AO
  - Frage, die Gesellschafter persönlich angeht (z. B. Sonderbetriebseinnahmen bzw. -ausgaben) § 352 Abs. 1 Nr. 5 AO

1.6.2 **bei Rechtsnachfolge** § 353 AO

1.7 Handlungsfähigkeit § 79 AO i.V.m. § 104ff. BGB

- beachte gegebenenfalls § 112, 113 BGB
- gesetzliche Vertretung § 34 AO bei fehlender Handlungsfähigkeit

1.8 Kein Rechtsbehelfsverzicht § 354

1.9 Rechtsbehelf nicht zurückgenommen § 362

2. Begründetheit
ist der Bescheid zu Recht geändert worden?
Prüfung nach Checkliste 5

3. Ergebnis
Entscheidung über den Einspruch

CHECKLISTE 7

Einspruchsverfahren

Prüfungsschema

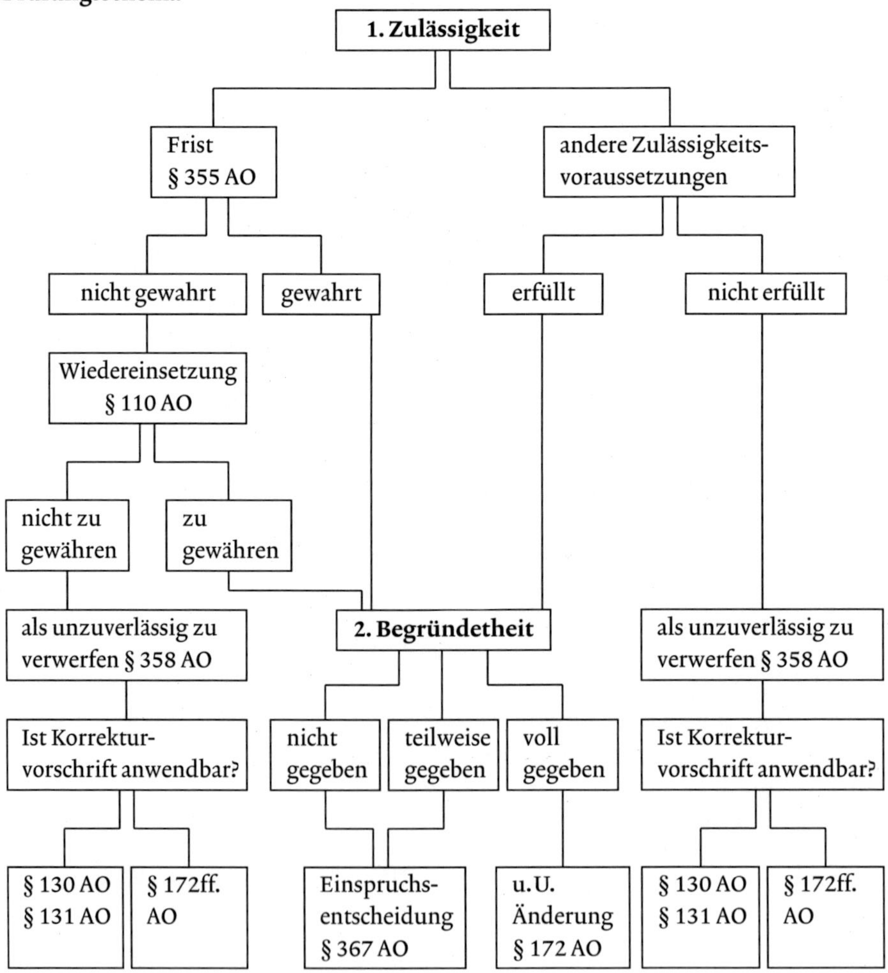

7.5.5 Erhebungsverfahren

In diesem Bereich machen den Klausurbearbeitern die **Aufrechnungsfälle** immer wieder Schwierigkeiten, da § 226 AO nur wenig ergiebig ist und weitgehend auf die Vorschriften des BGB zurückgegriffen werden muss. Im Steuerrecht geht es immer um Geldforderungen, die Gleichartigkeit ist deshalb problemlos. Hinsichtlich der **Fälligkeit der Gegenforderung** (Forderung des Aufrechnenden) arbeiten viele nicht sauber; es ist notwendig, den genauen **Fälligkeitszeitpunkt jedes einzelnen Anspruchs festzustellen.** Sie müssen dazu in die Einzelsteuergesetze gehen. Bei der USt hat z. B. die Steuer für jeden Voranmeldungszeitraum ihren eigenen Fälligkeitszeitpunkt (im Regelfall am 10. des Folgemonats, § 18 Abs. 1 UStG). Die **Hauptforderung braucht dagegen nicht fällig zu sein,** sie muss jedoch entstanden sein. Auch hierzu müssen Sie einen kurzen Satz schreiben. Welche Forderung Hauptforderung und welche Gegenforderung ist, richtet sich danach, wer aufrechnet.

CHECKLISTE 8

Aufrechnung § 226 AO, §§ 367 ff. BGB

Voraussetzungen

1. Gleichartigkeit
2. Gegenseitigkeit (vgl. § 226 Abs. 4 AO) maßgebend Ertragshoheit, es genügt jedoch auch Verwaltungshoheit
3. Fälligkeit der Forderung des Aufrechnenden (Gegenforderung)
4. Erfüllbarkeit der Hauptforderung

a) **Aufrechnung durch das Finanzamt**

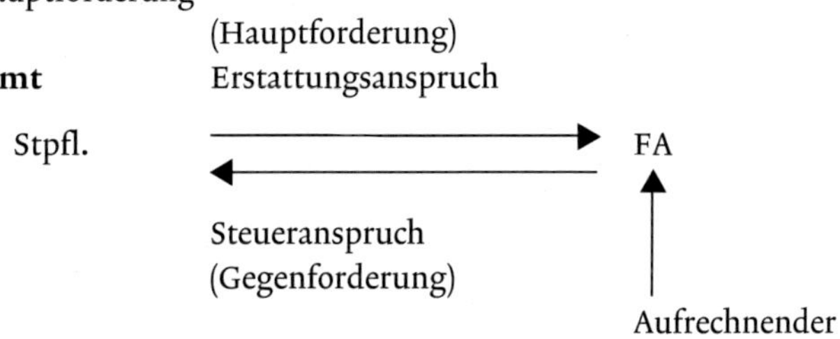

b) **Aufrechnung durch den Steuerpflichtigen**

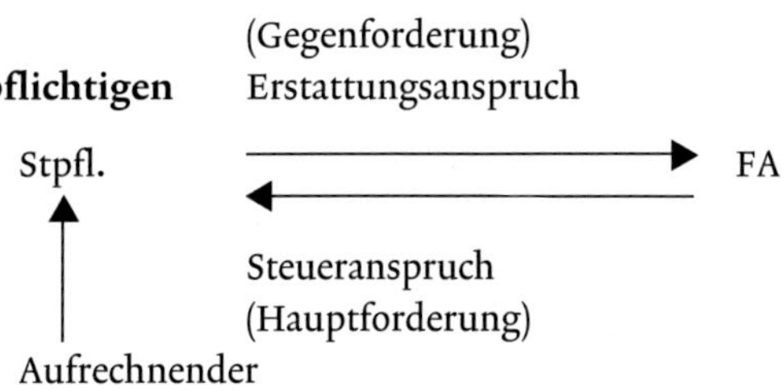

7.5.6 Haftung

Im Regelfall werden Sie in der Klausur eine **Haftung kraft Gesetzes zu prüfen** haben. Beachten Sie, dass ein Haftungsbescheid nach § 191 Abs. 1 AO auch dann erteilt werden kann, wenn die Haftung nicht auf der AO, sondern auf nicht steuerlichen Normen, wie z. B. dem HGB beruht. Eine Haftung kraft Vertrages kommt nur in Betracht, wenn sich aus dem Sachverhalt ausdrücklich ergibt, dass ein Dritter sich durch Bürgschaft, Schuldmitübernahme (kumulative Schuldübernahme) oder Schuldversprechen verpflichtet hat, für die Steuerschuld neben dem Steuerschuldner einzustehen. Ein Haftungsbescheid darf in diesen Fällen nicht ergehen. Um den Anspruch gegenüber dem Haftenden durchzusetzen, muss das Finanzamt vielmehr den Zivilrechtsweg beschreiten.

Achten Sie zu Beginn der Prüfung auch darauf, **ob** mit dem Haftungsbescheid **zugleich auch die Zahlungsaufforderung** i. S. d. § 219 AO **ergangen ist** und ob auch gegen diese ein Einspruch eingelegt ist. Es handelt sich bei der Zahlungsaufforderung um einen eigenen Verwaltungsakt.

Ein Sachverhalt kann zugleich mehrere Haftungsnormen erfüllen. Diese schließen sich gegenseitig nicht aus. In Ihrer Klausurlösung müssen sie deshalb alle anwendbaren Haftungsvorschriften darstellen und für jede – soweit nach dem Sachverhalt möglich – die Höhe der Haftung angeben.

Oft übersehen Bearbeiter, dass § 70 AO nur anwendbar ist, soweit der Vertretene nicht Steuerschuldner ist. In den meisten Fällen der Vertretung kommt die Vorschrift deshalb nicht zur Anwendung. So haftet z. B. der Minderjährige nicht nach § 70 AO, wenn die ihn nach § 34 AO vertretenden Eltern eine Steuerhinterziehung begehen, denn er ist ja der Steuerschuldner. Aus dem gleichen Grunde haftet eine Kapitalgesellschaft nicht für die von ihr geschuldete Steuer, die ihr Geschäftsführer hinterzogen hat. Anwendbar ist § 70 AO also nur, wenn nicht Steuerschulden des Vertretenen, sondern eines Dritten hinterzogen worden sind. Zu denken ist z. B. an von dem Vertretenen als Arbeitgeber abzuführende Lohnsteuern. Bei diesen ist der Arbeitnehmer Steuerschuldner.

§ 166 AO ist eine vielen Bearbeitern nicht geläufige Vorschrift, die im Zusammenhang mit Haftungsbescheiden von großer Bedeutung ist, jedoch oft übersehen wird, da sie an ganz anderer Stelle im Gesetz steht. Sie kommt in Fällen zum Zuge, in denen der Haftende **gegen den Haftungsbescheid Einspruch** einlegt und diesen **damit begründet,** dass die **Steuerschuld zu hoch** festgesetzt sei. Er kann nach § 166 AO mit diesem Einwand nur gehört werden, wenn er den Steuerbescheid nicht als gesetzlicher Vertreter oder Bevollmächtigter des Steuerpflichtigen (z. B. bei Haftung nach § 69 AO) oder kraft eigenen Rechts hätte angreifen können. Der Erwerber eines Betriebes, der nach § 75 AO haftet, hätte diese Möglichkeit z. B. nicht gehabt und kann deshalb im Einspruchsverfahren gegen den Haftungsbescheid auch die Höhe der Steuerschuld angreifen. Soweit der haftende Erwerber Recht hat, muss der Haftungsbescheid geändert werden. Ob auch der Steuerbescheid noch geändert werden kann, ist eine davon völlig getrennte Frage. Dafür muss gegebenenfalls geprüft werden, ob für diesen eine der Änderungsvorschriften anwendbar ist.

CHECKLISTE 9

Auffinden der passenden Haftungsnorm (Liste gibt keine abschließende Übersicht)

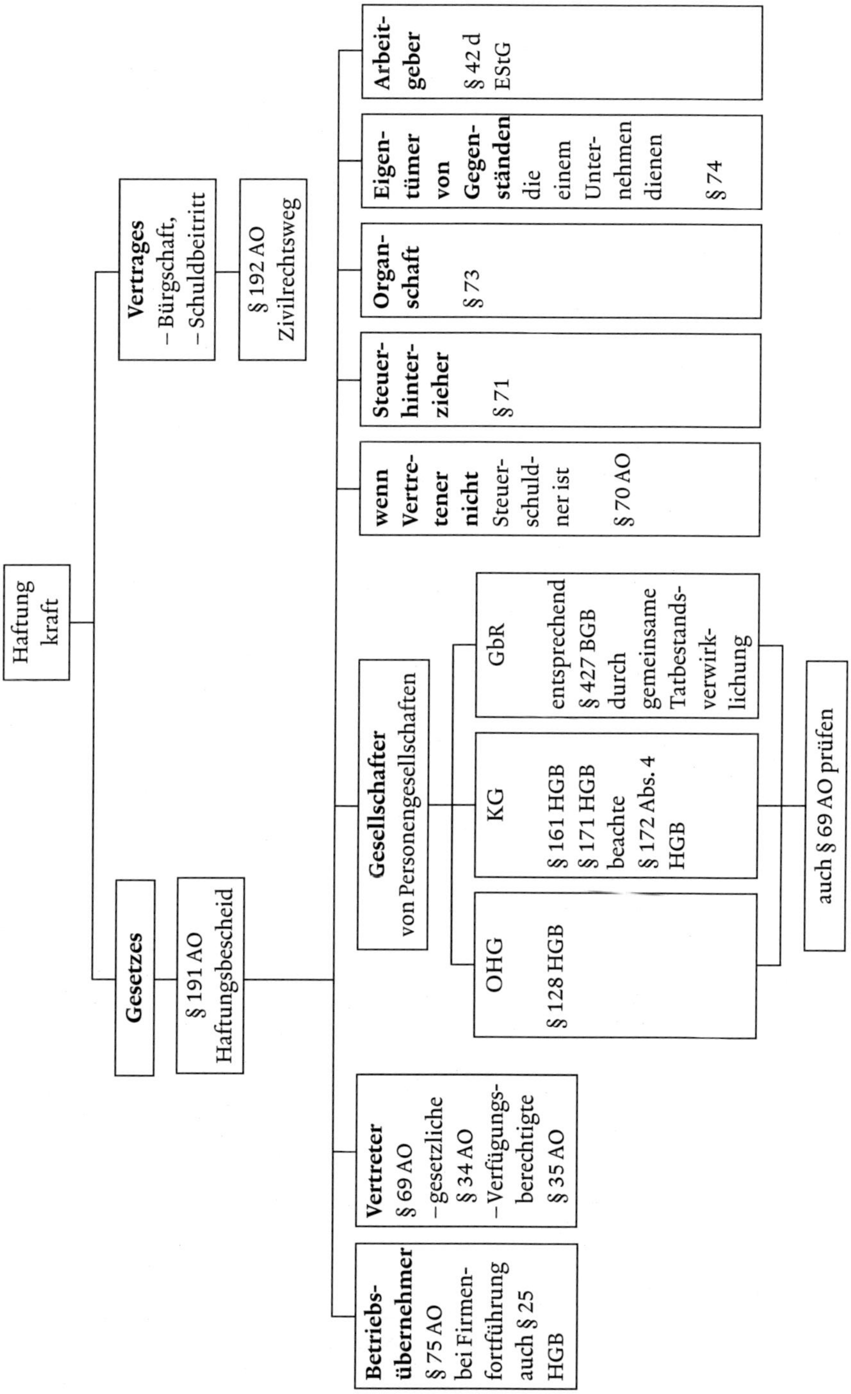

CHECKLISTE 10

Einspruch gegen den Haftungsbescheid

1. Zulässigkeit

1.1 Wogegen wendet sich der Haftende?
- Haftungsbescheid § 191 AO
- Zahlungsaufforderung § 219 AO (gleichzeitig mit Haftungsbescheid ergangen?)

1.2 Zulässigkeitsvoraussetzungen
- siehe dazu die Zulässigkeit in Checkliste 6 (ohne §§ 352, 353 AO)

2. Begründetheit

2.1 Liegt wirksamer Haftungsbescheid vor?
- Prüfung nach Checkliste 1

2.2 Ist Festsetzungsfrist noch nicht abgelaufen gewesen?
- Für Haftungsbescheid § 191 Abs. 3 AO
- Für Steuerfestsetzung § 191 Abs. 5 Nr. 1 AO, wenn Steuer noch nicht festgesetzt ist

2.3 Ist festgesetzte Steuer noch nicht verjährt? § 191 Abs. 5 Nr. 2 AO

2.4 Ist eine (oder sind mehrere) Haftungsnormen erfüllt? (siehe Checkliste 9)

2.5 Umfang der Haftung?

2.6 Hat FA von Auswahlermessen bei mehreren Haftenden richtig Gebrauch gemacht?

2.7 Einwendungen des Haftenden
- gegen die Haftung
- gegen die Höhe der Steuer (nur möglich, wenn dem § 166 AO nicht entgegensteht).

7.6 Fallbeispiele

Zum Abschluss soll an einigen Fällen aus dem Bereich der Abgabenordnung die Arbeitsweise konkret vorgeführt werden, wie sie sich aus den Ausführungen zur Methodenlehre, der Klausurtechnik und dem vorstehend speziell in Bezug auf AO-Klausuren Gesagten ergibt. Die Lösung wird dabei jeweils in das logische System von zu suchender Grundnorm und Ergänzungs- bzw. Gegennormen aufgelöst. Die Arbeitshinweise zeigen Ihnen den Arbeitsablauf und sind selbstverständlich in den Text Ihrer Klausurlösung nicht mit aufzunehmen.

Die Lösungen der drei Fälle sind keine Musterlösungen, sondern Lösungsskizzen, die Ihnen das methodische Vorgehen beim Aufbau einer Klausurlösung zeigen sollen. Einer möglichst großen Transparenz wegen sind die Subsumtionsvorgänge, die Sie bei der Anwendung der einzelnen Normen in der Klausur darstellen müssen, an vielen Stellen nicht eigens erwähnt, sondern nur angedeutet.

7.6.1 Übungsaufgabe zur Auskunftspflicht

Altmann (A) ist Inhaber einer Großwäscherei in Hamburg-Altona. In dem Betrieb sind 10 Arbeitnehmer beschäftigt. Zum 01. 07. 02 setzt er sich zur Ruhe und überträgt das Unternehmen auf seine Tochter Betty (B). Am 01. 02. 03 stirbt A plötzlich. Erben sind seine Tochter B und seine Ehefrau Cäcilie (C).

Anfang Januar 03 findet bei der Wäscherei eine Lohnsteueraußenprüfung statt. Die Prüferin Dörte Klarmann (D) überprüft die Versteuerung aller Lohnzahlungen des Unternehmens im Jahre 02. Dabei ergeben sich eine Reihe Unregelmäßigkeiten. Sie beabsichtigt, den Arbeitgeber für die anfallenden Lohnsteuernachforderungen durch Haftungsbescheid in Anspruch zu nehmen. Zuvor sind jedoch noch einige Fragen zu klären. D bittet im Januar 03 A, B und C um Auskunft über die Vorgänge, die teils die erste, teils die zweite Jahreshälfte 02 betreffen. C hat im ganzen Jahr 02 die Bücher für die Wäscherei geführt. Alle drei Personen berufen sich auf ein Auskunftsverweigerungsrecht.

Frage: Sind A, B und C zur Auskunft verpflichtet?

Variante: D bittet B und C erst im Februar nach dem Tod von A um Auskunft.

Frage: Sind B und C jetzt auskunftspflichtig?

Lösung

Vorbemerkung: Denken Sie an den Grundsatz der Einzelprüfung. Hier ist eine doppelte Differenzierung nötig, einerseits nach den drei betroffenen Personen, andererseits aber auch zeitlich hinsichtlich der ersten und zweiten Jahreshälfte, weil der Betrieb von A auf B übertragen worden ist.

A, erste Jahreshälfte

Grundnorm: Zu prüfen ist, ob A nach § 93 Abs. 1 AO auskunftspflichtig ist.
Er könnte als Beteiligter zur Auskunft verpflichtet sein.
Ergänzungsnorm: Beteiligte sind nach § 78 Nr. 2 AO Personen, an die das Finanzamt einen VA richten will.
Als Arbeitgeber wird das Finanzamt den A für nicht ordnungsmäßig einbehaltene und abgeführte Lohnsteuer durch Haftungsbescheid nach § 42d EStG in Anspruch nehmen.

Greift Gegennorm? A könnte ein Auskunftsverweigerungsrecht nach § 101 ff. AO haben. Die Vorschriften gelten jedoch nach ihrem Wortlaut nicht für Beteiligte.

Rechtsfolge: A hat kein Auskunftsverweigerungsrecht, er ist zur Auskunft verpflichtet.

A, zweite Jahreshälfte

Grundnorm: Auch insoweit ist die Auskunftspflicht nach § 93 AO zu prüfen.
Ergänzungsnorm: A ist nicht Beteiligter i. S. d. § 78 AO, da Arbeitgeber jetzt die Tochter ist.
Die Auskunftspflicht nach § 93 AO bezieht sich aber auch auf andere Personen als Beteiligte.

Gegennorm? A könnte jedoch jetzt ein Auskunftsverweigerungsrecht nach § 101 Abs. 1 AO haben.
A ist nicht selbst Beteiligter.
B ist jetzt Beteiligte i. S. d. § 78 AO, denn sie ist für diesen Zeitraum Arbeitgeberin.
Das Auskunftsverweigerungsrecht haben nur Angehörige.
Ergänzungsnorm: § 15 Abs. 1 Nr. 3 AO
A ist mit B in gerader Linie verwandt.
Ergänzungsnorm: § 1589 BGB
Personen, deren eine von der anderen abstammt, sind in gerader Linie verwandt.

Rechtsfolge: § 101 AO ist erfüllt. A ist für die zweite Jahreshälfte nicht zur Auskunft verpflichtet.

B, erste Jahreshälfte

Da sich die gleiche Problematik wie bei A nur in der umgekehrten zeitlichen Reihenfolge ergibt, können Sie sich kürzer fassen. Auch hier müssen Sie aber am Schluss die Rechtsfolge klar feststellen.

B ist in der ersten Jahreshälfte nicht Beteiligte, weil das Unternehmen noch ihrem Vater gehörte, sie ist zwar grundsätzlich als Dritte nach § 93 AO auskunftspflichtig; da sie jedoch Angehörige des A i.S.d. § 15 Abs. 1 Nr. 3 AO ist, ist sie nach § 101 Abs. 1 AO berechtigt, die Auskunft zu verweigern.

B, zweite Jahreshälfte

Ab 01.07.02 ist B Arbeitgeberin, an die für diesen Zeitraum ein Haftungsbescheid zu richten ist. B ist damit Beteiligte i.S.d. § 78 AO und hat kein Auskunftsverweigerungsrecht. Es kann insoweit auf das zu A Gesagte verwiesen werden.

C, erste und zweite Jahreshälfte

Auch C ist als andere Person i.S.d. § 93 Abs. 1 AO zur Auskunft verpflichtet, wenn sie nicht gemäß § 101 Abs. 1 AO die Auskunft verweigern kann. Gegenüber dem in der ersten Jahreshälfte beteiligten A ist C als Ehefrau Angehörige i.S.d. § 15 Abs. 1 Nr. 2 AO, in Bezug auf die B ist sie Angehörige i.S.d. § 15 Abs. 1 Nr. 3 AO. Sie hat die Auskunftspflicht auch nicht für einen Beteiligten zu erfüllen, allein die Tatsache, dass sie die Bücher führt, begründet keine derartige Verpflichtung. C kann folglich die Auskunft für das ganze Jahr verweigern.

Variante Auskunftspflicht der B

Grundnorm: Weiterhin § 93 AO. Für die zweite Jahreshälfte 02 ergibt sich keine Änderung. B ist und bleibt aufgrund ihrer eigenen Arbeitgeberstellung auskunftspflichtig. Zu prüfen ist, ob B jetzt auch für die erste Jahreshälfte gemäß § 93 Abs. 1 AO als Beteiligte Auskunft erteilen muss.

Ergänzungsnorm: Beteiligte i.S.d. § 78 AO ist B, wenn das Finanzamt den Haftungsbescheid jetzt an sie richten wird.

Ergänzungsnorm: Nach § 45 Abs. 2 AO haben die Erben für die zu entrichtenden Verbindlichkeiten des Erblassers einzustehen. Sie sind Gesamtrechtsnachfolger. An sie muss deshalb auch ein diese Verbindlichkeiten betreffender Verwaltungsakt, hier Haftungsbescheid, gerichtet werden.

Gegennorm: § 101 Abs. 1 AO kommt damit nicht zur Anwendung.

Rechtsfolge: B ist auch für die erste Jahreshälfte auskunftspflichtig.

Auskunftspflicht der C

Für die zweite Jahreshälfte ergeben sich keine Änderungen gegenüber dem Ausgangsfall. Für die erste Jahreshälfte kann auf das für B Gesagte verwiesen werden.

Hinweis: In der Variante hätten ausnahmsweise B und C für die erste Jahreshälfte zusammen abgehandelt werden können, da sich das Gleiche ergibt.

7.6.2 Übungsaufgabe zur Festsetzungsfrist und zu den Änderungsvorschriften

Karl Seemann ist Inhaber einer Schiffsausrüsterfirma in Hamburg. Außerdem ist er in Bremen an der Schiffahrts-GmbH & Co KG beteiligt. Die ESt-Erklärung für das Jahr 01 ist im Juli 02 abgegeben worden. Den ESt-Bescheid hat das Finanzamt am 10. 11. 02 zur Post gegeben, die Einkommensteuer ist unter Vorbehalt der Nachprüfung auf 32 500 € festgesetzt worden.

Anfang Oktober 06 erhielt Seemann eine Prüfungsanordnung, der zufolge u. a. auch das Jahr 01 geprüft werden sollte. Am 11. 11. 06 erschien der Prüfer Luk. Auf eine Frage Seemanns schätzte Luk die Prüfungsdauer auf ca. drei Monate. Bereits am ersten Tag machte sich Luk Aufzeichnungen über Prüfungsfeststellungen, die jedoch noch keine wesentlichen Feststellungen enthalten.

Am Tag nach dem Prüfungsbeginn stellte Luk fest, dass er für die Prüfung noch einige Akten brauchte. Er ging deshalb ins Amt. Durch unsachgemäße Lagerung der Akten im Amt fiel Luk ein Aktenstoß entgegen, er stürzte und zog sich eine Gehirnerschütterung zu. Erst nach drei Monaten war er wieder dienstfähig. Nach seiner Rückkehr wurde er versetzt, um befördert werden zu können.

Am 16. 05. 07 nahm der jetzt mit der Prüfung betraute Außenprüfer Schneller die Prüfung wieder auf. Für 01 stellte Schneller eine Erhöhung der Einkünfte aus Gewerbebetrieb i. H. v. 1 200 € fest, weil Seemann Geschenke an Kunden, obwohl der Wert über der zulässigen Grenze lag, in entschuldbarem Irrtum als Betriebsausgaben abgesetzt hatte. Außerdem hat der Steuerpflichtige, wie auch in den folgenden Jahren, einen Jahresbonus von einem Lieferanten in Höhe von 2 000 € absichtlich nicht gebucht. Das ermittelte Schneller, als er eine Kontrollmitteilung über den entsprechenden Jahresbonus näher prüfte. Weitere Feststellungen für 01 ergaben sich nicht.

Die Schiffahrts-GmbH & Co KG hat ihre Erklärung zur einheitlichen und gesonderten Gewinnfeststellung für 01 erst 03 abgegeben. Im Feststellungsbescheid war das Finanzamt der Erklärung gefolgt, er wurde im November 03 bekannt gegeben. Infolge einer Außenprüfung änderte das zuständige Finanzamt in Bremen im Jahre 07 den Gewinnfeststellungsbescheid für 01 und gab den Änderungsbescheid am 02. 11. 07 zur Post. Der Bescheid wird nicht angefochten. Der Gewinnanteil Seemanns erhöht sich dadurch um 1 300 €.

Die Mitteilung über den geänderten Gewinnfeststellungsbescheid ging beim Finanzamt in Hamburg am 15. 11. 07 ein. Dieses wertete jetzt die Außenprüfung und die Änderungsmitteilung aus und änderte den ESt-Bescheid 01 dementsprechend.

Der geänderte Bescheid wurde am 09. 12. 07 zur Post gegeben. Der Steuerpflichtige legte dagegen am 20. 01. 08 Einspruch ein, den er wie folgt begründete:

1. Er sei am 01. 12. 07 umgezogen und habe einen Postnachsendeantrag gestellt. Bis zu seiner Abreise in den verdienten Urlaub habe er den Bescheid nicht erhalten. Vom 15. 12. 07 bis 05. 01. 08 habe er sich auf Teneriffa aufgehalten. Bei seiner Rückkehr habe er den Bescheid vorgefunden. Wann er ihm zugegangen sei, könne er natürlich nicht sagen. Er beantrage Wiedereinsetzung wegen der Fristversäumnis.
2. Die Änderung des ESt-Bescheides und auch des Feststellungsbescheides sei unzulässig, weil schon Verjährung eingetreten sei.
3. Außerdem mache er jetzt noch Werbungskosten in Höhe von 5 000 € bei seinen Einkünften aus Vermietung und Verpachtung geltend. Diese Werbungskosten sind bisher nicht erklärt worden und auch von dem Prüfer, der die Einkünfte aus Vermietung und

Verpachtung keiner näheren Prüfung unterzogen hat, nicht in den Prüfungsbericht aufgenommen worden.

Es ist davon auszugehen, dass die 5 000 € Werbungskosten ordnungsmäßig nachgewiesen werden. Der Steuerpflichtige schreibt dazu, dass er sie schon lange geltend machen wollte. Eigentlich hätten es jedoch nach seiner Erinnerung 7 000 € sein müssen. Da er die restlichen Belege jedoch verlegt habe, habe er in der Hoffnung, sie noch wiederzufinden, so lange gewartet. Der Bescheid sei ja auch unter Vorbehalt nach Nachprüfung gewesen.

Aufgabe:
Prüfen Sie die Erfolgsaussichten des Einspruchs.
Wie hoch ist die Einkommensteuer festzusetzen?
(Bei der Berechnung ist von einer Steuerbelastung von 30 % auszugehen)

Lösung

1. Zulässigkeit

Hinsichtlich der Form nach § 357 AO und der weiteren Zulässigkeitsvoraussetzungen bestehen keine Probleme. Sie gehen deshalb nur auf die Frist näher ein.

Grundnorm: § 355 Abs. 1 AO: einen Monat nach Bekanntgabe
Ergänzungsnorm: Nach § 122 Abs. 2 AO gilt der Bescheid als am dritten Tag nach Aufgabe zur Post bekannt gegeben (Vermutung) hier späterer Zugang, genauer Tag nicht feststellbar
Beweislast liegt bei Finanzamt, der Beweis rechtzeitigen Zugangs lässt sich nicht erbringen

Rechtsfolge: Da Tag des Zugangs nicht feststellbar, ist davon auszugehen, dass Frist gewahrt ist.
Wiedereinsetzung ist deshalb nicht erforderlich

2. Begründetheit

2.1 Prüfung der Festsetzungsfrist

Grundnorm: § 169 Abs. 1 AO
Nach Ablauf der Festsetzungsfrist ist eine Änderung der Bescheide nicht mehr zulässig.
Ergänzungsnorm: § 169 Abs. 2 Satz 1 Nr. 2 und Satz 2 AO
Frist 4 Jahre,
Beginn: § 170 Abs. 2 AO
Ablauf des Jahres, in dem Erklärung eingereicht ist,
hier Ende 02
Ende: regulär mit Ablauf des Jahres 06
Verlängerung hinsichtlich Bonus auf 10 Jahre
wegen Steuerhinterziehung?
Ergänzungsnorm: § 370 AO, 15 StGB
- unrichtige oder unvollständige Angaben
- über steuerlich erhebliche Tatsachen
- Steuer verkürzt

Ergänzungsnorm: § 370 Abs. 4
Vorsatz § 15 StGB

Rechtsfolge: Ablauf grundsätzlich Ende 06 hinsichtlich Bonus erst Ende 12

1. Gegennorm: Ablaufhemmung § 171 Abs. 4 Satz 1 AO
Beginn der Außenprüfung vor Ablauf der Festsetzungsfrist im Oktober 06
Gegennorm: § 171 Abs. 4 Satz 2 AO
- Unterbrechung der Prüfung
- Unmittelbar nach Beginn, (hier gegeben)
- für mehr als 6 Monate
- Gründe von der Finanzbehörde zu vertreten

Ergänzungsnorm: § 6 Abs. 2 AO

Rechtsfolge: Keine Ablaufhemmung aufgrund der Außenprüfung

2. Gegennorm: Ablaufhemmung nach § 171 Abs. 10 AO
Feststellungsbescheid mit Bindungswirkung
Ergänzungsnorm: § 182 Abs. 1 AO
Bekanntgabe am 05. 11. 07
Ergänzungsnorm: § 122 Abs. 2 Nr. 1 AO

Rechtsfolge: Ablaufhemmung hinsichtlich der Auswirkung des geänderten Gewinnfeststellungsbescheides bis 05. 11. 09

2.2 Rechtsgrundlagen der Änderung

2.2.1 Bonus

Grundnorm: Änderung nach § 164 Abs. 2 AO

Gegennorm: § 164 Abs. 4 Satz 1 AO Wegfall des Vorbehalts mit Ablauf der regulären Festsetzungsfrist
§ 164 Abs. 4 Satz 2 AO: 10jährige Festsetzungsfrist und Ablaufhemmung nach § 171 Abs. 10 AO führen zu keiner Verlängerung.

Rechtsfolge: keine Änderung nach § 164 Abs. 2 AO

Grundnorm: § 173 Abs. 1 Nr. 1 AO
- nachträglich bekannt geworden

Bonus war dem Finanzamt bei Abzeichnung des ursprünglichen Eingabewertbogens nicht bekannt
- höhere Steuer

Rechtsfolge: Hinsichtlich des Bonus Änderung nach § 173 Abs. 1 Nr. 1 AO

2.2.2 Gewinnbeteiligung

Grundnorm: § 175 Abs. 1 Nr. 1 AO
Grundlagenbescheid geändert
Ergänzungsnorm: § 171 Abs. 10 AO

Rechtsfolge: Änderung des ESt-Bescheides hinsichtlich der zusätzlichen 1 300 € Gewinn aus der Beteiligung

2.2.3 Zusätzliche Werbungskosten

Keine Prüfung der Änderungsvorschriften, da die Festsetzungsfrist bereits Ende 06 abgelaufen ist und insoweit auch kein Ablaufhemmungstatbestand vorliegt.

Grundnorm: § 177 Abs. 1 i.V.m. § 351 Abs. 1 AO
materieller Fehler
nach Ablauf der Festsetzungsfrist noch berücksichtigungsfähig

Rechtsfolge: Berücksichtigung, soweit die Änderung reicht

2.2.4 Werbegeschenke

Auch insoweit wegen Fristablauf keine Prüfung der Änderungsvorschriften, hinsichtlich der Rechtsfehlerberücksichtigung gilt jedoch das Gleiche wie unter c).

2.3 Steuerberechnung

Ursprüngliche Steuer			35 200
Bonus § 173 Abs. 1 Nr. 1 AO		+ 2 000	+ 600
Beteiligung § 175 Abs. 1 Nr. 1		+ 1 300	+ 390
Fehler nach § 177 AO			
Werbungskosten	./. 5 000	./. 1 500	
Werbegeschenke	+ 1 200	+ 360	
		./. 1 140	
Fehler nach § 177 AO können nur, soweit die Änderung reicht, berücksichtigt werden (Änderungsrahmen)			./. 990
Es bleibt damit bei einer Steuer von			35 200

7.6.3 Übungsaufgabe zur Haftung

A Grün (G) und B Roth (R) führten bis Ende 05 einen Supermarkt in der Rechtsform einer KG. R war Komplementär, G Kommanditist mit einer Einlage von 80 000 €. Ende 05 ist G ausgeschieden, er erhielt Anfang 06 122 000 € von R ausgezahlt. Der Betrag setzte sich aus der Rückzahlung der Einlage und 42 000 € Gewinn zusammen.

Ab 01. 01. 06 führte R den Supermarkt als Einzelunternehmen fort. Im Laufe des Jahres 06 erkrankte R jedoch schwer. Die gesamte Geschäftsführung hat seit Anfang 06 in der Hand des bei R angestellten C Schwarz (S) gelegen. Dieser hat ab 01. 01. 06 Generalvertretungsmacht. Auch die Bezahlung von Rechnungen und Steuern hat R dem S überlassen, der auch die USt-Voranmeldungen erstellte und selbst unterschrieb.

Am 01. 05. 07 veräußert R dem S sein Unternehmen. S führt die Firma fort. Am 01. 06. 07 erfolgt die Übergabe und R zieht sich in sein Einfamilienhaus zurück. Er behält jedoch den bisher betrieblichen Pkw und Waren im Wert von 350 € für seine Zwecke.

S zahlt für das Geschäft 50 000 €. Die Beteiligten vereinbaren schriftlich, dass S nicht für die Verbindlichkeiten des R haften soll, weiter unternehmen sie in diesem Punkt jedoch nichts. S meldete den erworbenen Betrieb schon am 02. 05. 07 bei dem zuständigen Finanzamt an.

Im Herbst 07 findet für die KG und den Betrieb des R eine Außenprüfung für die Jahre 04 bis 06 statt. Es ergeben sich für die USt die folgenden Nachzahlungen:

04 42 000
05 48 000
06 34 000

Die hohen Nachzahlungen beruhen darauf, dass viele Umsätze fälschlich nur mit dem ermäßigten Steuersatz versteuert worden sind. R hat sich aus gesundheitlichen Gründen nicht so genau um die Dinge kümmern können, sondern diese einfach dem schon lange im Geschäft tätigen S überlassen. S hatte nicht die Zeit, sich über die richtige umsatzsteuerliche Behandlung zu informieren, da ihn die Vertretung des R zu stark beanspruchte. Er gibt offen zu, dass er aber schon immer Zweifel hatte, ob die USt-Sätze in den Voranmeldungen richtig seien.

Der Prüfer stellte außerdem fest, dass den Arbeitnehmern im September 06 Sachbezüge in Form unentgeltlich überlassener Waren gewährt worden sind, ohne dass insoweit LSt einbehalten wurde. Die hierauf nachzuerhebende LSt beläuft sich auf 1 400 €.

Den Prüfungsfeststellungen entsprechend ergehen im Mai 08 geänderte Bescheide.

Ende Juli 08 stirbt R. Vorher hat er nahezu sein gesamtes Vermögen für eine von der Krankenkasse nicht ersetztes – letztlich erfolglose – Heilbehandlung verbraucht. Auch sein Einfamilienhaus hatte er deshalb verkauft. Die Erbschaft besteht aus 8 000 € Bargeld und einigen alten Möbeln. Alleinerbe ist D.

Aufgabe:
Prüfen Sie, ob G, S und D vom Finanzamt in Anspruch genommen werden können.

Lösung

1. Gesellschafter G

Grundnorm: § 171 Abs. 1 Satz 1 HGB – Haftung bis zur Höhe der Einlage

Gegennorm: § 171 Abs. 1 Satz 2 HGB Haftung ausgeschlossen, soweit Einlage eingezahlt ist
Gegennorm hierzu: § 172 Abs. 4 HGB
Haftung lebt wieder auf, wenn Einlage zurückgezahlt wird
G hat die Einlage bei Ausscheiden zurückerhalten

Rechtsfolge: G haftet in Höhe von 80 000 € persönlich mit seinem Vermögen für die bis Ende 05 entstandene USt.

2. Haftung des S

2.1 Geschäftsführung

2.1.1 USt

Grundnorm: § 69 AO
- Verfügungsberechtigter aufgrund Geschäftsführungsvertrag

Ergänzungsnorm: § 35 AO
rechtlich und tatsächlich erfüllen können
er fertigte die USt-Anmeldungen und bezahlte auch die Rechnungen und Steuern
- Ansprüche aus dem Steuerschuldverhältnis nicht oder nicht rechtzeitig festgesetzt

die USt wurde nicht in der richtigen Höhe vorangemeldet
- Verletzung der ihm auferlegten Pflichten

Pflichten hat S vertraglich übernommen
- grob fahrlässig

wer als Geschäftsführer die USt-Voranmeldungen fertigt, hat die Pflicht, sich bei Zweifeln zu informieren

Rechtsfolge: S haftet für die während der Zeit seiner Geschäftsführung im Jahre 06 entstandene USt

2.1.2 Lohnsteuer

Grundnorm: § 69 AO, es kann auf das unter a) Gesagte verwiesen werden.
Auch um die steuerliche Behandlung der Sachzuwendungen hätte sich S kümmern müssen, folglich grob fahrlässiges Verhalten

Rechtsfolge: Haftung für die LSt-Nachforderung

2.2 Betriebsveräußerung

Grundnorm: § 75 Abs. 1 AO
• Unternehmen im Ganzen, Zurückbehaltung von Pkw und Waren für 350 € schadet nicht
• übereignet
• betriebliche Steuern, hier US
• Steuerabzugsbeträge, hier LSt
• seit dem Beginn des letzten Jahres vor der Übereignung entstanden, seit Anfang 06
• Festsetzung innerhalb eines Jahres nach Anmeldung der Übertragung, die Frist läuft jedoch erst ab Übertragung, da sie für das FA nicht verkürzt werden darf
Festsetzung im Mai 08 rechtzeitig

Rechtsfolge: S haftet für die USt 06 und die LSt mit dem Bestand des übernommenen Vermögens.

Grundnorm: § 25 Abs. 1 HGB
• Handelsgeschäft unter Lebenden erworben
• Firmenfortführung
im Betrieb des früheren Inhabers entstandene USt 04 und 05 ist in der KG entstanden, aber von D als Einzelunternehmen fortgeführt durch Ausscheiden des G

Gegennorm: § 25 Abs. 2 HGB Haftungsausschluss
Eintragung ins Handelsregister oder
Dritten mitgeteilt
nicht erfüllt

Rechtsfolge: S haftet für alle im Betrieb des bisherigen Inhabers begründeten Verbindlichkeiten, d.h. für die USt 04 bis 06 und die LSt

3. Inanspruchnahme des D

Grundnorm: § 45 AO i.V.m. § 1967 BGB
Vorsicht! Das BGB unterscheidet nicht so klar wie die AO zwischen schulden und haften
D ist Erbe

Rechtsfolge: D hat die Schulden des R aus dem Steuerschuldverhältnis zu erfüllen.
Um die Rechtsfolge zu präzisieren, muss geprüft werden, inwieweit R die Beträge schuldete bzw. dafür haftete. Auch Haftungsansprüche sind Ansprüche aus dem Steuerschuldverhältnis, die auf D übergegangen sind.

4. Prüfung des R
4.1 USt 04 und 05

Grundnorm: § 161 Abs. 2 i. V. m. § 128 HGB
R war Komplementär

Rechtsfolge: R haftete für die Beträge unbeschränkt persönlich

4.2 USt 06

Grundnorm: § 1 i. V. m. § 13 UStG
R hat die Umsätze dieses Jahres als Einzelunternehmer getätigt, er war Steuerschuldner

Rechtsfolge: R schuldete die USt 06

4.3 LSt

Grundnorm: § 42 d EStG
Steuerschuldner sind die Arbeitnehmer, R als Arbeitgeber hatte die LSt einzubehalten und abzuführen

Rechtsfolge: R haftete für die LSt

Rechtsfolge für D: Er schuldet die USt 06 und haftet für die USt 04 und 05 sowie für die LSt
Er kann seine Inanspruchnahme jedoch nach §§ 1975, 1980, 1990, 193 ff. BGB auf das geerbte Vermögen beschränken.

8 Einspruchsentscheidung

In einigen Bundesländern wird als Aufgabe in AO-Klausuren die Erstellung einer Einspruchsentscheidung verlangt. Es soll deshalb auch hierauf gesondert eingegangen werden. Die folgenden Seiten werden darüber hinaus auch für die Arbeit in der Rechtsbehelfsstelle des Finanzamts methodisch und arbeitstechnisch hilfreich sein.

8.1 Arbeitsweise

Bei jedem Einspruchsschreiben **prüfen** Sie zunächst genau, **wogegen Einspruch eingelegt** worden ist. Die Bezeichnung, die der Steuerpflichtige gewählt hat, ist oft ungenau. Ein »Einspruch gegen den ESt-Bescheid« genanntes Schreiben kann z. B. ebensogut ein Einspruch gegen den zugrundeliegenden Feststellungsbescheid sein oder es stecken darin zwei Einsprüche gegen beide Bescheide. Denkbar wäre beispielsweise auch, dass der Steuerpflichtige zugleich gegen eine abgelehnte Stundung Einspruch einlegen wollte. Ein falsch bezeichneter Rechtsbehelf **kann** u. U. nach § 357 Abs. 1 Satz 4 AO **umgedeutet werden.**

Es wird Ihnen ein mehr oder weniger ausführlicher Aktenauszug zur Prüfung überlassen. Ihnen steht also kein fertiger Sachverhalt zur Bearbeitung zur Verfügung, wie es normalerweise in Klausuren der Fall ist. Sie müssen vielmehr **aus dem Aktenauszug** zunächst einmal den für die Fallbearbeitung **wesentlichen Sachverhalt herausdestillieren.** Andererseits können Sie davon ausgehen, dass das Aktenstück so vollständig aufgebaut ist, dass Sie ohne weitere Ermittlungen – die ja nur in der Praxis und nicht in eine Klausur möglich sind – zu einer Lösung kommen können.

Das zum Umgang mit Klausursachverhalten Gesagte (vgl. 2.) gilt auch hier. Zusätzlich kommt aber die Arbeit hinzu, die entscheidungserheblichen von den unwesentlichen Tatsachen zu trennen. Sie müssen diese Aufgaben nicht nur leisten, um zur richtigen Entscheidung zu kommen, sondern auch, weil Sie in den Gründen der Entscheidung eine Sachverhaltsdarstellung schreiben müssen. Wie finden Sie nun die für die Lösung bedeutsamen Tatsachen heraus? Eine Einspruchsentscheidung soll immer bestimmte, zwischen dem steuerpflichtigen und dem Finanzamt streitige Punkte klären. Danach richtet sich die gesamte weitere Arbeit.

Auch wenn Sie schließlich eine Einspruchsentscheidung fertigen sollen, müssen Sie **zunächst die Sach- und Rechtslage im Einzelnen prüfen.** Dies geht nur, indem Sie gedanklich **erst einmal im Gutachtenstil** (vgl. 1.1.2) – wie bei jeder anderen Fallbearbeitung – subsumieren. Um diese Arbeit kommen Sie nicht herum, wenn Sie sauber prüfen und Fehler vermeiden wollen. Machen Sie sich dabei Stichworte. Erst wenn Sie den Fall voll durchdacht und das Ergebnis aufgrund der Rechtsfolgen aus den einschlägigen Vorschriften gefunden haben, können Sie mit der Niederschrift Ihrer Einspruchsentscheidung im Urteilsstil beginnen. Es ergeben sich die folgenden Arbeitsschritte:

- Als erstes verschaffen Sie sich einen **Überblick über den** gesamten **Fall.**
- Dann arbeiten Sie für sich gedanklich heraus, **welche Fragen streitig** sind und der Klärung bedürfen. Nicht allein der Inhalt der Einspruchsentscheidung, sondern der Streitstand im Zeitpunkt der Entscheidung ist dafür maßgebend, welche Fragen entschieden werden müssen.
- Im nächsten Schritt **suchen Sie** die **Grundnorm** für die erste zu klärende Frage und die dazu erforderlichen **Ergänzungsnormen.**
- Im Zusammenhang mit der jetzt vorzunehmenden **Subsumtion** ergibt sich, **welche Tatsachen** für diese Grundnorm **relevant** sind. Am besten schreiben Sie diese gleich stichwortartig auf oder markieren sie besonders in Ihrem Aktenstück, um sie später leicht zusammenstellen zu können. Halten Sie auch die angewendete Rechtsnorm und die Rechtsfolge fest.
- Prüfen Sie weiter, welche **Gegennormen** gegebenenfalls eine Rolle spielen. Auch hier wieder finden Sie bei der Subsumtion die relevanten Tatsachen und notieren sie. Halten Sie hier ebenfalls die Rechtsnormen und Rechtsfolgen fest.
- Nun wenden Sie sich der **nächsten zu klärenden Frage** zu und gehen bei dieser in der gleichen Folge vor wie bei der ersten.
- Es kann dazu im Übrigen auf das im Teil A (vgl. 4.2.1 und 4.3) Gesagte verwiesen werden.

Zum Schluss haben Sie einerseits einen **Rohsachverhalt** der entscheidungsrelevanten Tatsachen und andererseits zu den aufgeworfenen Fragen jeweils eine **rechtliche Lösung** in Form der aus den angewendeten Normen entnommenen Rechtsfolgen.

Bis hierhin haben Sie logisch schlussfolgernd im Gutachtenstil gearbeitet, um festzustellen, welche Lösung sich ergibt. Aus der Subsumtion der einzelnen Teile des Lebenssachverhaltes unter die Tatbestandsmerkmale der Rechtsnorm leitet sich eine bestimmte Rechtsfolge als Schlussfolgerung ab. Nun müssen Sie für die Darstellung der Entscheidungsgründe im **Urteilsstil** die Reihenfolge umdrehen, die **Rechtsfolge** kommt **an den Anfang,** die Prüfung der einschlägigen Tatbestandsmerkmale folgt als Begründung nach.

8.2 Allgemeines zur Darstellungsweise

Die Einspruchsentscheidung soll für den Einspruchsführer verständlich sein. Bedienen Sie sich deshalb einer **allgemein verständlichen Ausdrucksweise** und bilden Sie keine Bandwurmsätze. Fremdwörter und Abkürzungen sind soweit wie möglich zu vermeiden. Allgemeingebräuchliche Abkürzungen sind bei erstmaligem Gebrauch durch Klammerzusatz zu erläutern, so z.B. Einkommensteuer (ESt). Die **Verfahrensbeteiligten** werden in der Einspruchsentscheidung **nur im Rubrum mit Namen genannt** und anschließend mit ihrer verfahrensmäßigen Stellung bezeichnet, also insbesondere Einspruchsführer, Hinzugezogener. Sind am Verfahren mehrere Einspruchsführer oder Hinzugezogene beteiligt, so werden sie zu ihrer Unterscheidung numeriert. Werden sie später im Text der Einspruchsentscheidung erwähnt, heißt es z.B. »der Einspruchsführer zu 1) hat mit der Einspruchsführerin zu 2) einen Vertrag geschlossen.«

Die Einspruchsentscheidung ist **in unpersönlichem Stil abzufassen**, »wir«, »ich«, »meines Erachtens« haben darin also nichts zu suchen, denn es handelt sich um die Entscheidung des Finanzamts und nicht um die persönliche Meinung des Bearbeiters. Das Gleiche gilt auch für Äußerungen anderer Bediensteter des Finanzamts, wie z.B. eines Betriebsprüfers. Darzustellen ist vielmehr, soweit erforderlich, der Inhalt des Betriebsprüfungsberichts. Zur Frage, wie weit hierauf oder auf andere Aktenstücke Bezug genommen werden kann, vgl. unten (8.3.4.1).

Da der Einspruchsführer die Möglichkeit haben soll, die Entscheidung nachzuvollziehen, sollten Sie **nur zugängliche Rechtsquellen,** Verwaltungsentscheidungen und Urteilte **zitieren.** In Betracht kommen also z.B. veröffentlichte Urteile, Richtlinien und allgemein zugängliche Verwaltungsanweisungen, in aller Regel dagegen nicht unveröffentlichte Verfügungen der Oberfinanzdirektion.

8.3 Aufbau und Stil

Aufbau und Darstellungsstil von Einspruchsentscheidungen sind stark an die Regeln für die Abfassung von Urteilen angelehnt. Die Einspruchsentscheidung selbst gliedert sich in vier Teile.

1. Rubrum (auch Aufschrift genannt)
2. Tenor – d.h. die Entscheidungsformel
3. Rechtsbehelfsbelehrung
4. Gründe

8.3.1 Kopf der Einspruchsentscheidung

Im Kopf sind Name und Anschrift des entscheidenden Finanzamts sowie die Steuer- und Rechtsbehelfsnummer und das Datum der Entscheidung aufzunehmen. Es folgt die Bezeichnung des Empfängers, für den die Einspruchsentscheidung nach § 122 Abs. 1 Satz 1 AO bestimm ist. Im Regelfall ist das der Einspruchsführer selbst bzw. sein gesetzlicher Vertreter. Besteht eine Zustellungsvollmacht, ist nach § 122 Abs. 1 Satz 2 AO an den Bevollmächtigten zuzustellen.

8.3.2 Rubrum

Bei Gerichtsentscheidungen wurde dieser Teil früher rot geschrieben (lateinisch ruber), daraus ist der Begriff Rubrum abgeleitet. Das Rubrum hat den Zweck, die **Streitsache und die Beteiligten zu bezeichnen.** Es enthält die zur Identifizierung des Verfahrens notwendigen Angaben, und zwar

- die Überschrift »**Einspruchsentscheidung**«
- die **Bezeichnung der Streitsache**

- Angaben über den **Einspruchsführer** und andere am Verfahren Beteiligte (z. B. Hinzugezogene)
  (Name, Anschrift, häufig wird auch die Berufsbezeichnung hinzugesetzt, im Regelfall ist dies jedoch ohne Bedeutung)
- Name und Anschrift des **gesetzlichen Vertreters bzw. Bevollmächtigten**
- **Angabe des angefochtenen Bescheides** und seines Bekanntgabedatums
- **Datum des Eingangs des Einspruchs**
- **Datum der Einspruchsentscheidung,** soweit nicht bereits im Kopf enthalten.

Weitere Angaben wie Name und Anschrift des Finanzamts, Steuernummer des Steuerpflichtigen, Rechtsbehelfsnummer (und u. U. Entscheidungsdatum) ergeben sich bereits aus dem Kopf des Einspruchsvordruckes und brauchen daher im Rubrum nicht aufgenommen zu werden. Teilweise wird im Rubrum darauf verzichtet, aufzuführen, wann der angefochtene Bescheid erteilt und der Einspruch eingelegt worden ist, weil diese Daten in der Sachverhaltsdarstellung in den Gründen angegeben werden müssen (so Rudolph, [a. a. O.], 39 f.).

Die Detailformulierung variiert in der Praxis; es sind deshalb im Folgenden teilweise mehrere Alternativen (in Klammern) angegeben. Die Handhabung ist in Einzelheiten regional unterschiedlich, insoweit sollten Sie sich jeweils an dem in Ihrem OFD-Bereich Üblichen orientieren. Häufig wird Ihnen das Vorblatt für Ihre Einspruchsentscheidung auch in Klausuren gestellt, so dass Sie sich nach diesem richten können.

BEISPIELE

a) Gesamtschuldner

Einspruchsentscheidung
in der Einkommensteuersache 2002 und 2003
der Eheleute Peter und Edda Stricker
Hafenstr. 8, 20000 Hamburg
vertreten durch
den Steuerberater Heinz Helle
Große Reichenstr. 7, 20000 Hamburg
Auf die am 18. 08. 2004 eingelegten Einsprüche gegen die Einkommensteuerbescheide 2002 und 2003 vom 03. 05. 2004 wird wie folgt entschieden (hat das Finanzamt ... (am ...) wie folgt entschieden):

b) Personengesellschaft

- für die betrieblichen Steuern (insbesondere USt, GewSt sowie die Einheitsbewertung) sind die Personengesellschaften selbst Steuerpflichtige und damit auch Einspruchsführer.
- Feststellungsbescheide richten sich an die Gesellschafter, die folglich auch die Einspruchsführer sind

Einspruchsentscheidung
in Sachen der
Feststellung des Gewinns 2002 der
Johann Sänger KG
Bei den Mühren 80
20000 Hamburg
vertreten durch den Komplementär Ibrahim Sänger
Auf den am 25. 02. 2004 eingelegten Einspruch gegen den Feststellungsbescheid vom 20. 02. 2004 wird wie folgt entschieden:

c) Erben

Die Erben sind als Gesamtrechtsnachfolger die Einspruchsführer. Hat bereits der Erblasser den Einspruch eingelegt, sind alle Miterben Einspruchsführer. Legen erst die Erben Einspruch ein,

sind nur diejenigen Einspruchsführer, die tatsächlich Einspruch eingelegt haben. Hinsichtlich der anderen Erben ist zu prüfen, ob sie nach § 360 AO hinzuzuziehen sind.
Einspruchsentscheidung
Über den Einspruch vom 07. 07. 2004 der
Geschwister
Erna Klein, Gaußstr. 25, 20000 Hamburg
und
Ernst Groß, Lindenstr. 7, 10000 Berlin
als Gesamtrechtsnachfolger (Erben) des (nach dem) am 30. 01. 2003 verstorbenen
Hans Heinrich Tietjen, zuletzt wohnhaft
Gaußstr. 105, 20000 Hamburg,
gegen den Einkommensteuerbescheid 2001 vom 24. 06. 2002 hat das Finanzamt ... (wie folgt) entschieden:

d) Minderjährige
Steuerpflichtiger und damit Einspruchsführer ist der Minderjährige und nicht sein gesetzlicher Vertreter, dieser nimmt nach § 34 AO nur die Pflichten für den gemäß § 79 AO nicht handlungsfähigen Minderjährigen wahr.
Einspruchsentscheidung
in der Einkommensteuersache der
minderjährigen Anna Krummbiegel, E. A. Macke-Str. 7, 20000 Hamburg,
vertreten durch ihre Eltern Emil und Amalie Krummbiegel als gesetzliche Vertreter,
wohnhaft unter gleicher Anschrift
Über den Einspruch vom ... gegen den Einkommensteuerbescheid von ... in der Fassung des Änderungsbescheides vom ... wird wie folgt entscheiden:
In diesem Falle ist während des Einspruchsverfahrens ein geänderter Einkommensteuerbescheid ergangen, der jedoch hinsichtlich der streitigen Punkte dem Begehren der Einspruchsführerin nicht gefolgt ist. Nach § 132 AO darf das Finanzamt während des Einspruchsverfahrens einen geänderten Bescheid erteilen. Gemäß § 365 Abs. 3 AO wird der geänderte Bescheid Gegenstand des Rechtsbehelfsverfahrens.

8.3.3 Tenor

Der Tenor ist eine **kurze Zusammenfassung des Ergebnisses des Rechtsbehelfs.** Nur er erwächst in Bestandskraft, während die Entscheidungsgründe nur dazu dienen, dem Einspruchsführer verständlich und nachvollziehbar zu machen, wie es zu dieser Entscheidung gekommen ist. Eine Beschwer kann sich deshalb **in der Regel nur aus dem Tenor ergeben** und nicht aus den Entscheidungsgründen. Logisch gibt es die folgenden Möglichkeiten für den Ausgang eines Einspruchsverfahrens:

8.3.3.1 Unzulässigkeit

Sie stellen fest, dass eine Zulässigkeitsvoraussetzung fehlt. Entscheidungsformel nach § 358 AO: **»Der Einspruch wird als unzulässig verworfen.«**

Es ist durchaus denkbar, dass **in Ihrem Klausurfall mehrere Einsprüche stecken,** von denen Sie einen als unzulässig verwerfen. Sollte es sich allerdings überhaupt nur um einen einzigen Einspruch handeln und Sie kommen zu dem Ergebnis, dass er unzulässig ist, so ist höchste Vorsicht geboten, wenn dadurch Ihre Fall-Lösung sehr schnell zu Ende ist.

Ein **nichtiger Bescheid** setzt keine Steuer fest, er kann deshalb weder geändert noch aufgehoben werden. Mangels Beschwer ist der Einspruch in diesen Fällen unzulässig. Bei berechtigtem Interesse des Betroffenen muss das Finanzamt jedoch die **Nichtigkeit nach § 125 Abs. 5 AO feststellen.**

8.3.3.2 Vollen Umfangs unbegründet

Der Einspruch ist zwar zulässig, aber vollen Umfangs unbegründet. Der Einspruch hat nach Überprüfung der streitigen Fragen **inhaltlich keinen Erfolg.** In den meisten Fällen wird es sich inhaltlich um Probleme aus den Einzelsteuergesetzen handeln. Da der Einspruch erfolglos ist, bleibt es bei der im angefochtenen Bescheid getroffenen Regelung. Entscheidungsformel: **»Der Einspruch wird als (unbegründet) zurückgewiesen.«**

Aus der Formulierung »zurückgewiesen« ergibt sich für den Fachmann eindeutig, dass der Einspruch unbegründet und nicht unzulässig ist. Zur Klarstellung wird dennoch häufig formuliert »als unbegründet zurückgewiesen«.

Nicht ausreichend wäre es zu formulieren »Der Einspruch ist unbegründet«, denn hierin kommt keine Entscheidung, sondern nur die Feststellung der Rechtslage zum Ausdruck. Sie sollen aber eine Einspruchs**entscheidung** fertigen. Falsch ist auch zu schreiben »Der Einspruch ist zurückzuweisen«, da auch hierdurch nicht entschieden wäre.

8.3.3.3 Vollen Umfangs begründet

Dieser logisch denkbare Fall darf nicht vorkommen, wenn Ihnen die Aufgabe gestellt ist, eine Einspruchsentscheidung zu entwerfen. Wird dem Einspruch vollen Umfangs stattgegeben, **kommt es nicht zu einer Einspruchsentscheidung,** sondern der angegriffene Bescheid wird **nach § 172 Abs. 1 Nr. 2a AO geändert** (vgl. § 367 Abs. 2 Satz 3 AO). In den Änderungsbescheid wird als Erläuterung aufgenommen: »Hiermit erledigt sich Ihr Einspruch vom … Ihrem Antrag wurde in vollem Umfang entsprochen«.

Sollten Sie also zu diesem Ergebnis kommen, obwohl die Aufgabe lautet, eine Einspruchsentscheidung zu entwerfen, so haben entweder Sie oder der Klausurentwerfer etwas falsch gemacht. Die Wahrscheinlichkeit spricht dafür, dass der Fehler bei Ihnen liegt. Prüfen sollten Sie in einem solchen Falle auch noch einmal genau, ob es sich nicht in Wirklichkeit um zwei Einsprüche handelt, von denen nur einem vollen Umfangs stattgegeben werden kann.

8.3.3.4 Teilweise begründet

In diesem Falle **wird der ursprüngliche Bescheid geändert,** d. h. im Regelfall ermäßigt. Er ist durch die Einspruchsentscheidung also nicht aufzuheben, das wäre ein schwerer Fehler (so auch Domisch , [a.a.O.], 36). Für die verbleibende Steuer und die Wahrung der Festsetzungsfrist ist weiterhin der angefochtene Bescheid die Rechtsgrundlage. Auf diese Weise ist gesichert, dass es bei der ursprünglichen Fälligkeit bleibt und damit auch eventuell angefallene Säumniszuschläge für die verbleibende Steuer weiterhin zu entrichten sind. Dementsprechend sollte auch der Tenor formuliert sein.

Wie ausgeführt, wird allein der Tenor bestandskräftig und ist Maßstab für die Frage, ob und in welchem Umfang der Steuerpflichtige durch die Entscheidung beschwert ist. Es **muss** deshalb darin auch **klar zum Ausdruck kommen, auf welchen Betrag sich die im Steuerbescheid festgesetzte Steuer ermäßigt.** In der Regel wird heute die geänderte Steuer nicht mehr manuell, sondern auch bei Einspruchsentscheidungen im maschinellen Verfahren ermittelt, auch in diesem Fall muss der Tenor aber die neue Steuerhöhe enthalten. Die maschinelle Steuerberechnung ist kein neuer Steuerbescheid, sondern nur eine Anlage zur Einspruchsentscheidung, auf die in den Gründen verwiesen werden kann. In der Praxis muss darauf geachtet werden, dass in einem maschinellen, als Steuerbescheid bezeichneten Ausdruck die Bezeichnung »Steuerbescheid« gestrichen wird. In der als Klausuraufgabe zu entwerfenden

Einspruchsentscheidung müssen Sie die steuerliche Auswirkung aufgrund des Einspruchs stets berechnen, so dass es Ihnen auch ohne weiteres möglich ist, den geänderten Betrag im Tenor zu beziffern. Der Tenor wird dann wie folgt lauten:

(Der Einkommensteuerbescheid 2002 [vom 03.09.2004] wird geändert.) Die Einkommensteuer wird auf ... € herabsetzt (ermäßigt, festgesetzt). Im Übrigen wird der Einspruch zurückgewiesen.

alternativ

Unter Änderung des Einkommensteuerbescheides 2002 (vom 03.09.2004) wird die Einkommensteuer auf ... € herabgesetzt. Im Übrigen wird der Einspruch zurückgewiesen.

Der näheren Bezeichnung des betreffenden Bescheides bedarf es nur dann, wenn sie nicht bereits im Rubrum enthalten ist.

In einheitlich gesonderten Feststellungen muss gegebenenfalls auch die Gewinnverteilung im Tenor neu vorgenommen werden. Formulierung:

Der Bescheid über die gesonderte Feststellung des Gewinnes 2002 vom 03.09.2004 wird geändert. Der Gewinn wird auf ... € festgestellt. Davon werden den Gesellschaftern

Johann Petersen .... €
Amalie Peters .... €
Erich Erichsen .... € zugerechnet.
Im Übrigen wird der Einspruch zurückgewiesen.

Je nach Streitgegenstand kann es u.U. nötig sein, über betragsmäßige Angaben hinaus noch weitere Entscheidungen zu treffen, die im Tenor ihren Ausdruck finden müssen. Das kommt z.B. in Betracht, wenn im Bewertungsrecht die Zurechnung bzw. die Art eines Gegenstandes streitig war.

Der Einheitswertbescheid vom 25.03.2004 wird geändert. Der Einheitswert wird auf ... € festgestellt. Das Grundstück wird als gemischt-genutztes Grundstück bewertet und dem Einspruchsführer zugerechnet. Im Übrigen wird der Einspruch zurückgewiesen.

8.3.3.5 Verböserung

§ 367 Abs. 2 AO lässt es zu, dass der Verwaltungsakt im Einspruchsverfahren **zum Nachteil des Einspruchsführers geändert wird.** Verböserung ist jede Änderung zum Nachteil des Einspruchsführers, im Regelfall wird die bisher festgesetzte Steuer bzw. der festgestellte Einheitswert oder Gewinn erhöht. Die Verböserung braucht sich jedoch nicht immer betragsmäßig auszuwirken. Das ist z.B. nicht der Fall, wenn ein bisher endgültiger Bescheid nachträglich unter Vorbehalt der Nachprüfung gestellt wird. Eine Verböserung ist nur zulässig, wenn der Einspruchsführer zuvor auf die Möglichkeit einer verbösernden Entscheidung hingewiesen worden ist. Ihm soll dadurch die Chance gegeben werden, seinen Einspruch nach § 362 AO zurückzunehmen, um die Verböserung u.U. zu vermeiden. In der Praxis wird er davon im Regelfall Gebrauch machen. Das Finanzamt wird auch untersuchen müssen, ob ohne Einspruchsverfahren eine Korrektur des Bescheides zuungunsten des Steuerpflichtigen nach § 172ff. bzw. §§ 130, 131 AO in Betracht kommt.

Sollte die Möglichkeit einer Verböserung in der Klausur auftauchen und sich dafür kein Bearbeitungshinweis finden, so halten Sie in Ihrer Arbeit vor Beginn der Einspruchsentscheidung fest, dass der Einspruchsführer auf die Möglichkeit der Verböserung hingewiesen wird und unterstellen, dass er sich dazu nicht geäußert hat – andernfalls würden Sie aufgrund der Rücknahme des Einspruchs ja gar keine Einspruchsentscheidung mehr fertigen können. Die Formulierung des Tenors muss der Verböserung Rechnung tragen.

Der Einkommensteuerbescheid 1998 vom 01. 09. 2003 wird geändert. Die Einkommensteuer wird auf … € erhöht. Im Übrigen wird der Einspruch zurückgewiesen.

8.3.4 Rechtsbehelfsbelehrung

Nach § 366 Satz 2 AO ist die Entscheidung mit einer Rechtsbehelfsbelehrung zu versehen. Der Steuerpflichtige kann hiergegen innerhalb eines Monats (§ 47 FGO) Klage erheben. Ist die Belehrung unterblieben oder unrichtig erteilt, so kann der Rechtsbehelf – in diesem Falle die Klage – nach § 55 Abs. 2 FGO in der Regel innerhalb eines Jahres seit der Bekanntgabe der Einspruchsentscheidung eingelegt werden. Der notwendige Inhalt der Rechtsbehelfsbelehrung ergibt sich aus § 55 FGO. Sie kann z. B. wie folgt lauten:

> Gegen diesen Bescheid kann beim Finanzgericht … (mit Anschrift) schriftlich oder zur Niederschrift des Urkundsbeamten der Geschäftsstelle Klage erhoben werden. Die Klage ist gegen das Finanzamt … zu richten.
> Die Frist für die Erhebung der Klage beträgt einen Monat. Sie beginnt mit Ablauf des Tages, an dem diese Entscheidung bekannt gegeben worden ist.
> Die Frist für die Erhebung der Klage gilt als gewahrt, wenn die Klage bei der Behörde, die den angefochtenen Verwaltungsakt oder die angefochtene Entscheidung über den außergerichtlichen Rechtsbehelf erlassen oder bekannt gegeben hat, innerhalb der Frist angebracht oder zur Niederschrift gegeben wird.
> Die Klage muss den Kläger, den Beklagten und den Streitgegenstand sowie die angefochtene Entscheidung bezeichnen. Sie soll einen bestimmten Antrag enthalten und die zur Begründung dienenden Tatsachen und Beweismittel angeben. Die Klageschrift soll in zweifacher Ausfertigung eingereicht werden.

8.3.5 Gründe

Nach § 366 AO **muss** die Einspruchsentscheidung in jedem Fall **schriftlich begründet werden,** die Vorschrift ist lex specialis gegenüber § 121 AO, nach dem nur in bestimmten Fällen begründet werden muss. Die Begründungspflicht ist Ausfluss des Rechtsstaatsprinzips. Die Behörde wird dadurch gezwungen, ihre Gründe ausdrücklich und möglichst klar verständlich darzulegen. Durch die Begründung soll der Einspruchsführer in die Lage versetzt werden zu beurteilen, ob er die Entscheidung akzeptiert oder im Wege der Klage sein Recht weiterverfolgt. Auch das Finanzamt wird auf diese Weise gezwungen, genau zu prüfen, ob es nach der Sach- und Rechtslage das Begehren des Einspruchsführers ablehnen kann. In der Praxis werden überzeugende Einspruchsentscheidungen manche Klage ersparen. Aus den Gründen soll der Einspruchsführer entnehmen können, von welchen Tatsachen das Finanzamt ausgeht und welche Folgerungen es daraus zieht. In der Klausur liegt in der Begründung auf alle Fälle das Schwergewicht Ihrer Arbeit.

Aufbau und Darstellungsstil orientieren sich an der Abfassung von Urteilen. Sie gliedern sich in zwei Teile:

1. **Sachverhalt** (oft missverständlich auch Tatbestand genannt, diese Bezeichnung ist bei Urteilen aber üblich)
2. **Entscheidungsgründe,** d. h. die rechtliche Begründung der im Tenor zum Ausdruck gekommenen Entscheidung.

Beide Teile sind durch einen größeren Absatz optisch voneinander abzusetzen, gesonderte Überschriften sind nicht üblich.

8.3.5.1 Sachverhalt (Tatbestand)

Beachten Sie hierzu die Ausführungen Teil A.4.2 und Teil B.2.

Der Sachverhalt ist eine **Darstellung des wesentlichen Sach- und Streitstandes.** Er beschränkt sich auf die für die Entscheidung wesentlichen Tatsachen und lässt alles dafür Überflüssige weg. Für die Ausführungen des Einspruchsführers gilt das allerdings nur mit Einschränkung (siehe dazu unten). Andererseits müssen im Sachverhalt alle zum Verständnis der Entscheidungsgründe notwendigen Tatsachen enthalten sein, d. h. die **Einspruchsentscheidung muss aus sich heraus verständlich sein,** ohne dass die Akten hinzugezogen werden.

Gehen Sie davon aus, dass der Leser der Einspruchsentscheidung keine weiteren Informationen über den Fall, sondern nur den Sachverhalt der Einspruchsentscheidung zur Verfügung hat und in der Lage sein soll, Ihren rechtlichen Ausführungen in den Einspruchsgründen aufgrund dieser Kenntnis zu folgen. Alle Tatsachen, auf die sich die Entscheidungsgründe stützen, müssen deshalb im Sachverhalt enthalten sein. Hieraus wird deutlich, dass Sie den Sachverhalt erst schreiben können, wenn Sie die rechtliche Begründung der Entscheidung skizziert haben, denn erst dann wissen Sie, auf welche Tatsachen es ankommt. Der **Sachverhalt muss alle Tatsachen enthalten, die rechtlich gewürdigt werden.** Ausnahmsweise kann, soweit umfängliche Urkunden u. Ä. entscheidungserheblich sind, im Sachverhalt hierauf Bezug genommen werden. Voraussetzung für dieses Verfahren ist, dass den Adressaten der Einspruchsentscheidung die betreffenden Verträge zugänglich sind bzw. der Akteninhalt bekannt ist. Auch die Tatsachen, auf die der Einspruchsführer sich stützt, sind darzustellen, und zwar auch dann, wenn es darauf nach Ihrer Meinung nicht ankommt.

Rechtsausführungen haben im Sachverhalt nichts zu suchen. Es wäre also z. B. falsch, im Sachverhalt zu schreiben, »Der am 24. 02. rechtzeitig eingelegte Einspruch«, denn die Prüfung, ob der Einspruch rechtzeitig ist, gehört zu den rechtlichen Entscheidungen. Etwas anderes gilt nur hinsichtlich der rechtlichen Argumente des Einspruchsführers. Sie werden bei der Wiedergabe des Vorbringens des Einspruchsführers dargestellt, aber an dieser Stelle noch nicht auf ihre Stichhaltigkeit geprüft, dies geschieht erst in den Entscheidungsgründen.

Soweit das rechtliche Vorbringen des Einspruchsführers zum Verständnis seiner Auffassung notwendig ist, muss es auf alle Fälle aufgenommen werden. Häufig werden vom Einspruchsführer **nichsteuerliche Rechtsbegriffe,** z. B. Kaufvertrag, Gesellschaftsvertrag, **wie Tatsachen verwendet.** Im Regelfall können Sie diese bei der Sachverhaltsdarstellung wie Tatsachen behandeln. Das gilt jedoch nicht, wenn zweifelhaft ist, ob das betreffende Rechtsverhältnis überhaupt vorliegt, ob im Beispiel also ein Vertrag zustande gekommen ist. Für diesen Fall müssen Sie die einzelnen, für den Vertragsabschluss maßgeblichen Tatsachen wiedergeben.

Um den **Sachverhalt** übersichtlich zu gestalten, wird er üblicherweise in der folgenden Weise **untergliedert,** an die Sie sich halten sollten:

1. Skizzierung des **Streitgegenstandes** (Einleitung)
2. Darstellung des **unstreitigen Sachverhaltes**

2.1 **Geschichtserzählung** aufgrund der Akten und des Vortrags der Beteiligten
2.2 Inhalt des **angegriffenen Verwaltungsakts** sowie sein Bekanntgabedatum
2.3 Datum des Eingangs des **Einspruchs** und Begehren des Einspruchsführers

3. **Streitiger Sachverhalt** (Behauptungen und Rechtsausführungen des Einspruchsführers)
4. Ermittlungen, Feststellungen und weitere **Maßnahmen der Behörde** im Laufe des Einspruchsverfahrens.

Die einzelnen Teile des Sachverhalts unterscheiden sich durch ihren Darstellungsstil.

zu 1. Skizzierung des Streitgegenstandes

Durch einen prägnanten Satz, der den Rechtsstreit **schlaglichtartig skizziert,** wird deutlich gemacht, **worum es geht** in der Einspruchsentscheidung. Zeitform ist dafür das **Präsens,** da es sich insbesondere um das im Zeitpunkt der Entscheidung noch bestehende Begehren des Einspruchsführers handelt. Eine derartige Einleitung empfiehlt sich insbesondere, wenn nur um einen oder wenige Punkte gestritten wird. Bei umfänglichen Einsprüchen wird es dagegen schwierig sein, den Streitgegenstand so kurz zusammenzufassen, die Skizzierung kann dann unterbleiben.

BEISPIELE

a) Streitig ist, ob die vom Einspruchsführer für sein Miethaus getätigten Aufwendungen sofort als Werbungskosten abzugsfähig sind.

b) Streitig ist, ob die von dem Einspruchsführer getätigten Umsätze teilweise als Exportumsätze von der Umsatzsteuer befreit sind.

c) Streitig ist, ob das im Eigentum des Ef stehende Grundstück ... als Geschäftsgrundstück zu bewerten ist.

d) Der Einspruchsführer wendet sich gegen die Erhöhung des Gewinns aufgrund der Außenprüfung.

zu 2. Unstreitiger Sachverhalt

Die eigentliche Sachverhaltsschildung beginnt mit der Darstellung des unstreitigen Sachverhalts, dieser umfasst mehrere Teilstücke.

zu 2.1 Geschichtserzählung

Unter der sog. Geschichtserzählung versteht man eine »geordnete, knappe, klare, aber im Hinblick auf die folgende rechtliche Würdigung erschöpfende Würdigung des **Sachverhalts bis zur Einlegung des Einspruchs**« (Schreyer, [a. a. O.], 193).

Als Zeitform wird das **Imperfekt** (einfache Vergangenheit) verwendet und, soweit es sich um weiter zurückliegende Ereignisse handelt, das **Plusquamperfekt** (vollendete Vergangenheit). Tatsachen, die noch bis in die Gegenwart wirken, sind im **Präsens** zu schildern.

BEISPIELE

a) Der Einspruchsführer **ist** Eigentümer des Miethauses Hamburg-Altona, Fischersallee 85. Im Januar 2002 **ließ** er an dem Gebäude eine Fassadenverkleidung für 38 000 € anbringen. Im Rahmen einer gleichzeitig durchgeführten Dachreparatur **baute** der Einspruchsführer selbst im Dach größere Fenster für 6 000 € ein. Das Dachgeschoss, das bis zum Umbau leer **gestanden hatte,** wird seither von einem Mieter, der monatlich 100 € Miete **bezahlt,** als Atelier für seine Hobbymalerei genutzt. Der Einspruchsführer **zog** die Aufwendungen für die beiden Baumaßnahmen in Höhe von 44 000 € als Werbungskosten von seinen Einnahmen aus Vermietung und Verpachtung ab.

b) Der Einspruchsführer **ist** Inhaber eines Tapetengeschäfts. Am 01. 04. 2003 **schloss** er mit seiner Ehefrau einen Arbeitsvertrag. Diese **arbeitete** für den Rest des Jahres 2003 wöchentlich 20 Stunden in dem Geschäft mit. Der Einspruchsführer **überwies** den monatlichen Nettolohn von 1 780 € auf ein Konto der ... Bank, das auf den Namen beider Ehegatten **lautet.** Die Bruttolöhne sowie die Arbeitgeberbeiträge **wurden** als Aufwand gebucht.

zu 2.2 Inhalt des angegriffenen Verwaltungsakts

Bekanntgabedatum und Inhalt des angegriffenen Verwaltungsakts werden im **Perfekt** geschrieben, weil dieses noch bis in die Gegenwart wirkt.

BEISPIELE

a) Das Finanzamt **hat** mit dem am 06. 10. 2003 zur Post gegebenen Bescheid die Einkommensteuer auf 22 900 € **festgesetzt.** Es **hat** darin die Aufwendungen für beide Baumaßnahmen nicht als Werbungskosten **anerkannt,** sondern diese als nachträgliche Herstellungskosten **behandelt.** Die Absetzungen für Abnutzung in Höhe von 2 % **sind** dementsprechend 2002 von den erhöhten Herstellungskosten **vorgenommen worden.**

b) Das Finanzamt **hat** alle Umsätze der Umsatzsteuer **unterworfen** und diese auf 25 400 € **festgesetzt.** Der Bescheid ist dem Einspruchsführer durch einfachen am 22. 10. 2004 **zur Post gegebenen** Brief bekannt gegeben worden.

zu 2.3 Angaben über den Einspruch

Für die Berechnung der Rechtsbehelfsfrist ist nicht das Datum des Einspruchs, sondern der **Tag seines Eingangs beim Finanzamt** maßgebend. Weitgehend ist es üblich, beide Daten anzugeben. Auch insoweit ist noch das **Perfekt** zu benutzen. Ausführungen darüber, ob der Einspruch fristgerecht ist, gehören zur rechtlichen Würdigung und wären hier falsch.

BEISPIEL

Mit Schreiben vom 28. 10. 2004, beim Finanzamt eingegangen am 29. 10. 2004, **hat** der Einspruchsführer Einspruch **eingelegt.**

Das **Begehren des Einspruchsführers** ist an dieser Stelle kurz zu umreißen, und zwar im **Präsens,** denn dieses Begehren besteht ja bis in die Gegenwart. Vorbringen des Bevollmächtigten ist stets dem Einspruchsführer zuzurechnen, der Bevollmächtigte also in diesem Zusammenhang nicht zu erwähnen.

BEISPIELE

a) Der Einspruchsführer **begehrt,** die Aufwendungen für die Baumaßnahmen als Werbungskosten anzuerkennen und dementsprechend die Einkommensteuer auf … € herabzusetzen.

b) Der Einspruchsführer beantragt, die Umsätze dem ermäßigten USt-Satz zu unterwerfen.

Erklärt sich der Einspruchsführer lediglich mit bestimmten Entscheidungen im Steuerbescheid nicht einverstanden, ohne mit dem Einspruch noch neues Begehren vorzutragen, so lassen sich die Angaben zum Einspruch im unmittelbaren Anschluss an den angegriffenen Inhalt des Bescheids, knapp zusammengefasst, wie folgt darstellen.

BEISPIEL

Hiergegen wendet sich der Einspruchsführer mit seinem beim Finanzamt am … eingegangenen Einspruch.

Nach § 357 Abs. 3 AO soll in einem Rechtsbehelf angegeben werden, inwieweit er angefochten wird. Ferner sollen die Tatsachen, die zur Begründung dienen, und die Beweismittel angeführt werden. In Klausurfällen wird der Einspruchsführer in der Regel auch diesbezügliche Ausführungen gemacht haben. Da es sich jedoch nur um eine Sollvorschrift handelt, kann der Einspruchsführer sich aber auch darauf beschränken, Einspruch ohne weitere Begründung einzulegen. In diesem Fall können zum Begehren des Einspruchsführers keine näheren Angaben gemacht werden, es genügt dann festzuhalten, dass der Einspruchsführer den Einspruch nicht näher begründet hat.

zu 3. Streitiger Sachverhalt

Im streitigen Sachverhalt sind die **Behauptungen und Rechtsauffassungen des Einspruchsführers** wiederzugeben. Man spricht dabei vom streitigen Sachverhalt, weil es sich insoweit nur um die Ausführungen des Einspruchsführers handelt, denen sich das Finanzamt zumindest bisher nicht angeschlossen hat. In diesem Teil müssen Sie also den Inhalt des Einspruchsschreibens und eventueller weiterer, sich auf den Einspruch beziehender Schreiben in knapper Form zusammenfassen. Ausführungen, die keinerlei Bedeutung für die streitigen Fragen haben können oder völlig abwegig sind, können Sie dabei weglassen.

Gerade in diesem Teil des Sachverhalts können Sie zeigen, dass Sie die Technik der Sachverhaltsdarstellung bei Einspruchsentscheidungen beherrschen. Verwenden Sie die Begriffe richtig: **»Behaupten«** kann man **nur Tatsachen,** nicht Rechtsansichten. Auch **»bestreiten«** ist ein technischer Ausdruck in der Sachverhaltsdarstellung, der sich nur auf Tatsachen beziehen kann.

Soweit der Einspruchsführer **sich rechtlich äußert,** sprechen Sie davon, dass er »der Rechtsauffassung ist, …«, »die Auffassung vertritt, …« »meint, …« »folgert …« oder »die Ansicht äußert …«.

Neutrale Ausdrücke, die sowohl bei Tatsachen wie bei Rechtsausführungen passen, sind Formulierungen wie der Einspruchsführer »trägt vor …«, »bringt vor …« oder »macht geltend …«. Sie bieten sich insbesondere an, wenn sich zu einer Frage Tatsachenbehauptungen und Rechtsausführungen des Einspruchsführers mischen. Sie sollten sich jedoch bei der Darstellung nicht nur auf »trägt vor …« bzw. »macht geltend …« beschränken, das wirkt einfallslos und unsicher.

Nicht selten schließt sich an den Einspruch ein Schriftwechsel zwischen Finanzamt und Einspruchsführer an, in dem dieser seine Ausführungen ergänzt und u. U. auch einzelne im Einspruchsschreiben angegriffene Punkte wieder fallen lässt. Diese gesamte Entwicklung brauchen Sie nicht **darzustellen,** maßgebend ist, **was** im Zeitpunkt der Entscheidung **noch streitig ist.** Auch hinsichtlich der noch zu entscheidenden Punkte stellen Sie den Vortrag des Einspruchsführers nicht in seiner zeitlichen Abfolge dar, sondern Sie bringen die **logisch zusammengehörenden Ausführungen im Zusammenhang.** Nur so bleibt die Wiedergabe der Behauptungen und Ansichten des Einspruchsführers überschaubar und verständlich. Was zusammengehört, muss auch zusammen dargestellt werden. Das gilt insbesondere, wenn mehrere verschiedene Punkte streitig sind.

Verwenden Sie zur Wiedergabe der Ausführungen des Einspruchsführers die **indirekte Rede.** Dabei ist die Gefahr, Bandwurmsätze zu bilden, besonders groß. Die indirekte Rede bedingt, dass Sie für den Vortrag des Einspruchsführers den **Konjunktiv** benutzen.

BEISPIEL

Der Einspruchsführer **behauptet,** die Fassadenbeschichtung sei eine Art Anstrich. er **ist der Auffassung,** da der Wert des Gebäudes dadurch nicht wesentlich gesteigert werde, handle es sich um Erhaltungsaufwand. Er **behauptet** weiter, das Dach sei reparaturbedürftig gewesen. Er **macht geltend,** auch der Einbau der Dachfenster könne nicht als Herstellungsaufwand betrachtet werden, er habe zu keiner Wertsteigerung geführt, weil der Boden nicht heizbar und deshalb nur ganz eingeschränkt nutzbar sei.

zu 4. Weitere Maßnahmen des Finanzamts

In vielen Fällen ist lediglich die rechtliche Würdigung eines zwischen Einspruchsführer und Finanzamt unstreitigen Sachverhalts im Einspruchsverfahren zu klären. Es bedarf dann keiner Ermittlungen zur Tatsachenaufklärung, eine Beweisaufnahme entfällt. Diesbezügliche Ausführungen kommen damit nicht in Betracht.

Hat eine **Beweisaufnahme** stattgefunden, so ist deren **Inhalt festzuhalten.** Es muss ganz konkret zu erkennen sein, was sich aus der beigezogenen Urkunde ergab, was die befragte Auskunftsperson gesagt hat oder was das Finanzamt bei der Augenscheinnahme festgestellt hat. Ob die streitige Tatsache damit bewiesen ist, ist an dieser Stelle – wir befinden uns immer noch im Sachverhalt – noch nicht zu erörtern, sondern erst in den Entscheidungsgründen.

Die Ermittlungshandlungen des Finanzamts haben in der Vergangenheit stattgefunden. Sie sind im **Perfekt** darzustellen.

BEISPIELE

a) Das Finanzamt **hat** eine Auskunft der die Fassadenverkleidung ausführenden Fa. Johann Petersen, 20000 Hamburg, Friedensallee 14, eingeholt. Danach ist die Fassade des Mietshauses mit einer 5 cm starken wärmedämmenden Außenverkleidung versehen worden. Die Renovierung der Fassade ohne wärmedämmende Verkleidung hätte nach Angabe der Fa. Petersen 14000 € gekostet.
Das Finanzamt **hat** außerdem den Boden in Augenschein genommen und festgestellt, dass dieser weder ausgebaut ist, noch eine Heizung hat.

b) Das Finanzamt **hat** den Oberbuchhalter Jan Klaasen am 03. 04. 1997 als Auskunftsperson zu der Abwicklung der Geschäfte mit der Fa. Imex befragt. Er hat dazu erklärt …

c) Das Finanzamt **hat** den Gesellschaftsvertrag der Matthisson OHG vom 02. 01. 2002 beigezogen. Aus diesem ergibt sich …

Soweit **Urkunden und Akten** vom Finanzamt **beigezogen** worden sind, ist deren Inhalt nur hinsichtlich des bzw. der für den Rechtsstreit bedeutsamen Punkte wiederzugeben. Es wäre also nicht richtig, in Beispiel c) den gesamten Inhalt des OHG-Vertrages in den Sachverhalt zu übernehmen. In der Praxis wird es dennoch gelegentlich nötig, umfängliche Schriftstücke oder Betriebsprüfungsberichte für die Beweisaufnahme zu verwenden. In derartigen Fällen ist es zulässig, auf die entsprechenden Dokumente Bezug zu nehmen. Sie müssen dann jedoch klar und eindeutig bezeichnet werden, bei Prüfungsberichten sind die Ziffern des Berichts, bei Verträgen die Paragraphen, auf die Bezug genommen wird, anzugeben. In Klausuren wird Ihnen nur selten so umfangreiches Material zur Verfügung gestellt werden, dass Sie zu dieser Hilfsmaßnahme greifen müssen.

An dieser Stelle sind auch **sonstige Verfahrenshandlungen** des Finanzamts, wie die **Hinzuziehung Dritter** nach § 360 AO anzuführen. Soweit diese sich zum Verfahren geäußert haben, ist **deren Vorbringen** im gleichen Stil wie die Ausführungen des Einspruchsführers wiederzugeben.

8.3.5.2 Entscheidungsgründe

Halten Sie sich noch einmal vor Augen: Ziel dieses Teils der Entscheidung ist, den Einspruchsführer von der Richtigkeit der Entscheidung zu überzeugen. Er soll die Möglichkeit haben zu entscheiden, ob er die Einspruchsentscheidung akzeptiert oder den Rechtsweg zum Finanzgericht durch Erhebung einer Klage beschreiten will.

Die Anwendung und Auslegung der einschlägigen Rechtsnorm darf nur in den Entscheidungsgründen erörtert werden, im Sachverhalt hat sie nichts zu suchen. Lediglich die rechtlichen Ausführungen des Einspruchsführers müssen, wie dargestellt, schon im Sachverhalt wiedergegeben werden. Um dem Zweck der Einspruchsentscheidung gerecht zu werden, muss Folgendes aus den Entscheidungsgründen zu entnehmen sein:

1. **von welchen Tatsachen das Finanzamt ausgeht.** Das ist besonders dann von Bedeutung, wenn über bestimmte Tatsachen Beweis erhoben worden ist. Sie müssen in den

Entscheidungsgründen deutlich machen, was aufgrund der Beweisaufnahme als bewiesen angesehen wird und was nicht, die Beweise sind also zu würdigen (**Beweiswürdigung**),
2. **welche Vorschriften angewendet worden sind** und welche rechtlichen Überlegungen dabei eine Rolle gespielt haben,
3. **in welchen Punkten die Entscheidung dem Vorbringen des Einspruchsführers folgt** bzw. aus welchen Gründen sie nicht mit ihm übereinstimmt, es also für unrichtig hält. Dabei braucht zwar nicht auf jedes Detail des Vortrags des Einspruchsführers eingegangen zu werden, zu den wesentlichen Punkten muss jedoch Stellung genommen werden.

- **Darstellungsstil**
  Die Einspruchsgründe sind im **Urteilsstil** abzufassen. Die Einspruchsentscheidung ist das Instrument, mit dem das Finanzamt dem Steuerpflichtigen seine Entscheidung bekannt gibt und begründet. Aus dem Tenor ist in der Regel nur die betragsmäßige Auswirkung der Entscheidung zu entnehmen. Der Empfänger der Einspruchsentscheidung möchte aber möglichst schnell wissen, wie im Einzelnen entschieden worden ist. Der Gutachtenstil (vgl. dazu Teil B unter 1.1.2), der erst am Schluss von oft recht langen und komplizierten Ausführungen darauf eine Antwort gibt, würde dem nicht gerecht. Er beginnt mit einer Frage und endet mit dem Ergebnis. Der für Einspruchsentscheidungen anzuwendende Urteilsstil entspricht dagegen diesem Bedürfnis, weil bei ihm das Ergebnis am Anfang steht und die Begründung nachfolgt.
  Das Gutachten argumentiert von den einzelnen Tatbestandsmerkmalen zum Ergebnis, also zur Rechtsfolge hin, **typische Bindewörter** sind bei ihm »daher«, »also«, »folglich«, »somit« u. Ä. Der Urteilsstil baut dagegen vom Ergebnis her auf und muss dieses anschließend begründen, dementsprechend werden andere Bindewörter verwendet, typisch sind **»weil«, »denn«, »da«.** Es wäre jedoch stilistisch ungeschickt, nun möglichst alle Sätze durch diese Wörter miteinander verbinden zu wollen. Häufig genügt es, dass eine derartige Verknüpfung logisch möglich wäre, tatsächlich aber selbstständige Hauptsätze nebeneinander gestellt werden.
  Die Bindewörter können zur Kontrolle verwendet werden, in welchem Stil Sie sich befinden. Könnte man die einzelnen Sätze mit einem »denn« verknüpfen, so haben Sie im Urteilsstil geschrieben.
- **Abfassung der Entscheidungsgründe**
  Bei der Formulierung der Entscheidungsgründe gehen Sie auf die Stichworte zurück, die Sie sich bei der gutachtlichen Durcharbeitung des Falles gemacht haben und setzen die Rechtsfolge jeweils an den Anfang der Begründung. Zunächst ist die Auffassung des entscheidenden Finanzamts zu bringen, erst anschließend gehen Sie auf die Behauptungen und Rechtsauffassungen des Einspruchsführers ein. Es ergibt sich folgender Aufbau:

1. **Rechtliches Ergebnis**
2. **Zulässigkeit** (vgl. dazu auch die Ausführungen oben bei der Abfassung von AO-Klausuren …)
3. **Begründetheit**

Zu 2. Zulässigkeit

Zu den Zulässigkeitsvoraussetzungen siehe Teil B unter 7.5.4 (Checkliste 6).

Bestehen hinsichtlich der Zulässigkeit **keine Zweifel**, so **genügt** die kurze Formulierung **»Der Einspruch ist zulässig«.** In Gedanken sollten Sie aber die Zulässigkeitsvoraussetzungen kurz durchgegangen sein. Teilweise wird auch geschrieben »Der Einspruch ist form- und fristgerecht eingelegt«. Diese Formel ist jedoch weniger zu empfehlen, weil es neben Form und Frist noch weitere Zulässigkeitsvoraussetzungen gibt und durch die Formulierung der Eindruck erweckt wird, es seien nur Form und Frist geprüft worden. Wird der Einspruch für zulässig erklärt, so ist damit kundgetan, dass alle Zulässigkeitsvoraussetzungen erfüllt sind.

Wenn die **Zulässigkeit problematisch** ist, müssen **nähere Ausführungen** gemacht werden. Es gilt der Darstellungsablauf: Rechtsfolge, Rechtsgrundlage, Subsumtion.

BEISPIEL

Ergebnis: Der Einspruch ist zulässig.
Rechtsgrundlage: Der Einspruchsführer hat zwar die Einspruchsfrist von einem Monat gemäß § 355 Abs. 1 AO versäumt, ihm kann jedoch Wiedereinsetzung in den vorigen Stand nach § 110 AO gewährt werden.
Subsumtion: Der am 16.12.2004 eingelegte Einspruch gegen den am 03.11.2004 zur Post gegebenen Einkommensteuerbescheid ist verspätet. Die Einspruchsfrist ist gemäß § 108 Abs. 1 AO i.V.m. §§ 187f. BGB und § 122 Abs. 2 Nr. 1 AO am 06.12.2004 abgelaufen.
Dem Einspruchsführer kann auf den am 16.12.2004 zusammen mit dem Einspruch gestellten Antrag Wiedereinsetzung in den vorigen Stand gewährt werden, denn er war ohne Verschulden verhindert, die Frist zu wahren und hat den Antrag innerhalb eines Monats nach Wegfall des Hindernisses gestellt. Der Einspruchsführer hat vom 20.11.–12.12.2004 infolge eines Verkehrsunfalles mit einer Gehirnerschütterung im Krankenhaus gelegen. Er hat dies durch Vorlage eines Attestes des Krankenhauses St. Georg, Hamburg, glaubhaft gemacht.

Insbesondere, wenn ein **Einspruch** schon **an der Zulässigkeit scheitert,** ist dazu eine **eingehende Begründung** erforderlich.

BEISPIEL

Ergebnis: Der Einspruch ist nicht zulässig. Er ist nicht fristgerecht eingelegt.
Rechtsgrundlage: Die Rechtsbehelfsfrist von einem Monat (§ 355 Abs. 1 AO) ist nicht eingehalten worden.
Subsumtion: Der am 17.09.2004 eingelegte Einspruch ist verspätet. Die Einspruchsfrist lief gemäß § 108 Abs. 1 AO i.V.m. § 188 Abs. 2 und § 193 BGB bereits am 08.09.2004 ab. Die Frist begann mit dem 09.08.2004 (gemäß § 108 Abs. 1 AO i.V.m. § 187 Abs. 1 BGB), denn der am 05.08.2004 zur Post gegebene Bescheid gilt nach § 122 Abs. 2 AO als am 08.08.2004 bekannt gegeben.
Gründe für eine Wiedereinsetzung in den vorigen Stand nach § 110 AO sind vom Einspruchsführer trotz Aufforderung nicht vorgetragen worden, sie sind auch aus den Akten nicht ersichtlich.

Zu 3. Begründetheit

Vorweg sei noch einmal klargestellt: Bei unzulässigem Einspruch kommt eine Prüfung der Begründetheit nicht in Betracht.

In der Begründetheit ist die **materiell-rechtliche Entscheidung darzustellen,** die sich aufgrund des vorliegenden Sachverhalts ergibt. Der fachkundige Leser muss nach Studium des Sachverhalts das rechtliche Ergebnis nachvollziehen können. Es ist deshalb **unzulässig,** in den Gründen **Tatsachen nachzuschieben,** die nicht im Sachverhalt erwähnt sind. Ein Fehler ist es auch, in der Begründung einfach von Tatsachen auszugehen, die sich nicht aus dem Sachverhalt ergeben. Sachverhalt und Begründung müssen zwei aufeinander abgestimmte Teilstücke der Einspruchsentscheidung sein. Entschieden wird über den dargestellten Sachverhalt und nicht über einen völlig anderen, nur im Kopf des Bearbeiters vorhandenen. es ist eine häufige Fehlerquelle, dass der Sachverhalt nicht alle entscheidungserheblichen Tatsachen enthält.

Die Ausführungen sollten allgemein verständlich gehalten sein, so dass sie auch ein nicht steuerlich bewanderter Steuerpflichtiger nachvollziehen kann.

Aufbau

3.1 **Rechtsfolge**

3.2 **Rechtsgrundlage**

3.3 **Subsumtion**

3.4 **Stellungnahme zu den Ausführungen des Einspruchsführers** und gegebenenfalls Hinzugezogener

3.5 **Abschluss der Entscheidung**

Die einzelnen Punkte bedürfen der näheren Erläuterung.

zu 3.1 Rechtsfolge

Die Rechtsfolge wird am Anfang der Begründetheit durch einen entsprechenden Satz klargestellt. Dieser ist nicht mit dem Tenor identisch. Der Tenor enthält die Entscheidung der Behörde. Die Feststellung der Rechtsfolge ist dazu der **erste Satz der Begründung.** In Betracht kommen:

»Der Einspruch kann keinen Erfolg haben.«
oder
»Der Einspruch ist unbegründet (nicht begründet).«
bei teilweisem Obsiegen des Einspruchsführers:
»Der Einspruch hat nur teilweise Erfolg.«
oder
»Der Einspruch ist zum Teil begründet.«

zu 3.2 Rechtsgrundlage

Beginn Sie die materiell-rechtliche Prüfung immer mit dem **Zitat der einschlägigen Rechtsvorschrift.** Es wird sich dabei um die maßgebliche Grundnorm handeln.

BEISPIELE

a) »Die Voraussetzungen für eine ermäßigte Besteuerung der Umsätze nach § 12 Abs. 2 Nr. ! UStG sind nicht erfüllt.«

b) »Eine Änderung des Einkommensteuerbescheides nach § 173 Abs. 1 Nr. 2 AO kommt nicht in Betracht.«

c) »Die Voraussetzungen für die Anerkennung der Aufwendungen als Werbungskosten i.S.d. § 9 EStG sind nur bei einem Teil der Beträge erfüllt.«

zu 3.3 Subsumtion

Um die Entscheidung zu begründen, ist hier ebenso wie bei einem Gutachten der Sachverhalt unter die einschlägigen Rechtsvorschriften zu subsumieren. Es ist also darzulegen, **inwieweit der Sachverhalt die Tatbestandsmerkmale der fraglichen Rechtsnorm erfüllt bzw. warum er sie nicht erfüllt.** Muss das Begehren des Einspruchsführers aus mehreren Gründen abgelehnt werden, beschränkt man sich in der Praxis häufig auf den überzeugenderen Grund. Es werden also nicht unbedingt sämtliche denkbaren Argumente angeführt. Insbesondere, wenn neben einer in Literatur und Rechtsprechung unstreitigen Begründung noch weitere recht umstrittene Rechtsauffassungen dargestellt werden, kann dadurch die Entscheidung eher an Überzeugungskraft verlieren. Soll die Einspruchsentscheidung in einer Klausur gefertigt werden, wird man von Ihnen eher erwarten, dass Sie ein Stück Ihres Wissens zeigen. In der Regel dürfte es sich deshalb hier empfehlen, zumindest kurz auf die anderen Argumente hinzuweisen, um anzudeuten, dass Sie sie gesehen haben. Was nicht auf dem Papier steht, kann ja auch nicht bewertet werden. Stellen Sie also erst Ihre Hauptbegründungslinie dar, und kommen Sie anschließend auf die anderen Gesichtspunkte. Einleiten lässt sich das z. B. mit der Wendung

»Im Übrigen konnte dem Begehren des Einspruchsführers auch aus den folgenden Gründen nicht stattgegeben werden …«

Zur Begründung gehört einerseits die **Würdigung der erhobenen Beweise** und der Feststellungen des Finanzamts. Der Sachverhalt wird also bewertet. Andererseits enthält sie die **Auslegung der Rechtsnormen.**

3.3.1 Beweiswürdigung

Sie kommt nur insoweit in Frage, wie über streitige Tatsachen Beweis erhoben worden ist. Es muss dazu Stellung genommen werden, ob diese Tatsachen als bewiesen angesehen werden oder nicht. Auf die unstreitigen Tatsachen kommen die Entscheidungsgründe dagegen nur im Zusammenhang mit der Subsumtion zurück.

3.3.2 Gesetzesauslegung

In der Praxis werden hierzu **häufig Zitate** aus Rechtsprechung und Literatur oder Verwaltungsanweisungen verwendet. In Ihrem Klausurfall werden Ihnen diese Quellen nur sehr beschränkt zur Verfügung stehen, so dass Sie sich auf Ihre eigenen Rechtskenntnisse verlassen müssen. Es sind aber nur die Rechtsausführungen zu bringen, die auch entscheidungserheblich sind. Die Einspruchsentscheidung ist nicht dazu da, ein Füllhorn rechtlichen Wissens auszuschütten, das für die Entscheidung ohne rechtliche Relevanz ist. Es wäre also falsch, wenn der Einspruch in einem Punkt unbegründet ist, weil ein Tatbestandsmerkmal der einschlägigen Norm nicht gegeben ist, darüber Ausführungen zu machen, dass die anderen Tatbestandsmerkmale der Norm zutreffen. Andererseits sind aber auch die zur Begründung der Entscheidung nötigen Ergänzungs- und Gegennormen zu zitieren und entsprechend zu subsumieren.

Bei **umfangreichen Einspruchsentscheidungen,** in denen über viele streitige Fragen zu entscheiden ist, ist es zweckmäßig, die einzelnen **Punkte nacheinander abzuhandeln.** Sie wenden dann das Aufbauschema »Ergebnis, Rechtsgrundlage, festgestellte Tatsachen, Subsumtion, Stellungnahme zu den Ausführungen des Einspruchsführers« auf jeden Punkt einzeln an.

Soweit im Einspruchsverfahren eine **Ermessensentscheidung,** z. B. ein Haftungsbescheid, zu überprüfen ist, muss nicht nur begründet werden, dass die Voraussetzungen für die betreffende Ermessensvorschrift vorliegen, sondern es müssen auch die für die Ausübung des Ermessens maßgeblichen Gesichtspunkte dargestellt werden. Zu unterscheiden ist dabei das **Entschließungsermessen** und daneben gegebenenfalls ein **Auswahlermessen.** Am Beispiel des Haftungsbescheids erläutert, bezieht sich das Entschließungsermessen darauf, ob überhaupt ein Haftungsbescheid ergehen soll. Mit dem Auswahlermessen werden zwischen mehreren Haftenden eine oder mehrere Personen ausgewählt, die einen Haftungsbescheid erhalten. Die Gründe, die zu der Ermessensentscheidung geführt haben, müssen für den Einspruchsführer offengelegt werden.

Durch die Einspruchsentscheidung sollen die streitigen Fragen abschließend geklärt werden, es müssen also **alle streitigen Punkte erörtert und entschieden werden.** Kurze, verständliche Sätze und klare, knappe Rechtsausführungen sollten Ihre Entscheidung charakterisieren.

zu 3.4 Vortrag des Einspruchsführers

Erst wenn die Entscheidungsgründe des Finanzamts dargelegt sind, gehen Sie auf das vom Einspruchsführer Vorgetragene ein. Dabei müssen Sie **zu den wesentlichen von ihm vorgebrachten Argumenten Stellung nehmen.** Dem Einspruchsführer muss erläutert werden, warum sein Vorbringen nicht zu dem von ihm gewünschten Erfolg führen kann.

zu 3.5 Abschluss der Entscheidung

Die Rechtsfolge haben Sie an den Anfang gestellt, wer am Schluss der Entscheidung noch einmal schreibt, »der Einspruch war daher als unbegründet zurückzuweisen« oder ähnliches, verfällt damit in den Gutachtenstil und zeigt, dass er den richtigen Aufbau nicht begriffen hat oder zumindest nicht beherrscht. Unterlassen Sie also einen derartigen abschließenden Satz.

In den Fällen, in denen der Einspruch teilweise Erfolg hat oder verbösert wird, verändert sich das bisherige zahlenmäßige Ergebnis. **Am Schluss** findet sich dann die **Berechnung des** herabgesetzten bzw. erhöhten **Betrages,** soweit die Berechnung manuell erfolgt. Andernfalls wird sie aus dem maschinellen Berechnungsbogen übernommen, auf den als Anlage Bezug genommen werden kann.

Im Zusammenhang dargestellt, können die Entscheidungsgründe etwa wie folgt lauten:

BEISPIEL

Der Einspruch ist zulässig. Er ist jedoch nur zum Teil begründet.

Die Einkünfte aus Vermietung und Verpachtung werden um 5 880 € herabsetzt.

Die Aufwendungen für die Dachfenster können als Werbungskosten i. S. d. § 9 EStG von den Mieteinnahmen abgezogen werden, für die Fassadenbeschichtung gilt das jedoch nicht.

Der Einbau der Dachfenster kann als Erhaltungsaufwand behandelt werden. Es ist mangels Nutzbarkeit des Bodens keine wesentliche Wertsteigerung eingetreten. Die Einkünfte mindern sich jedoch nur um 5 880 €, denn das Finanzamt hat auf den Betrag von 6 000 € schon 2 % Absetzungen für Abnutzung als Werbungskosten berücksichtigt.

Die Aufwendungen für die Fassadenbeschichtung sind dagegen nicht als Werbungskosten anzusetzen. Es liegt Herstellungsaufwand vor, der nicht sofort abzugsfähig ist, denn durch diese Baumaßnahme ist eine wesentliche Wertsteigerung des Gebäudes eingetreten. Nach der Auskunft der Fa. Petersen handelt es sich nicht lediglich um eine Erneuerung der schützenden Außenhaut des Gebäudes, sondern überwiegend um eine werterhöhende Wärmedämmung. Der größte Teil der Kosten ist hierfür aufgewendet worden. Der Einspruchsführer hat insgesamt 38 000 € bezahlt, obwohl die bloße Instandsetzung der Fassade bereits für 14 000 € möglich gewesen wäre (vgl. dazu BFH 20. 10. 1981 BStBl II 1982, 64).

Danach ergibt sich die folgende Steuerberechnung: …

Stichwortregister

Abgabenordnung 11
Abtretung 112
AfA 41, 86
AfA-Tabelle 19
Akten 149
allgemeine Rechtsgrundsätze 60
Analogie
– Begriff 51
– Gesetzesanalogie 51
– Rechtsanalogie 51
– Spezialnormen 54
– verkappte 56
– zu Lasten des Steuerpflichtigen 54
Änderungsbescheid 142
Änderungssperre 37, 42
Änderungsvorschriften 131
Angehörige 34, 129–130
Anteile an Kapitalgesellschaften 106
– nicht notierte 102
AO-Klausur 108
– Begründungen 108
– Begründungsablauf 109
– Darstellungsstil 108
– Fragestellung 111
– Prüfungsschemata 114
– Subsumtion 109
Arbeitgeber 129
Arbeitsablauf 128
Arbeitsverhältnis
– Ehegatten 72
– Oder-Konto 72
Außenanlagen 107
Außenprüfung 131, 134
außerbilanzielle Korrekturen 94
außergewöhnliche Belastungen 18
Aufhebung der Vollziehung 12
Auflage 58, 103
Aufrechnung 16
– Voraussetzungen 125
Augenscheinseinnahme 17
Ausfuhr 98
Auskünfte 6, 17
Auskunftspflicht 128–129
Auskunftsverweigerungsrecht 57, 81, 129–130
Auslegung 25, 27, 46, 78, 153
– Begriffshof 33
– Begriffskern 33
– EU-konforme 37
– gegen den Wortlaut 46, 62
– grammatikalische Auslegung 32
– historische 35
– logisch-systematische 36
– Normenkontrollverfahren 37
– objektive Theorie 30
– subjektive Theorie 29
– teleologische 38
– verfassungskonforme 37
– wirtschaftliche Betrachtungsweise 39
– Wortsinn 35

Baumaßnahmen 154
Bedürfnisprinzip 10
Begründetheit 120, 151
– Aufbau 152
Begründung 3
Bekanntgabe 58
Bemessungsgrundlage 96
Berichtigungsrahmen 120
Berufskleidung 20
beschränkt Steuerpflichtige 10
Beschwer 123
Besitzgesellschaft 55
Bestattungskosten 103
Besteuerungstatbestände 26
Beteiligte 129–130
Betriebsaufgabe 65
– Verlegung eines Betriebes ins Ausland 59
Betriebsaufspaltung 55
Betriebseinstellung 81
Betriebsgesellschaft 55
betriebsgewöhnliche Nutzungsdauer 19
Betriebsgrundstücke 106
Betriebsprüfungsberichte 149
Betriebsstätte 64
– Gewinne 59
– Übertragung der Wirtschaftsgüter zu Buchwerten 59
Betriebsübergabe
– Haftung 63
Betriebsveräußerung 53, 136
Betriebsvermögen 102, 105
Bevollmächtigter 147
bewegliche Wirtschaftsgüter 86
Beweisaufnahme 150, 153
Beweismittel 17
Beweisverfahren 26
Bewertungsrechtsklausur 100
Bewirtungskosten 89
Bilanz 92, 95
Bilanzansätze 93

Bilanzenzusammenhang 92
Bilanzsteuerrechtsklausur
– Inhalte 91
– Laufbahnprüfung 92
– Steuerberaterprüfung 94
– Zwischenprüfung 91
Bodenwert 107
Börsen- oder Kurswert 102, 106
Bp-Fälle 92
Buchführung 91
Buchungssätze 93
Bundesrecht 64
Bundesverfassungsgericht 12, 63

contra legem
– Rechtsfortbildung 62

Darstellung
– Alternativlösungen 82
– Ausführlichkeit 80
– Hilfsgutachten 83
– Schwerpunkte 80
– Teilergebnisse 83
– Umfang 80
Definitivsteuer 88
Dienstreisen 20
Differenzbesteuerung 99
Dividenden 88
Doppelbesteuerungsabkommen 7, 64
doppelte Haushaltsführung 20–21

Ehe 41
Ehefrau
– Auskunftspflicht 130
Ehegattenarbeitsverhältnisse 38
Einfuhr 98
Einkommensteuerrechtsklausur 84
– Aufbau 85
– Begründung 85
– – Fundstelle 85
– – Zahlenwerk 85
Einlagen 93–94
Einnahme-Überschußrechnung
– Korrekturen 86
– Wechsel der Gewinnermittlungsart 86
Einnahmeerzielung 38
Einspruch 75
– Begründetheit 124
– Begründung 147
– fristgerechter 121
– Haftungsbescheid 126, 128
– stattgegebener 121
– unbegründeter 121
– unzulässiger 121
– Zulässigkeit 110, 122–124
– – Beschwer 123
– – eingeschränkte Anfechtbarkeit 123
– – Form 122
– – Frist 122
– – Handlungsfähigkeit 124
– – Rechtsbehelfsbefugnis 123
– – Rechtsbehelfsverzicht 124
– – Statthaftigkeit 122
Einspruchsentscheidung 68, 137
– Begründetheit 151
– Darstellungsweise 138
– Entscheidungsgründe 149–150
– Rechtsbehelfsbelehrung 139, 144
– Rubrum 139
– Tenor 139
– Verböserung 143
– Zulässigkeit 150
Einspruchsfrist
– versäumte 151
Einspruchsführer 147
– Vortrag 154
Einzelunternehmen
– Betriebsvermögen 105
– Bewertung 105
Einzelunternehmer 137
Empfangsbevollmächtigter 58
Entgelt 96, 98
Entnahmen 59, 65, 81, 93–94, 98
– für außerunternehmerische Zwecke 97
Erbauseinandersetzung 41
Erbbaurecht 104
Erben 100
– Einspruchsführer 140
Erblasser 101
Erbschaftsteuerklausur 100
ErbSt 103
– Anrechnung ausländischer 103
– Bemessungsgrundlage 101
– Berechnung 101
– Entstehung 101
– persönliche Steuerpflicht 101
– steuerpflichtiger Vorgang 101
Ergänzungsbilanzen 95, 105
Ergänzungsnormen 16, 23–24, 78, 129, 138
Erhebungsverfahren 125
Ermessen 119
Ermessensentscheidung 25
– Auswahlermessen 153
– Entschließungsermessen 153
– Gründe 153
Ermessensfehlgebrauch 27

Ermessensgrenzen 26
Ermessensspielraum 26
Ermessensüberschreitung 27
Erstattungsanspruch 43
Erstrechtschlüsse 57
Ertragswert 106
Ertragswertverfahren 106
EU-Recht 64
Existenzminimum 64

Fälligkeit 125
Familienheimfahrt 39
Festsetzung unter Vorbehalt 118
Festsetzungsfrist 75, 110, 131–132
– Ablauf 116
– Ablaufhemmung 116
– Beginn 115
– Dauer 116
– Sonderregelungen 115
Festsetzungsverjährung 34
– Steuerhinterziehung 113
Firmenfortführung 136
Fortbildung des Rechts 14
Fortsetzungsfrist
– Ablaufhemmung 110
Fragen
– Strukturierung 76
Fragestellung 75
Freibeträge
– persönliche 103
Freibetragsregelung 102
Frist 16, 54, 132
– Berechnung 110, 112
– Erhebung der Klage 144
– Wiedereinsetzung 110

Gebäude 33–34, 78
– wesentliche Wertsteigerung 154
Gebäudewert 107
Gegennormen 23, 78, 81, 129, 138
Geldvermögen 102
gemeiner Wert 53, 65, 101
– Bewertungsansatz 102
Generalvertretungsmacht 134
Gepräge-Rechtsprechung 36
Gesamthandsvermögen 58, 94, 105
Gesamtrechtsnachfolger 130
– Einspruchsführer 140
Gesamtschuldner 140
Geschäftsführer 110
Geschäftsführung
– Haftung 63
Geschenke 131
Gesellschaften
– Ausscheiden 95
Gesellschafter
– ausgeschiedener 113, 123
Gesetze
– formelle 7, 9
– Gegenstand der Auslegung 29
– Konkurrenz 63
– supranationale 7
Gesetzesänderung 12
Gesetzesentwürfe 36
Gesetzesinterpretation 32
Gesetzessystematik 11
Gesetzgeber 30
gesetzlicher Vertreter 110, 141
Gewaltenteilung 11
Gewerbebetrieb 34
Gewinn- und Verlustrechnung 92, 95
Gewinnermittlung 92
Gewinnermittlung nach § 4 Abs. 3 EStG
– Betriebsveräußerung 87
Gewinnermittlungsarten
– Übergang 61
Gewinnerzielungsabsicht 17
Gewinnfeststellungsbescheid 88, 121
gewöhnlicher Aufenthalt 24
GewSt-Rückstellung 8, 93–94
Gleichheitsgrundsatz 43, 61
Gleichmäßigkeit der Besteuerung 10, 12, 56
GmbH 58, 95
GmbH u. Co KG 36
grobes Verschulden 61
Grund und Boden 86
Grundbesitz
– ausländischer 102
– inländischer 102
Grundbesitzwert 106
Grundlagenbescheid 123
– Rechtsbehelfsbefugnis 123
Grundsatz der Gewaltenteilung 54
Grundsteuer 106
Grundstücke 33
– Bewertung 100
– Grundstücksart 106
– unbebaute 106
Grundstückshandel 17
Grundvermögen 106
– bebaute Grundstücke 104
– Bewertung 103
– Eigennutzung 104
– Ein- und Zweifamilienhäuser 104
– Erbbaurecht 104
– Grundbesitzwert 103

– Grundstücke im Zustand der Bebauung 104
– unbebaute Grundstücke 103
Gutachtenstil 22, 69, 138, 150

Haftung 57, 134
– Betriebsveräußerung 136
– Firmenfortführung 136
– Geschäftsführer 79, 110
– Geschäftsführung 135
– gesetzlicher Vertreter 110
– Komplementär 137
– kraft Gesetzes 127
– – Betriebsübernehmer 127
– – Gesellschafter von Personengesellschaften 127
– – Vertreter 127
– kraft Vertrages 127
– – Arbeitgeber 127
– – Eigentümer von Gegenständen 127
– – Organschaft 127
– – Steuerhinterzieher 127
– Lohnsteuer 136
– Vertretung 126
Haftungsbescheid 58, 129–130
– Einspruch 128
– Festsetzungsfrist 128
– Gründe 153
Haftungsnormen 63
Halbeinkünfteverfahren 89
Handelsbilanz 91
Handelsvertreter 54
Handlungsfähigkeit 124
Hauptabschlußübersicht 93
Herstellungsaufwand 154
Herstellungskosten 93
– nachträgliche 147
Hinzuziehung Dritter 149
HÜ-Fälle 93

Inland 96
innergemeinschaftlicher Erwerb 97–99
internationale Verträge
– Doppelbesteuerungsabkommen 64
internationales Steuerrecht 89
Investmentfonds-Anteile 102

Jahresabschluß 92
Jahresbonus 131
Jahresrohmiete 106
juristische Methodenlehre 13

Kapitalgesellschaft 92
Kapitalwert 102
Kinderfreibetragsregelungen 64
Kindergeld 64
Klage 144
Klausur
– Aufbauschema 76
– Darstellungsweise 68
– – fallbezogen 69
– – Gutachtenstil 69
– – inhaltliche 68
– – Sachverhalt 68
– – Telegrammstil 69
– Umfang 70
Klausurtechnik 67
Kommanditist
– ausgeschiedener 121, 134
– – Haftung 134
– Einlage 53
– Einlagenminderung 53
– Rechtsbehelfsbefugnis 121
– verrechenbarer Verlust 53
Kommissionsagenten 54
Kontrollmitteilung 131
Korrekturfälle 119
Korrekturvorschrift 115
KSt-Klausur
– Arbeitsablauf 90
– Organschaft 90
– Umfang der Begründung 90
– Unternehmenssteuerreform 88
KSt-Rückstellung 93

land- und forstwirtschaftliches Vermögen
– Bewertung 103
Landesrecht 64
Laufbahnprüfung 83
Lebenssachverhalt 22
Legaldefinitionen 32
Leistungsfähigkeitsprinzip 10
Leistungsort 97
Liebhaberei 55
Lieferungen 96, 98
– verbilligte 98
Lösungsskizzen 128
Lücken im Gesetz 45, 47
– Arten 50
– Begriff 48
– rechtsfreier Raum 47
– sogenanntes beredtes Schweigen 47
– verdeckte 60
– Voraussetzungen 52
– zweischneidige Lückenfüllung 55

Mantelkäufe 12
materielle Fehler 122
Mehr- und Weniger-Rechnung 92–93, 95
Mißbrauch von Gestaltungsmöglichkeiten 56
Minderjährige 141
Mindestbemessungsgrundlage 98
Mitwirkungspflichten 81
Musterprozeß 113

Nachlaßverbindlichkeiten 103
Nennwert 102
Nichtanwendungserlaß 12, 43, 59
Nichtanwendungsgesetz 12
Nichtigkeit 141
Normen
– Bundesrecht 64
– Inkrafttreten 64
– internationale Verträge 64
– Landesrecht 64
– nichtige 63
– Rangfolge 64
– – Spezialgesetz 64
– – Subsidiarität 64
– Verfassungswidrigkeit 62
Normenkontrolle 62
Normenkontrollverfahren 37
Nutzungsrechte 102

OECD-Musterabkommen 89
Öffentliches Recht 6
Organschaft 89–90

Pensionsrückstellung 38
Personengesellschaften 92
– außerbilanzielle Korrekturen 94
– Betriebsvermögen 93
– Bewertung 105
– Bilanzen 94
– Einlagen 93–94
– Einspruchsentscheidung 140
– Entnahmen 93–94
– Ermittlung des steuerlichen Gewinns 93
– Gesamthandsbilanz 94
– Gesamthandsvermögen 105
– Gewinnverteilung 94
– Gewinnverteilungsschlüssel 94
– Kapitalkontenentwicklung 94
– Mehr- und Weniger-Rechnung 93
– Sonderbetriebsvermögen 88, 105
– Untergesellschaft 12
– Veräußerung von Anteilen 88
– zwischengeschaltete 12
Pfändung 112
Pflichtteilsberechtigte 100
Praktikabilitätsprinzip 10
Privatrecht 6
Prüfungsanordnung 110

Recht 7
– überpositives 62
Rechtsanalogie 60
Rechtsanwendung 24
Rechtsbehelf
– Begründetheit 110
– Zulässigkeit 110
Rechtsbehelfsbefugnis
– Grundlagenbescheid 123
Rechtsbehelfsbelehrung 139, 144
Rechtsbehelfsverzicht 124
Rechtsfolge 14, 23–25, 78, 152
Rechtsfortbildung 11, 27, 31, 55
– ergänzende 45
– Grundgesetz 45
– Zulässigkeit 45
rechtsfreier Raum 6, 52
Rechtsgeschäfte
– unwirksame 42
Rechtsgrundlage 69, 78, 152
Rechtsmittelfrist 53
Rechtsnachfolge 123
Rechtsnormen 6
– Arten 15
– Aufbau 15
– Ergänzungsnormen 16
– Funktion 9
– Gegennormen 16
– Gesetzestatbestand 15
– Grundtatbestände 16
– Rechtsfolge 15
– verfassungswidrige 43
– wirtschaftliche Betrachtungsweise 39
Rechtsprechung 11, 43
– Rechtsfortbildung 61
– Rechtsschöpfung 44
– Vertrauensschutz 44
Rechtsschutzgarantie 61
Rechtssicherheit 121
Rechtsstaatsprinzip 61
Rechtsverordnungen 8
Renten 102
Richterrecht 55
Richtlinien 8
Rubrum 139
Rückkaufswert 102
Rücklagen
– nach § 6b EStG 95
Rücknahmepreis 102

Sachbezüge 135
Sachverhalt 144–145
– außersteuerliche Rechtsbegriffe 71
– Bearbeitungshinweise 71
– Entscheidungsrelevanz 74
– erfassen 70–71, 73
– Ergänzung 72
– Ermittlung 17, 23, 70
– Fragestellung 71, 75
– Rechtsansichten 74
– Sachverhaltsquetsche 73
– streitiger 146, 148
– unstreitiger 145
– Unterstellung 73
– unübersichtliche 74
– Unvollständigkeit 73
– verbiegen 73
– versteckte Hinweise 74
Sachverständige 17
Sachwertverfahren 106–107
Säumniszuschlag 25
Schätzung der Besteuerungsgrundlagen 118
Schenkung 100
Schlußbilanz 92
Selbstbindung der Verwaltung 9
Sicherungsübereignung 41
Sonderbetriebsvermögen 58, 95, 105
sonstige Leistungen 98
– verbilligte 98
Spenden 90
Spendenabzug 89
Spezialgesetz 11, 64
Sponsoring 89
Steueranmeldungen 18, 73
– Korrektur 118
– Vergütung 118
Steuerberater
– Empfangsvollmacht 114
Steuerberaterprüfung 84
Steuerbescheide
– Bekanntgabe 113
– Nebenbestimmung 73
– zusammengefaßte 113
Steuerbilanzwerte 102
Steuergerechtigkeit
– Leistungsfähigkeitsprinzip 9
Steuerhinterziehung 75, 113, 132
– Vorsatz 113
Steuerklasse 103
steuerliche Nebenleistungen
– Haftungsbescheid 58
Steuerpflicht 95
Steuerrecht, internationales 89
Steuervereinfachung 4
Steuervergünstigungsabbaugesetz 89
stille Reserven 59
Streitgegenstand 145
Stundung 26, 28
Stuttgarter Verfahren 20, 101–102
Subsidiarität 64
– Besteuerung von Zins- und Dividendeneinkünften 65
– Feststellungsklage 65
Subsumtion 23–24, 78, 138, 152
– Arbeitsvorgang 21
– Definition 21, 79
– Prozeß 80
– Reihenfolge 81
– Vorgang 79
– vorzutäuschen 56

Tatbestandsmerkmale 15, 23–24, 78, 80
Tatsachen 71
– objektive 17
– subjektive 17
tatsächliche Verständigung 61
Tausch 98
Teilwert 58, 65, 81
teleologische Extension 58
teleologische Reduktion 59
Tenor 139, 141
Testament 100
Totalgewinn 61
typisierende Betrachtungsweise 20
Typisierung
– durch das Gesetz 19
– durch die Rechtsprechung 20
– durch die Verwaltung 20
– Plausibilitätsprüfung 20

Umkehrschluß 57
Umsatzsteuer
– Bemessungsgrundlage 98–99
– ermäßigter Steuersatz 99
– Höhe 95
– Regelsteuersatz 99
– Schuldnerschaft des Leistungsempfängers 100
Steuerbarkeit 96
– Steuerbefreiungen 97
– Zeitpunkt der Steuerentstehung 99
Umsatzsteuerrechtsklausur 95
Umwandlung 95
unbestimmte Gesetzesbegriffe 28
unbestimmte Rechtsbegriffe 25
unentgeltliche Wertabgaben 97

unentgeltliche Zuwendungen 98
Urkunden 17, 145, 149
Urteilsstil 22, 69, 138, 150

Veräußerungsgewinn 87
Veräußerungsverlust 59
verbindliche Zusage 7, 61
Verbindlichkeiten
– betriebliche 106
Verböserung 12
verdeckte Gewinnausschüttung 7, 89
Verfahrensvereinfachung 38
Verfassungsgrundsätze 61
Verfassungsmäßigkeit 62–63
Verfassungswidrigkeit 62
Verlustrücktrag 52
Verlustverrechnung 12
– Erbe 39
Verlustvortrag 89
Vermächtnisnehmer 100
Vermächtnisse 103
Vermietung und Verpachtung 78
Vermögensteuer
– Kinderfreibeträge 63
– Zinseinkünfte 63
Vermögensverwaltung 55
Verpfändung 112
Verspätungszuschlag 26–27
Vertrauensschutz 44
Vertretung 126
Verwaltungsakte
– Auflage 58
– Bekanntgabefehler 114
– belastende 53
– Korrektur 116–117, 119
– – Berichtigungsrahmen 120
– – Grundlagenbescheid 117
– – nachträglich bekanntgewordener Tatsachen 117
– – nachwirkendes Ereignis 117
– – offenbare Unrichtigkeit 117
– – Umfang 119
– – Vertrauensschutz 119
– – widerstreitende Steuerfestsetzung 117
– nichtige 114, 141
– rechtswidrige 53, 58
– Widerrufsvorbehalt 58
– wirksame 114
Verweisungen 16
Vollmacht
– Empfangsvollmacht 114
– Nachweis 52
Vollstreckungsmaßnahmen 6
Vorbehalt der Nachprüfung 18, 73
– Änderungsbescheid 113
– Außenprüfung 113
Vorsteuer 95, 99
– Aufteilung 99
– Berichtigung 99

Werbungskosten 39, 78, 147, 154
Wertpapiere 102, 106
Widerrufsvorbehalt 58
Wiedereinsetzung 122, 124, 151
– fehlende Begründung 112
– Monatsfrist 112
wirtschaftliches Eigentum 86
Wohnsitz 24–25
Wohnsitzfinanzamt 65
Wohnungsbegriff 30

Zahlungsaufforderung 126, 128
Zahlungsverjährung 110
– Unterbrechung 113
Zinsbescheide 54
Zufluß-Abflußprinzip 86
Zugewinnausgleich 102
Zulässigkeit 75, 120, 132, 141, 150
– Statthaftigkeit 122
– Wiedereinsetzung 122
Zurechnung
– Einnahmen 86
Zusage
– Rücknahme 60
Zusammenveranlagung 23
Zuständigkeit
– örtliche 112
Zuwendungen
– an Arbeitnehmer 98
– unentgeltliche 97–98
Zwangsgeld 27
Zwangsmittel 6, 37